城市智能交通
系统理论与实践研究

薛兴阔　薛　飞　著

吉林科学技术出版社

图书在版编目（CIP）数据

城市智能交通系统理论与实践研究 / 薛兴阔，薛飞
著．-- 长春：吉林科学技术出版社，2021.6（2023.4重印）
ISBN 978-7-5578-8316-4

Ⅰ．①城… Ⅱ．①薛… ②薛… Ⅲ．①城市交通系统
－智能系统－研究 Ⅳ．①U491.2

中国版本图书馆CIP数据核字（2021）第122284号

城市智能交通系统理论与实践研究

CHENGSHI ZHINENG JIAOTONG XITONG LILUN YU SHIJIAN YANJIU

著　　者	薛兴阔　薛　飞
出 版 人	宛　霞
责任编辑	宿迪超
封面设计	李　宝
制　　版	宝莲洪图
幅面尺寸	185mm×260mm
开　　本	16
字　　数	290千字
印　　张	13.25
版　　次	2021年6月第1版
印　　次	2023年4月第2次印刷
出　　版	吉林科学技术出版社
发　　行	吉林科学技术出版社
地　　址	长春净月高新区福祉大路5788号出版大厦A座
邮　　编	130118

发行部电话/传真　0431—81629529　　81629530　　81629531
　　　　　　　　　　　　　　81629532　　81629533　　81629534

储运部电话　0431—86059116

编辑部电话　0431—81629520

印　　刷	北京宝莲鸿图科技有限公司
书　　号	ISBN 978-7-5578-8316-4
定　　价	55.00元

编者及工作单位

主　编

薛兴阔　科威达科技集团股份有限公司

薛　飞　科威达科技集团股份有限公司

前　言

　　智能交通系统是手段，是实现绿色交通系统的技术支撑。通过应用智能交通系统，交通基础设施会得到充分利用，交通安全水平会得到大幅度提高，交通环保节能目标会得到更好的实现，交通系统的服务水平会得到不断提升。由此可见，无论是确定智能交通系统的功能构成，还是探讨智能交通系统的关键技术和发展方向，最根本的是要深刻理解城市和城市交通的发展方向，在此基础上科学制定智能交通发展战略和重点发展方向。

　　当前我国城市和城市交通的发展处于挑战和机遇并存的关键历史阶段：一方面，随着城镇化、机动化的持续快速发展，城市交通拥堵加剧、污染严重、事故频发，面临着严峻挑战；另一方面，我国城市处在老城改造、新城建设的城市大发展时期，是实现生态城市、绿色交通的最佳时机。从交通需求和交通供给两个方面加大力度，按照绿色交通系统的发展目标，基于交通发展的先进理念，科学制定城市综合交通系统规划并付诸实施，有望实现我国城市绿色交通系统建设的跨越式发展。且只有将公交优先发展放在城市发展的战略优先地位，不论是公交基础设施建设还是公交运营管理都应该贯彻公交优先理念，以提高公交服务水平和服务能力为原则，使公交优先理念深入人心，转变居民出行观念，才能真正实现公交优先发展。

目　录

第一章　智能交通系统概述 ………………………………………………… 1

第一节　智能交通系统 ……………………………………………… 1

第二节　智能交通系统的服务 ……………………………………… 16

第二章　城市智能交通系统规划 …………………………………………… 27

第一节　交通规划与城市智能交通 ………………………………… 27

第二节　城市智能交通规划与 ITS 体系框架 ……………………… 28

第三节　城市智能交通系统规划 …………………………………… 30

第三章　智能交通系统关键技术 …………………………………………… 40

第一节　交通信息采集定位 ………………………………………… 40

第二节　交通信息传输 ……………………………………………… 52

第三节　交通信息处理 ……………………………………………… 61

第四节　交通信息显示 ……………………………………………… 72

第四章　智能交通系统新技术 ……………………………………………… 75

第一节　5G 技术与智能交通初探 ………………………………… 75

第二节　大数据在城市智能交通系统中作用体现 ………………… 82

第三节　人工智能交通信号控制器架构设计 ……………………… 89

第四节　车路协同环境下的交通工程 ……………………………… 91

第五章　智能交通的主要功能 ……………………………………………… 96

第一节　交通信息管理系统 ………………………………………… 96

第二节　交通管理系统 ……………………………………………… 106

第三节　智能交通信号控制系统的介绍 …………………………… 125

第四节　收费管理系统 ……………………………………………… 131

第五节　公共交通管理系统 ………………………………………… 112

第六节　客货运管理系统 ⋯⋯⋯⋯⋯⋯⋯⋯⋯⋯⋯⋯⋯⋯⋯⋯⋯⋯⋯⋯ 156

第七节　交通信息服务系统 ⋯⋯⋯⋯⋯⋯⋯⋯⋯⋯⋯⋯⋯⋯⋯⋯⋯⋯⋯ 159

第八节　安全驾驶支持系统 ⋯⋯⋯⋯⋯⋯⋯⋯⋯⋯⋯⋯⋯⋯⋯⋯⋯⋯⋯ 179

第六章　智能交通系统的综合评价 ⋯⋯⋯⋯⋯⋯⋯⋯⋯⋯⋯⋯⋯⋯⋯⋯ 185

第一节　城市智能交通系统评价概述 ⋯⋯⋯⋯⋯⋯⋯⋯⋯⋯⋯⋯⋯⋯ 185

第二节　城市智能交通系统评价的特性与要求 ⋯⋯⋯⋯⋯⋯⋯⋯⋯⋯ 185

第三节　评价指标体系的建立 ⋯⋯⋯⋯⋯⋯⋯⋯⋯⋯⋯⋯⋯⋯⋯⋯⋯ 186

结语 ⋯⋯⋯⋯⋯⋯⋯⋯⋯⋯⋯⋯⋯⋯⋯⋯⋯⋯⋯⋯⋯⋯⋯⋯⋯⋯⋯⋯ 201

参考文献 ⋯⋯⋯⋯⋯⋯⋯⋯⋯⋯⋯⋯⋯⋯⋯⋯⋯⋯⋯⋯⋯⋯⋯⋯⋯⋯ 202

第一章　智能交通系统概述

第一节　智能交通系统

智能交通系统（Intelligent Transportation System，ITS）是将先进的信息技术、数据通信传输技术、电子控制技术及计算机处理技术等综合运用于整个交通运输领域的管理体系。它通过对交通信息的实时采集、传输和处理，借助科技手段和设备，对各种交通情况进行协调和处理，建立起一种实时、准确、高效的综合运输管理体系，从而使交通设施得以充分利用并能够提高交通效率和安全性，最终使交通运输服务和管理智能化，实现交通运输的集约式发展。

智能交通是当今世界交通运输发展的热点和前沿，它依托交通基础设施和运载工具，通过对现代信息、通信、控制等技术的集成应用，以构建安全、便捷、高效、绿色的交通运输体系为目标，充分满足公众出行和货物运输多样化需求，是现代交通运输业的重要标志。

近20年来，我国城镇化进程不断加快，突出表现一方面为城市人口大量聚集，城市交通需求急剧增长，交通组成复杂性增加。另一方面为，受用地规模、建设资金的制约，各大城市总的道路设施容量难以明显的提高，道路交通基础设施条件相对落后。在城市道路交通运输能力供给难以满足日益增长的交通需求的情况下，如何应用现代电子信息技术提升城市交通系统运行效率和管理水平，成为城市交通持续发展的重要议题，以新一代信息技术应用为标志的城市智能交通系统应运而生。城市智能交通将信息、通信、电子控制和系统集成等技术有效地应用于城市交通系统，通过人、车、路的协调配合，实现交通运输的环保、安全、高效。城市是各种交通运输系统的结合点，城市智能交通系统是智能运输系统（ITS）的核心组成部分，应用ITS缓解各大城市所面临的日益严重的交通问题，是提升交通运输产业水平和建设智慧城市的重要内容。"十五"期间，科技部推动一些城市实施智能交通系统，并确定北京、上海、天津等作为ITS示范城市，标志着我国城市智能交通系统进入实质性的应用和建设阶段。到"十一五"期间，奥运会、世博会、亚运会等具有国际影响力的大型活动相继在北京、上海、广州召开，为城市智能交通系统的应用和深层发展提供了机遇和挑战。2011年国家《交通运输"十二五"发展规划》明确提出，要推进交通信息化建设，大力发展智能交通。目前，新一代宽带移动通信、下一代互联网，广泛在网络、智能终端等信息技术中快速发展，在世界范围内带动着城市智能交通的发展，智能交通系统已成为城市交通的发展趋势和城市现代化的重要标志。

一、智能交通涉及的领域

现代化的交通运输方式主要有铁路运输、公路运输、水路运输、航空运输和管道运输。每种运输方式都有智能交通技术的广泛应用。为不失一般性，本节概要介绍铁路、水路、航空及公路智能交通的应用情况。

（一）智能铁路系统

1. 综述

智能铁路系统（Intelligent Railway System，IRS）是在较完善的轨道交通设施基础上，将道路、车辆、旅客和货物有机结合在一起，利用先进的计算机技术、智能信息处理技术、网络技术、通信技术及控制技术，完成对铁路信息的实时采集、传输和分析，协同处理各种铁路交通情况，使铁路运输服务和管理实现智能化。伴随着高速铁路的迅猛发展，安全高效、经济舒适的铁路交通日益获得大众的青睐。

IRS 包括数以百万计的传感器，企业通过以传感器为基础的网络和数据分析，及时发布铁路实时信息，调整资源配置，实现优化调度。

IRS 的核心特征是系统的智能性，所谓智能是指能有效地获取、处理、再生和利用信息，从而在任意给定的环境下达到预定目标的能力。同时智能本身也有不同的程度和级别，通常将 IRS 划分为以下三个层次。

（1）初级 IRS。应用计算机技术、信息处理技术、地理信息技术、数据通信技术等采集、传输、共享来自铁路运输环境中的各类信息，并根据上述信息进行初级的决策和控制。如我国的铁路运输管理信息系统（Transportation Management Information System，TMIS）、调度指挥管理信息系统（Dispatch Managerment Information System，DMIS）、项目管理信息系统（Project Management Information System，PMIS）等。

（2）中级 IRS。应用系统辨识、模式识别技术等对确定环境建立数学模型，从而对未来做出规划和推理。如基于运筹学模型编制列车时刻表、编组站调车自动化系统、列车速度智能控制等。

（3）高级 IRS。在应用数学模型对确定环境进行建模的同时，引用知识模型对非确定对象建模，从而模拟人类的理解能力，完成复杂环境下的决策。如综合调度系统、综合营运管理系统、列车自动驾驶系统等。

2. 美国

美国联邦铁路局在 2002 年制定的铁路研究中指出 IRS 是未来铁路的发展方向，它集成了传感器、计算机和通信等技术，可实现列车运行控制、故障检测、计划及调度等功能，使铁路灵活响应运输市场的变化。

北美的先进列车控制系统（Advanced Train Control System，ATCS），作为一种铁路设备系统，包括硬件与软件。它通过监控列车与机车的位置、提供分析报告、跟踪仓单和类似订单的自动化来确保列车行驶安全。美国铁路协会（AAR）发表了 ATCS 规范，这些规范的设计旨在促进兼容性和标准化，使其不限于各个供应商的内部设计方案。

ATCS 由列车本身检测列车所在位置，通过无线通信将列车位置信息送到地面，地面中心根据来自各列车的位置和站内进路状态等信息，决定列车可以安全运行的区间和速度，并通过无线通信报告列车，列车再根据来自地面的信息及线路坡度、列车制动能力等数据计算出安全运行的速度。

ATCS 由机车车载设备、线路维修车载设备、沿线设备、数据通信网络、调度端控制中心等功能模块构成，具有以下功能：检查列车所在区间的位置（列车检测）、形成速度信号（调整列车间隔）、向机车发出速度信号或目标距离信号（信号传输）、按速度或目标距离信号控制列车制动（控制制动）。实际上，ATCS 包括了地面和车载设备，是列车超速防护和机车信号一体的系统。

ATCS 工程的基本思想是，将数据通信与车载计算机结合起来。运用这个系统，指挥调度中心随时将行车组织信息显示给司机，机车计算机根据这些信息调整运行速度并在紧急情况下强制停车。机车计算机还随时将列车运行位置、运行速度等参数反馈到指挥调度中心，并据此进行调控。机车上还加装了各种传感器，用来监测机车的状态。机车运行数据包括：线路状况、闭锁区间情况、列车的构成、机车运行参数、ATCS 系统的有关数据等。各传感器的测量数据通过传感器控制单元，与车载计算机接口。控制单元实现数据切换、数据格式的规范化、数据管理等功能。

继 ATCS 之后，1992 年秋，美国伯灵顿北方公司（Burlington Northern）开发了先进铁路电子系统（Advanced Railroad Electronics System，ARES）。ARES 的基本思想是通过整个系统提供可靠的检查与平衡手段，从而大大降低人为错误的影响，实现安全行车的目的。ARES 包括集中运输控制系统、利用 GPS 定位的线路保证控制系统、运动分析和报告系统、能源管理系统和铁路运营控制系统。

ARES 系统作为提高铁路运输安全和效率而研制的两种基本控制系统之一，采用了全球定位卫星接收器和车载计算机，通过无线通信与地面控制中心连接起来，实现对列车的智能控制。中心计算机根据线路状态信息和机车计算机报告的本身位置和其他列车状态信息等，随时计算出应采取的措施，使列车有秩序地行驶，并能控制列车实现最佳的制动效果。

全球定位卫星系统定位精确，误差不超过 1m。ARES 利用全球定位卫星来绘制实时地图，使司机能在驾驶室的监视器上清楚地了解列车前方的具体情况，从而解决夜间和雨雾天气时观察困难。

3. 欧盟

欧盟于 1980 年 12 月设立了作为欧洲 21 世纪干线铁路的总体解决方案的欧洲铁路运输管理系统（European Rail Traffic Management System，ERTMS）项目，该项目致力于建立全欧洲统一的铁路信号标准，保证各国列车在欧洲互通运营，提高运输管理水平。ERTMS 以欧洲列车控制系统（Europe Train Control System，ETCS）为列车控制标准，全球铁路移动通信系统（Global System for Mobile Communications-Rail-way，GSM-R）标准为通信平台，欧式应答器为定位手段，包括 ETCS，GSM-R 和欧洲运输管理系统（European Traffic Management Systerm，ETMS）3 个子系统。ERTMS 系统有确保列车的运营安全和线路车辆的优化配置两个主要功能。法国于 1986 年开始研发名为 ASTREE（Automatisation du Suivi en Temps Reel）的实时追踪列车监控系统。作为 ETCS 的一个补充，它能对列车运行实施全面的监控，从而有效地管理线路，改善能源和车辆的利用效率。

4. 日本

在日本，有新干线的列车运营管理系统（COMputer aided TRAffic Control，COMTRAC）、新干线综合运输管理系统（COmputerized Safety Maintenance and Operation System，COSMOS）、新一代列车控制系统（Advanced Train Administrationand Communications System，ATACS）及计算机和无线电辅助列车控制系统（Com-puter and Radio Aided Train control system，CARAT）。COMTRAC 是一种能够连续不断地监控所有在运行地新干线列车的控制系统。

COMTRAC 代替人工，用来设定列车进路。列车出现晚点时，协助调度员对列车晚点做出响应，调整列车运行计划，但不执行"安全"功能。COMTRAC 系统与列车自动控制（Automatic Train Control，ATC）系统相连，具备三中取二的冗余功能，以提高可靠性。该系统还具有对极高运输密度的列车进行自动控制和进路设定的功能，并有监视雪、地震和大风的报警系统。

列车集中控制（Centralized Traffic Control，CTC）系统集中控制全日本各条线路上列车的运行，由东京控制中心控制，控制大厅的宽大屏幕上显示出各列车的运行状况（列车位置、车次、进路、风速和地震等信息）。CTC 系统从中控室控制各个车站的连锁系统，并对设备进行监控。该系统还设有大风和地震检测系统，直接与列车自动控制系统相连，一旦收到报警信息，即刻停止运行。

日本铁路技术研究所（Railway Technical Research Institute，RTRI）集成新一代多种 IT 技术，开展 CyberRail 铁路系统的研究。在 CyberRail 系统里，乘客、铁路工作人员及铁路相关公司可自由地传输、收集和处理信息。因此，乘客可随时收到根据个人需求而提供的旅行计划及个人导航信息，同时铁路公司可不断优化运输计划，以满足旅客的需求和提高列车控制的高安全性。

乘客向系统查询如何从始发地到目的地的方式，CyberRail 指引乘客到达目的地并进行包括座位预订等必要的安排。一旦该设置完成，CyberRail 会在适当的时候提醒乘客进入预定行程计划的下一阶段，并告知乘客当前的交通状况等信息。用系统识别乘客的外貌、目的地和当前位置，因此，车票的概念被改变了。换言之，一次引导或建议是旅行合同的开始。该系统可以提供适当的或定制的信息，特别是对于"残疾人和年长的出行者"。

5. 中国

（1）中国 IRS 的目标

中国铁路目前正处于初级 IRS 的发展阶段，初级阶段的任务已部分实现，但还有许多问题有待解决。针对这种现状，铁路智能运输系统的近期及远期发展目标如下：

①近期目标

近期目标是完成初级及中级 IRS 阶段的关键任务，力争尽快缩短与发达国家的差距。具体目标如下：

A. 制定 IRS 发展的总体规划和体系框架，为我国 IRS 的发展提供设计、实施、标准和管理的依据；

B. 完善和整合已有的信息化建设成果，初步建立基于铁路地理信息系统的全路共享平台，实现对运输资源的统一管理；

C. 建成高速宽带的车地双向数据接入系统，为车 - 地之间的数据通信提供保障；

D. 初步建成全路的行车安全监控系统，为铁路的安全运营提供保障；

E. 初步建成基于互联网、手持设备的用户服务系统，为用户提供高质量的服务；

F. 初步建成基于无线和先进定位技术的列车调度与指挥系统、物流监测与追踪系统；

G. 初步建成 IRS 的示范应用系统。

②远期目标

远期目标是完成高级铁路智能运输系统阶段的关键任务，达到或超过发达国家的同期水平。具体目标如下：

A. 建成先进的基于地理信息系统的全路共享数据平台，形成全路共享的运输资源管理系统、紧急事件及安全信息系统等；

B. 建立完善的服务体系和电子商务系统，以多种方式为旅客或者货主提供高质量、全方位的服务；

C. 建成涵盖客运调度、货运调度、特种调度等各类调度的综合调度系统，提高调度指挥的科学性和合理性；

D. 建成包括客运、货运、集装箱、调车管理的综合营运管理系统，提高铁路运输的效率；

E. 建成自动驾驶系统，实现列车在无人或很少人工干预下的自动运行；

F. 提供与其他运输方式的 ITS 的接口；

G. 建立与铁路智能化战略相适应的现代管理机制。

（2）"十二五"发展规划

根据 2011 年发布的《铁路"十二五"发展规划》），在"十二五"期间，铁路在智能化方面将完成以下二方面的工作。

①全面推进技术装备现代化

A. 提升机车车辆装备现代化水平：结合快速铁路、区际干线、煤运通道建设，重点配备动车组、大功率机车、重载货车等先进装备，适应客货运输需要。继续提高空调客车和专用货车比例，优化机车车辆结构、配备大吨位救援列车、推进动车组谱系化，发展不同系列机车、客车及货车，进一步提高技术装备现代化水平。

B. 提高通信信号现代化水平：完善全路骨干、局内干线传输网，建设全路数据通信网；高速铁路、城际铁路和重要干线实现 GSMR 无线网络覆盖。建立健全通信网安全监控、预测预警、应急处置机制，构建全路应急救援通信网络；推进综合视频监控系统建设，实现高速铁路、城际铁路、重要干线关键部位实时监控。装备适应不同等级线路运行的列车控制系统，推广计算机连锁系统，推进编组站综合自动化系统建设，全面提高信号技术装备现代化水平。

C. 强化基础设施设备现代化水平：加强对既有线桥隧等基础设施和设备的加固与改造，提高抵御灾害、保障运输安全能力。全面推广跨区间无缝线路。积极研制和应用轨道和接触网除冰雪减灾装备。建立完善高铁设备养护维修设施，实现大型养路机械作业和检测能力全覆盖。加快推广供电综合监控、数据采集及节能降耗技术，实现牵引供电系统监控自动化、远程化和运行管理智能化，提升供电装备现代化水平。

②大力推进铁路信息化建设

以运输组织、客货服务、经营管理三大领域为重点，推进信息基础设施建设，全面提升铁路信息化水平，具体表现在以下四个方面。

A. 推进信息基础设施建设：建设覆盖全路的宽带信息网络，构建新一代信息处理平台；整合信息资源，建成铁路信息共享平台、公用基础信息平台、网络与信息安全保障平台和铁路门户；建设铁路数据中心，构建技术先进、结构合理、安全可靠的铁路信息化技术体系。

B. 推进运输组织智能化建设：高速铁路、繁忙干线采用调度集中系统，不断优化完善列车调度指挥系统和运输调度管理系统；建成高铁调度指挥中心、调度所运营调度系统，基本建成覆盖全路移动和固定设备设施运行状态监控网络，基本实现运输生产组织全过程信息化，全面提升铁路运输组织智能化水平。

C. 推进客货服务社会化建设：大力发展铁路电子商务，建成铁路客货运输服务系统、铁路客户服务中心和电子支付平台，基本建成铁路现代物流信息系统，促进铁路客货服务方式转型，实现客货运服务电子化、网络化，全面提高铁路客货运服务和营销现代化水平。

D. 推进经营管理现代化建设：建设铁路车务、机务、工务、电务、车辆、安全监督等管理信息系统，加快动车组检修基地、大功率机车检修基地、基础设施维修基地等信息化建设，推广应用建设项目管理信息系统，优化完善电子政务、人力资源、财务会计和统计等信息系统，全面提升铁路经营管理水平。

③不断提升服务水平，创新运输组织，优化运输产品，提升服务水平，强化市场营销，拓展运输市场，实现客货运量持续增长，具体表现在以下三个方面。

A.大力拓展客运市场：充分利用新线特别是高速铁路投产的能力，实现新增与既有运力资源有效衔接，全面优化客运资源配置，提高客运能力和效率。强化客运组织工作，优化调整客车开行方案，加大客运产品开发，形成高速、快速、普速合理匹配、适应旅客不同层次需求的铁路客运产品。加大客运营销力度，千方百计采用便民利民服务措施，充分展示高铁品牌优势。科学制定节假日运输方案，最大限度满足客运市场需要。

B.大力拓展货运市场：充分利用新线和既有线释放的货运能力，加大货运营销力度，努力开发货运新产品，吸引和挖掘新增货源，扩大铁路货运量。继续深入推进大客户战略，积极发展重载运输、直达运输，巩固并扩大大宗货源，增强重点物资运输保障能力。优化运输组织，开发快捷运输、多式联运、集装箱运输等货运产品，加大对高附加值、高运价、远距离货物运输的占有份额，拓展铁路货运市场。依托铁路运输优势，深化铁路运输与物流服务融合，增强物流服务功能，推动铁路运输企业向现代物流企业转型，打造铁路物流骨干企业。探索货物列车客车化开行模式。

C.不断提高服务质量：树立以人为本、客户至上的服务理念，创新服务方式，完善服务标准，提高服务水平。实施便民利民举措，加快客货营销由传统方式向电子商务转变，实现铁路与客户远程直接服务，积极推广电话订票、互联网售票、电子客票、银行卡购票、自动售检票等方式，最大限度地方便旅客和货主。深化货运组织改革，创新货运业务流程，加快推进集中受理、优化装车等服务方式，提高运输效率和效益。加快建设铁路客户服务中心，实行"一站式"办理、"一条龙"服务，拓展服务功能，提升服务水平。加强公共信息服务工作。进一步改善站车服务设施，强化站车乘降、供水、供暖、卫生、餐饮、信息等基本服务，全面提高站车的服务质量和水平。

（二）智能水运系统

1.智能水运系统特点

智能水运系统（Intelligent River System）从功能上主要分为如下几部分。

（1）搜救与安全系统：其主要功能包括：异常交通信息及时采集与提供，异常交通救援(海难船舶/人员的救援、现场的快速清理)；二次事故的预防、关联交通的诱导与疏散等。

（2）助航系统：其主要功能包括监测船舶交通状态、监测违章船舶的情况，以及处于紧迫局面或可能进入紧迫局面的船舶动态，协助船舶航行，防止船舶交通事故的发生。光学助航设施有灯塔、灯标、浮标等。电子助航设施有雷达应答标、远距离导航（Long RAnge Navigation，LORAN）、台卡导航系统（Decca Positioning System）、全球定位系统（Global Positioning System，GPS）、无线电指向标等。

（3）交通信息服务系统：其主要功能包括发布有关船舶交通环境数据、助航信息、助航建议。如无线电航行警告、气象、水情预报等。

（4）交通管理系统：其主要功能是搜集船舶交通环境数据，如风、流、波浪、能见度；搜集船舶交通状态信息，如船位、航行动态等；搜集其他有关信息，如灯塔、浮标的工作状态等。根据搜集的信息，评价船舶交通状态；根据船舶交通状况，组织安全和高效的船舶交通。

2. 智能水运系统的发展趋势

（1）主要系统

当前迫切需要开发并应用能够实现信息资源共享的综合水运管理系统，并进一步推广使用先进的水上交通管制和船舶智能控制系统，减少船舶进出港口和狭小航道航行船舶的碰撞，提高船岸通信和导航能力，提高事故处理与数据速度。主要表现在以下4个系统的开发上：

①水运综合信息系统：它是水路智能运输系统的信息运作平台，集合了水路运输服务系统在运作过程中所产生的各种信息，这些信息经过处理后除提交给政府管理部门外，还向接受运输服务的对象发布，帮助服务对象实时了解所需的相关信息。

②水上交通管制、事故处理与救援系统：该系统具备对所有通航水域中船舶位置和移动状况进行实时监控和智能化管理的功能，能根据气象、海况、船舶密度等因素，对覆盖区域所有船舶的航行状况进行判定，依据重要程度，自动向危及航行的船舶发出必要指令，对特定水域中发生的泄漏事故进行监控和扩散趋势预报，对海难事故进行立体施救和定向搜寻，对特定水域内事故的救援方案选择和事故灾害影响范围进行计算机辅助决策和评估，为遇险船舶和人员提供救助服务，为水域环境保护提供决策支持。

③先进的船舶控制系统（Advanced Ship Control System，ASCS）：ASCS实时监控船舶本身状态，在船舶操控过程中预防各种安全事故，尤其是人为失误引发的事故发生。

④船舶自动识别系统（Automatic Identification System，AIS）：AIS也称为全球无线电应答器系统，是近年来国际海事组织、国际航标协会、国际电信联盟等国际组织的共同研究成果，它由舰船飞机之敌我识别器发展而成，配合GPS将船位、船速、改变航向率及航向等船舶动态结合船名、呼号、吃水及危险货物等船舶静态资料由甚高频（VHF）频道向附近水域船舶及岸台广播，使邻近船舶及岸台能及时掌握附近海面所有船舶之动静态资讯，可以根据资讯立刻互通通话协调，采取必要避让行动，对船舶安全有很大帮助。它还是一种制订船舶报告计划的方案。

（2）我国"十二五"目标

根据《交通运输"十二五"发展规划》，我国在水路方面将加快提升港口服务水平，主要表现在以下几方面。

①积极发展港口现代物流功能：依托主要港口打造区域物流中心，建设以港口为重要节点的物流服务网络，拓展仓储、货物贸易服务等功能。加强港口物流园区、货运场站及物流通道建设，推进港口物流公共信息平台和电子商务平台建设，促进内陆无水港发展。

②发挥保税港区政策优势，积极发展国际中转，促进配送、出口加工等保税业务发展。

③利用现代信息技术，提升港口服务效率和水平：重点推进港口集装箱多式联运信息服务系统示范工程，基于港航EDI中心，结合航运中心建设，依托沿海和长江沿线主要港

口，建立多种运输方式一体化单证体系和信息服务体系，实现信息共享和通关一体化服务。

（三）智能航空系统

在欧美国家，除公共运输飞机和军用飞机外，其他飞行器均属通用航空范畴。通用航空飞行器作为生产工具可进行航空作业，作为运输工具可进行客、货、邮件的航空运输，其应用主要有：农林业和工业航空作业飞行、训练飞行、公务飞行、通勤飞行、出租飞行、私人飞行及其他飞行。概括地说，通用航空由航空作业和通用航空运行两个部分组成。在世界通用航空三大类飞行中，航空作业飞行约占飞行总量的 20%，训练飞行约占 22%，公务飞行约占 50% 以上，其他飞行约占 8%。航空运输事业的智能化发展，除了飞机设备本身现代化水平的提高，还集中在民航客运和航空物流两方面的建设与发展上。前者通过民航系统信息化与智能化水平的提高，建立综合型智能化航空中心，为旅客提供高效、优质的服务，保证航空运输组织的通畅有序。后者搭建统一的航空物流信息平台，实现航空货运信息网络的实时化、智能化和先进化。

1. 中国

根据《交通运输"十二五"发展规划》，我国将建设现代空管服务系统，主要体现在以下几方面：

（1）完善空中交通网络：规划调整航路网，形成枢纽航路网、区域干线航路网和区域支线航路网有机结合的航路网络构架。建设国内大能力空中通道，在北京至广州、北京至上海等繁忙地区，增加干线航路数量或划设平行航路，构建大能力枢纽航路和区域干线航路。扩大空中交通网覆盖范围。优化繁忙地区航路航线结构。

（2）提高空管运行效率：深化区域管制区重组，调整为 8 个高空管制区和 27 个中低空管制区。加强管制中心建设，在高空管制区推行大区域管制运行。缩小飞机间隔。建设空管运行管理系统。完善空管运行协调机制，不断推进空域管理和使用机制创新。加强气象和情报服务能力建设。

（3）加强空管技术保障：提高空管自动化水平，以高空区域管制中心为核心，建立全国一体化空管自动化系统框架。提高空管通信、空中导航和监视能力。提高空管设备运行管理水平。推广应用空管新技术，加强技术服务平台建设。重点推广应用自动化系统融合处理、航空电信网（Aeronautical Telecommunications Network，ATN）/ 空管服务信息处理系统（Air traffic services Message Handling System，AMHS）、地空数据链系统、地基增强系统（Ground Based Augmentation System，GBAS）、航路对流天气预报系统、高原机场气象预报系统等新技术。

2. 美国

美国是航空发达的国家，其发展趋势具有先导性。美国已把发展航空运输作为架构 21 世纪空中高速路规划，成为新的民航运输发展战略。美国通过大量研究，认为在未来 20 年中高速公路和枢纽轮辐式航空运输网将严重拥堵，不能满足 21 世纪的经济发展需要。另外，信息网络时代人们的时间价值观大大增强，预计美国将出现由城市向偏远地区移居的趋势，未来的工业产品将从标准化向按客户需要等因素转化，这将需要相应的交通运输工具。美国通过多方面论证和考虑，选择了建立"小飞机运输系统"扩大航空运输能力，将该系统作为骨干，地区航空公司之外的第三种国家航空运输力量，用于缓解高速公路和枢纽机场的拥挤，并成为一种快速的交通运输方式，小飞机运输系统（Small Aircraft Transportation System，SATS）将使美国的近郊、农村和偏远地区实现以 4 倍于高速公路的速度做从家到目的地的出行。

（四）公路智能交通系统

公路智能交通系统，即通常所指的智能交通系统（Itelligent Transportation Sys-tem，ITS），其前身是智能车辆道路系统（Inelligent Vehicle Highway System，IVHS），它是一种先进的一体化交通综合管理系统。ITS 是指将先进的信息技术、数据通信传输技术、电子传感器技术、网络技术、电子自动控制技术及计算机处理技术等有效集成运用于整个交通运输管理体系，使人、车、路、环境和谐统一，充分利用现有交通设施，提高运输效率，减少交通负荷及交通事故，降低环境污染，保证交通安全，建立起一种在大范围内、全方位发挥作用的实时、准确、高效的交通综合运输体系。

1. 公路智能交通的特点

公路智能交通系统一方面着眼于交通信息的广泛应用与服务；另一方面着眼于提高既有交通设施的运行效率。其建设过程中具有严格的整体性要求，这种整体性体现在以下三方面。

（1）跨行业特点：公路智能交通系统建设涉及众多行业领域，是社会广泛参与的复杂巨型系统工程，从而造成复杂的行业间协调问题。

（2）技术领域特点：公路智能交通系统综合了交通工程、信息工程，通信技术、控制工程、计算机技术等众多科学领域的成果，需要众多领域的技术人员共同协作。

（3）政府、企业、科研单位及高等院校共同参与，恰当的角色定位和任务分担是系统有效展开的重要前提条件。

2. 公路智能交通发展新趋势

在国外，公路智能交通有较好的发展成果，如日本的车辆信息通信系统（VehicleInformation and Communication System，VICS）、智慧道路系统；美国自动公路系统（Automated Highway System，AHS）、智能驾驶战略系统；欧洲绿色智能交通等。近年来，电子站牌、动态导航仪、电子不停车收费系统等智能交通应用也逐渐走进中国人的生活。交通运输部 2012 年 7 月 31 日发布的《交通运输业智能交通发展战略（2012-2020 年）》预测：2020 年，我国汽车保有量将超过 2 亿辆。随着城市化进程不断加快和机动化水平的进一步提升，经济社会对交通智能化发展提出了更高的要求。从战略性新兴产业发展形势来看，截至 2012 年上半年，我国手机用户超过 10 亿，其中智能手机用户 2.5 亿，手机首次超过计算机成为第一大上网终端。移动互联网的迅速发展也为智能交通提供了新的手段和发展机遇。该报告总结了这些新形势并提出了中国智能交通的发展方向：在支撑交通运输管理的同时，更加注重为公众出行服务和现代物流服务；在为小汽车出行服务的同时，更加注重为公共交通和慢行交通出行服务；在关注提高效率的同时，更加注重安全发展和绿色发展；在借鉴国外、技术跟踪的基础上，更多面向国内需求等。其未来发展将更加关注公众出行、交通安全等民生需求，更加适合我国国情、地域和行业特点，更需要企业和社会力量的参与，并将自主创新与集成创新结合起来。公路智能交通系统将主要由移动通信、宽带网、射频识别（Radio Frequency Iden-tification，RFID）技术、传感器、云计算等新一代信息技术作支撑，更加符合人的应用需求，可信任程度提高并变得"无处不在"。

二、交通运输领域的信息化建设

科技进步和创新是推动交通运输科学发展、转变发展方式的重要支撑。根据《交通运输"十二五"发展规划》，"十二五"时期交通运输要以科技进步为引领，强化科技创新，加强科技成果推广和应用，推进交通信息化建设，大力发展智能交通，提高交通运输的现代化水平。

（一）加强行业管理服务应用系统建设

深化各业务领域管理服务应用系统建设，完善公路养护管理、收费管理、路政管理、交通情况调查等系统，并加强联网管理和集成应用。推进部省道路运输信息系统联网工作，推进部省水路运输信息系统、港口管理信息系统联网工作。积极开展港航公共基础设施运行和维护管理系统建设。开展内河水网重点区域数字航道建设，深化水上重点物资跟踪管理系统。完善海事管理信息系统，积极推进地方海事信息系统建设，加快救助打捞管理信息系统、交通公安综合业务应用系统、交通运输行政执法综合管理信息系统建设。加快建设民航电子政务技术平台、民航综合信息平台及民航网络与信息安全保障系统。建立邮政行业服务水平监测和综合评价系统，健全邮政行业监管体系。完善行政许可在线办理平台，推动各级交通政务网站，开展路政管理、运政管理、海事管理、港政管理等交通行政许可的"一站式"服务。推进交通电子口岸建设，并与国家电子口岸对接，促进外贸和物流便利化。推进民航简化商务信息系统工程、新一代全球分销系统工程、航空物流信息平台建设工程。继续推进国家交通运输物流公共信息共享平台建设，建设以行业监测分析、政务公开、行政执法和社会应急等为重点的邮政行业公共信息服务平台。到"十二五"末，力争部省两级电子政务核心业务信息化覆盖率达到 85% 以上。

（二）加强公众出行信息服务系统建设

深化完善省域公路交通出行信息服务系统，强化路况、养护施工、交通管制、气象等实时信息的服务，加快实施省域、跨省域客运售票联网和电子客票系统建设，力争实现以全国统一特服号、统一交通广播频率为特征，提供有机衔接的多种服务手段，并覆盖高速公路、国省干线及推广"大城乡地区的交通出行信息服务体系"。加快建设内河航运综合信息服务系统，强化航道状况、水位水深、水上水下施工、交通管制、水文气象等信息的服务，在重点水域实施水路客运售票联网和电子客票系统建设，进一步完善水路客运出行信息服务系统建设。在地市级以上城市加快建设覆盖城乡的公共交通信息服务系统。鼓励和引导社会力量广泛参与，保证交通出行信息服务产业的健康发展。

（三）加强行业市场信用信息服务平台建设

建设完善公路水路交通建设市场信用信息服务平台，推广普及公路水运建设工程项目管理、工程标准规范管理系统，建设公路水运工程招投标管理等系统。建设完善公路水路运输市场信用信息服务平台，深化完善公路水路运输管理信息系统，推广普及 IC 卡道路运输电子证件、船舶船员"一卡通"、船舶电子签证等系统，实现公路水路运输行政执法信息、信用信息跨区域、跨部门的交换和共享，形成政府监管、企业自律、社会监督的信用管理和服务体系。

（四）加强安全畅通与应急处置系统建设

积极引导建设、推广跨省市高速公路联网收费系统和区域联网不停车收费（ETC）系统，"十二五"末，实现全国高速公路 ETC 平均覆盖率为 60%，ETC 车道数 6 000 条，ETC 用户量 500 万个。建设信息互通、协同高效的部省两级路网管理平台，完善对国省道重要路段、特大型桥梁、长大隧道等重点监控目标运行状态、气象条件等的监测、监控和预警。完善海事、航道管理、港口安全管理信息系统，健全沿海港口重点水域及内河高等级航道的船舶交通、通航环境、港航设施、水文气象等状态的实时监测和安全预警体系。建立、健全重点营运车辆和船舶的监测监控系统，重点跟踪"两客一危"车辆（长途客车、客运包车和危险货物运输车）和重点营运货车、"四客一危"船舶（客渡船、旅游客船、高速客船、滚装客船和危险品运输船）的安全技术状态和运行状况。建设多网联动的交通运输安全监管与应急处置平台，满足"监管到位、协调联动、上下贯通、左右衔接、响应迅速、处置有效"的要求。

（五）加强交通运输经济运行监测预警与决策分析系统建设

建设与业务系统相融合的交通统计信息系统，依托业务管理与服务系统，完善交通统计信息指标体系，实现统计数据从交通运输业务系统的有效获取。在行业统计、各主要业务系统基础上，住房和城乡建设部省两级行业经济运行监测预警和决策分析系统，开展重点物资运输、基础设施运行、固定资产投资、生产安全、运输市场、行业能耗等交通运输经济运行状态的监测、预警和综合分析，研判经济社会发展趋势对交通运输行业的影响，适时调整行业发展政策，面向社会及时发布相关信息，发挥引导性作用。

（六）加强信息化基础工作和保障能力建设

完善行业信息基础设施，提升通信信息网络支撑能力。利用全国高速公路光纤、管道资源，适时组建连接部省的交通运输行业专网，有条件的省份可根据本地区发展的实际需要，充分利用高速公路通信网络资源开展行业专网建设。完善应急指挥通信系统，建立应急联合通信保障机制。完善部省两级数据中心体系，提高行业数据服务能力。完善交通行业信息资源目录体系建设，结合重大工程和核心业务系统建设，健全和完善行业基础信息资源数据库；完善部省两级数据交换平台，满足行业数据交换和共享要求；建设运行维护综合管理平台，实现数据和设施设备的维护管理。完善行业信息标准框架体系，提高信息共享协同能力。加快制定交通信息化基础性关键标准，按照行业标准体系框架，结合重大工程和示范工程、试点工程的建设，及时提炼和完善相关信息标准规范；加快制定基础性关键标准，创建标准一致性和符合性检测平台。构筑行业信息安全体系，提升信息安全防范能力。建设交通运输行业统一的信息安全认证体系；完善交通运输行业信息系统分级保护和等级保护系统；加快建立部级数据容灾备份中心。

三、智能交通系统的概念和结构

（一）智能交通系统的概念

ITS 有助于促进社会经济发展、提高人民生活质量，并以推动社会信息化及形成新产业而受到各国的重视。美国、欧洲、日本发展 ITS 的基本目标是一致的，实现的技术和工作的主要内容也大致相同，均是利用信息、通信等技术的发展以实现交通系统的高效、安全及舒适的运行。然而，它们对于 ITS 的定义和主要内容并不完全相同。

（二）智能交通系统的结构

所谓"系统"，是由相互作用和相互依赖的若干组成部分结合形成的具有特定功能的有机整体。人（货物）、车、路构成了道路交通系统，其目的是实现人或物的有效移动，如果再配上具有智能的交通信息中心、交通管理中心、交通控制中心等，以及智能化的车载设施和道路交通基础设施，如各类检测设施、信息发布设施，即信息传输设施，就构成了 ITS。

1. 交通信息采集系统

集成多种信息采集方式，包括 IC 卡技术（车辆通行电子信息卡）、传感器技术（红外雷达检测器、线圈检测器、光学检测仪）、车辆自动定位技术（GPS 车载导航仪、GPS 导航手机），以及视频检测技术（CCTVD 摄像机）和人工输入（如交通事故，道路施工、临时限行）等。

（1）主要功能

①交通流数据检测功能：交通信息的实时自动监测、监视与存储，具有稳定、可靠的软硬件设施配置和运行环境。

②交通流数据拥堵判断功能：对道路现状交通流量分析、判断的能力，对道路交通拥挤具有规范的分类与提示，并具有初步的交通预测功能。

（2）技术特点

①多元数据采集：采集交通流量、占有率、车速、车队长度、车身长度、车头时距、行程时间、行程车速、车辆位置、车型、静止车辆等信息。

②预测算法：灰色理论预测、卡尔曼滤波理论预测和人工神经网络理论预测等预测算法。

③多子系统支持：为交通信息发布系统的各子系统提供交通流信息，实现资源共享。

2. 交通信息处理分析系统

交通信息处理分析系统由信息服务器、专家系统、地理信息系统（Geographie Information System 或 Geo Information System.GIS）、人工决策等组成。

（1）主要功能

①信息分析功能：能够通过对采集所获得的交通信息进行数据分析，得出交通状况所需的各种信息。

②信息融合共享功能：兼容、整合不同来源的交通信息，所采集的交通信息经处理后，具有与其他相关机构、部门的信息系统进行共享、交换的能力。

③自诊断和报警功能：当系统设备故障、网络通信故障等异常情况发生时，系统能够自诊断、记录和报警；在发现交通异常时，能够以恰当的方式及时向相关交通管理人员报警。

（2）主要技术特点

①基于对象建模：通过掌握对象的所有属性进行数据库的建立。

②较强的数据过滤与融合技术：信息采集所获得的数据信息必须通过处理器加工才能形成比较理想的数据，这样也就更加方便进行数据分析。

3. 交通信息发布系统

交通信息发布系统通过各种媒介，如互联网、手机、车载终端、广播、路侧广播、可变情报板（Variable Message Signs.VMS）、电话服务台等，把动态交通信息实时传给服务对象，使出行者在出行前或出行途中都可以得到交通实时信息。它是交通管理者及时向道路使用者发布指令或提供信息，确保行车安全，提高路网使用效率的有效手段。

（1）系统功能

①实时交通信息发布：主要是把实时路况发布到交通信息接收设备，使得交通利用者能够准确地掌握最新的交通信息。

②固化信息显示：将通用的显示信息固化在下端显示屏中，用于显示屏与中心中断连接时显示，固化信息可以从控制中心下载，信息内容、显示时间可以通过控制系统更改。

（2）系统技术特点

①数据及时性：发布的所有信息都满足信息的及时有效性，充分体现智能交通的价值。

②多子系统支持：为交通信息的提供与资源的共享提供基础。

③先进的通信技术：为数据的处理和传送提供技术保障，使得信息能够及时传达给道

路使用者。

4. 信息通信网

智能交通系统中的信息通信网是交通管理部门进行指挥调度、处置事故及突发事件、管理疏导交通、视频监控检测记录违章、警务政务管理的重要技术手段，是向交通参与者提供实时情报，保障显示交通诱导信息、发布交通拥堵情况、提供信号灯最佳滤波配时、播报泊车管理空位参数、提供优质服务的关键链路技术网。目前，智能交通系统中的信息通信网，可以采用自建专网、租用城市公网、租用与自建网络合网的模式，建设成一个具备有线通信、无线通信、有线与无线互通功能的，以有线光纤为主、无线为辅、移动介入、卫星跟踪定位的立体交叉的体系完整、通信稳定、质量可靠、功能齐全、覆盖整个城市交通管辖区域的，保证智能交通系统正常工作的有线、无线通信系统网。

信息通信网按传输媒介可以分为以下 5 类。

①无线电广播：无线电广播包括交通广播和路侧通信广播两类，主要用于发布公共信息。交通广播是电台广播的一种，驾驶员在车辆内利用收音机接收广播信息，定时播送高速公路及附近公路的交通情况。路侧通信系统是在高速公路上利用路肩或中央分隔带上的感应天线进行广播的一种无线电通信系统，其广播的信息内容主要是根据各种传感器收集到的有关交通信息和交通管理部门的有关管理调度指令。

②电缆通信：紧急电话、调度电话、可变情报板、可变限速标志、收费口、车辆检测器、匝道口与控制中心进行的低速数据通信通常采用市话电缆、双绞线或屏蔽电缆传输信号，传输方式为基带传输。

③微波通信：微波是指频率为 0.3~300 GHz 的电磁波，微波通信是长途、大容量通信的无线传输手段，若基带信号为模拟信号，称为模拟微波通信系统；若基带信号为数字信号，称为数字微波通信系统。

④光纤通信：光纤通信，是以光波为载频，以光导纤维为传输介质的一种通信方式。由于光纤通信具有传输频带宽、通信容量大、损耗低、不受电磁干扰等一系列优点，所以它是未来信息社会中各种信息网的主要传输工具。

⑤无线通信：无线通信包括常规的无线通信系统（车载电台）、蜂窝无线通信系统、WiFi 等。无线通信适用于路政管理、交通安全管理、道路养护、收费稽查、紧急求援和事故处理等场合。

5. 应用系统 智能交通包含的应用系统大体可以分为四方面。

①车辆控制系统：指辅助驾驶员驾驶汽车或替代驾驶员自动驾驶汽车的系统，又称"智能汽车"。该系统通过安装在汽车前部和旁侧的雷达或红外探测仪，可以准确地判断车与障碍物之间的距离，遇紧急情况，车载电脑能及时发出警报或自动刹车避让，并根据路况自行调节行车速度。目前，美国已有 3 0000 多家公司从事高智能汽车的研制，已推出自动恒速控制器、红外智能导驶仪等产品。

②交通监控系统：类似于机场的航空控制器，该系统在道路、车辆和驾驶员之间建立

快速通信联系，会及时将哪里发生了交通事故、哪里交通拥挤、哪条路最为畅通等信息，提供给驾驶员和交通管理人员。

③运营车辆调度管理系统：该系统通过汽车的车载电脑、调度管理中心计算机与全球定位系统卫星联网，实现驾驶员与调度管理中心之间的双向通信，来提高商业车辆、公共汽车和出租汽车的运营效率。

④出行信息系统：该系统通过多种媒介，如电脑、电视、电话、路标、无线电、车内显示屏等，为不论是在办公室、大街上、家中还是汽车上的出行人员，及时提供各种交通信息。

第二节　智能交通系统的服务

ITS 是一个集多种学科于一身的、处理道路交通问题的最有效方式。它在不断地发展成熟，体系结构也会根据各个国家的不同情况而有所不同。

一、先进的交通管理系统（ATMS）

先进的交通管理系统（Advanced Traffic Management System，ATMS）主要是给交通管理者使用的，用于检测控制和管理公路交通，在道路、车辆和驾驶员之间提供通信联系，同时有部分与 ATIS 共用信息采集、处理和传输系统。它将对道路系统中的交通状况、交通事故、气象状况和交通环境进行实时监视，依靠先进的车辆检测技术和计算机信息处理技术，获得有关交通状况的信息，并根据收集到的信息对交通进行控制，如信号灯、发布诱导信息、道路管制、事故处理与救援等。ATMS 的主要作用包括以下几方面。

（一）交通控制

交通控制中心以 GIS 为平台，集成交通流量检测、电视监控、电子警察（自动违法检测系统）、治安卡口、110/122 接警处、GPS 车辆定位、交通信号控制、违章/事故信息管理、车辆驾驶员管理业务、通信指挥调度、信息发布等子系统，通过对各子系统的汇集、分析、共享、应用及综合显示，建立具有数据采集、快速处理、决策和组织协调指挥能力的、科学高效的交通指挥运行机制，充分发挥交通信息系统的整体效率。它是交通控制与管理系统的神经中枢，指挥着其管理范围内的所有控制设施。

交通控制主要进行路面交通流监测与分析，并将分析处理后的信息反馈给交通使用者。同时通过调节交叉口信号灯变换时间，提高车辆、行人通过交叉口的效率和安全。通过铺设在道路上的传感器，双向通信 GPS，或者监控摄像头等路边的交通信号搜集器，将路面实时交通信息及时传送给交通控制中心，交通控制中心进行信号灯控制，并提示驾驶员选择最畅通的行驶路线。

自动信号灯可以通过各种传感器或者摄像头探测每个方向和每条车道上的车流情况，从而相应地调整红绿灯的时间间隔。在美国的很多十字路口，深夜车流稀少的时候，左转灯一般都长时间处于红灯状态，一旦有车辆要左转的时候，该系统可自动让左转灯变绿，这样既方便了直行车的顺畅通行，也保证了左转车辆的快速通过。同样，在美国很多主干道和小路交叉的十字路口，红绿灯时间长短不是固定的，而是可以根据该方向的车流来调整，当小路车多时，可以给相应比较长的绿灯以方便通行，一旦全部或大部分车辆通行完毕，则可立即切换信号。除了自动调节红绿灯时间外，这些自动信号灯还可以实现相邻信号灯之间的协调互动，以保证交通畅通。

决策信息的输出也包含实时交通情况的处理，典型的应用如下：

（1）高容量车道（High-Occupancy Vehicle lane，HOV lane）：交通管理中将仅供乘坐某一规定乘客数的车辆通行的车道称为高容量车道，也叫拼车专用道（carpoollane）或快速车道（transit lane）。在这种车道上只能行驶公共汽车或"拼车"族的车，或供乘坐两人以上的车辆使用，其目的是提高道路使用效率、缓解交通拥堵、促进交通节能减排。有时，在其他相邻车道严重拥堵的情况下，HOV车道使用率却很低，而单乘客车辆（Single Occupant Vehicles，SOVs）在现有交通管理规定下无权经行这种车道，唯一的选择就是在原车道上继续等待。为了使公路资源得到最大效率的利用，美国研究了允许SOVs通过交纳一定的费用使用HOV车道的可行性。随着研究的逐渐成熟，高容量收费（High-Occupancy Tolling，HOT）技术逐渐被引入到公路管理之中。从1996年开始，圣地亚哥当局（SAN Diego association of Governments，SANDG）和加利福尼亚州交通局就一直在位于圣地亚哥北部的第15号州际高速公路上的HOV车道上采用这种方法进行试验研究，1999年以后，正式采用HOT技术对这条高速公路进行管理。

（2）可变导向车道：这类车道主要设置在交叉口，可依据不同时段车辆流量流向的特点，变换车道的行驶方向，对流向进行灵活调控，缓解交通压力，尤其适用于需要采取时间性交通管理措施的交叉口。

（3）可变限速标志：在美国及欧洲的很多城市主干道上，都可以看到可变限速牌。它可以根据交通拥堵程度计算出最佳的限速，从而在一定程度上避免在上下班高峰拥堵期间，由于车辆频繁的启动-停下造成的进一步拥堵。该装置不仅能显著加快高峰期间车流速度，减少车祸发生，同时还能节约燃油消耗，减少尾气排放。

（二）交通异常事件预测与管理

安装在路边或交叉口的摄像机收集路面的实时交通信息，并将信息发送到突发事件检测装置对图像信息进行处理，控制中心获取信息，一方面有助于提高管理部门、救护部门及处理异常事件有关机构和人员对事件的快速响应能力，从而降低事件对交通的影响；另一方面，控制处理装置将处理后的信息以文字的形式发布在可变情报板或车载导航仪上，向上游车辆的驾驶员发布下游发生的异常事件信息，通报驾驶员绕道、换车道或降速，以避免后续车辆卷入异常事件或遭遇拥堵。

（三）交通需求管理

交通需求管理（Transportation Demand Management，TDM），其涉及交通系统的各个方面，可以定义为：通过影响出行者的行为而达到减少或重新分配出行对空间和时间需求的目的。如当道路达到一定的拥挤和污染程度时，通过道路线导引系统，把道路上实时信息显示在道路中的"停车换乘（P+R）"电子显示器上，引导出行者使用轨道交通或公共交通，从而把交通需求引导到交通稀疏的路线上来，缓解交通拥挤。

二、先进的出行者信息系统（ATIS）

先进的出行者信息系统（Advanced Traveler Informa-tion System，ATIS）是建立在完善的信息网络基础上的。交通参与者通过装备在道路、车辆、换乘站、停车场及气象中心的传感器和传输设备，向交通信息中心提供各地的实时交通信息；ATIS 得到这些信息并处理后，实时向交通参与者提供道路交通信息、公共交通信息、换乘信息、停车场信息、交通气象信息及与出行相关的其他信息；出行者根据这些信息确定自己的出行方式、选择路线。当车上装备了自动定位和导航系统时，该系统可以帮助驾驶员自动选择行驶路线。AITS 主要提供 3 项服务。

（一）出行前提供交通信息（出行前交通计划服务）

ITS 可以给计划出行的人们提供当时的交通信息，帮助出行者选择满足其需求的出行方式（采用何种交通方式，选择哪条交通路径等），甚至建议最适宜的出行时间。

（二）途中提供交通信息

1. 车辆导航系统

车辆导航系统集 GPS（或 COMPASSD）定位技术、GSM 通信技术、GIS 和计算机网络技术为一体，能为车辆导航提供全面的服务。在出行途中，车辆通过车载导航仪接收 GPS 数据，在显示屏幕的地图上显示汽车行驶中的位置，以及到达目的地的方向和距离等。可在公路网范围内，定向选择最佳行驶路线并实现路线导航，为驾驶员提供前方道路信息，如道路转弯、交通事故易发区、实时路段拥堵情况、临时交通管制，从而方便交通使用者较灵活地做出合理的交通出行选择和判断。

2. 交通广播

交通广播的建立是交通发展与社会需求的共同产物。我国交通广播事业的发展是以 1991 年 9 月 30 日开播的上海人民广播电台交通信息台为标志的，它以"缓解交通、方便市民"为宗旨，把司机、乘客、交通管理人员等城市交通参与者作为传播对象，广播电台与公安交警部门两家联手合作，以现代化手段改善城市交通管理，缓解行路难的问题。交通广播提供的信息有三个特点：①鲜明的行业特色；②大密度、高容量的路况动态；③以大交通构筑交通广播电台节目。如北京交通广播节目立足北京，通过 GPS 卫星定位及司机对电台反馈的实时交通信息，全方位关注北京市范围内与交通相关的动态。整点、半点、播报路况信息，重要信息随时插播，整点报告天气情况。该广播网站提供了丰富的出行服务链接信息。

（三）给出行者提供信息服务

ATIS 能够通过多种媒介，如电脑、电视、电话、路标、无线电、车内显示屏等，及时为出行人员提供各种交通和服务信息，包括餐饮、娱乐、气象等。

三、先进的车辆控制系统（AVCS）

先进的车辆控制系统（Advanced Vehicle Control System，AVCS）是利用先进的传感器技术检测车辆周围信息，通过信息融合和处理，自动识别出危险状态，协助驾驶员进行安全辅助驾驶或者进行自动驾驶，以提高行车安全性和增加道路通行能力的系统。

AVCS 的目的是开发帮助驾驶员实行车辆控制的各种技术，从而使汽车行驶安全、高效，该系统主要包括事故规避系统和监测调控系统等，它使车辆具有道路障碍自动识别、自动报警、自动转向、自动制动、自动保持安全车距、车速和巡航控制功能，在易发生危险的情况下，随时以声、光形式向驾驶员提供车体周围的必要信息，并自动采取措施，从而有效地防止事故的发生。

AVCS 的主要应用系统包括：安全预警系统、视觉强化系统、防碰撞系统、自适应巡航控制系统（Adaptive Cruise Control，ACC）、自动驾驶系统。

（一）安全预警系统

在车载设备中，存储大量车辆技术状态信息和驾驶员状态参数及路况状况信息，对车辆和驾驶员随时进行检测和监控，必要时发出报警信号，提醒驾驶员注意并采取措施，从而有效防止事故发生。如驾驶员处于瞌睡状态时，计算机会通过直接（驾驶员血压、心率、眼帘运动等）或间接（车辆驾驶状态、车速等）的方法判断驾驶员的瞌睡状态，及时提醒，并向车外发出危险信号，实施自动刹车。

（二）视觉强化系统

利用车载设备、路边探测、通信和控制技术，拓展车辆驾驶员的视野，使驾驶员在能见度低、视野盲区或恶劣环境下，对路上行人、车辆、障碍物和出现危险状况等，仍具有较高的观察与判断力，以便及时采取措施，避免交通事故。

（三）防碰撞系统

从行车安全角度分，车辆有主动安全系统和被动安全系统，防碰撞系统属于前者，后者则以安全气囊和安全带自动收紧为代表。防碰撞系统包括纵向防撞、侧向防撞和交叉口防撞系统。该系统具有环境监测、防碰撞判定和车辆控制三项功能。当车头接近前面车辆车尾时，系统发出警报，左右两侧的传感器通过信息处理，提供适当的侧向安全距离。

车辆的纵向防撞主要是通过安装在车辆的电子设备来实现的，前车车尾的红外线发光器会发送红外线到后车的红外线接收器上，测出两车之间的行驶距离。若超过安全行驶距离就会引起安装在车辆上的控制设备控制车辆行驶，如电子控制风门、电子控制刹车等。而横向防撞主要是通过车辆上的磁性车道感应器感应路面中心线上的磁性车道标识器来进行车辆横向行驶智能控制，防止车辆横向相撞。

（四）自适应巡航控制系统

该系统是在汽车运行中驾驶员无须调整加速踏板，系统自动保持一定行车速度。汽车在行驶时，驾驶员负担明显减轻，通过开关选择可增减车速，或解除巡航控制转换到人工操作状态，并使燃油供给与发动机功率间匹配处于最佳状态，从而降低油耗，同时也大大减轻了驾驶员的疲劳程度，间接减少交通事故的发生。

（五）自动驾驶系统

通过路-车、车-车通信设施来控制车辆的安全运行，使得道路交通系统能够顺畅、安全地进行。

四、商用车运营系统（CVOS）

商用车运营系统（Commercial Vehicle Operation System，CVOS），即货运管理系统，这里指以高速道路网和信息管理系统为基础，利用物流理论进行管理的智能化的物流管理系统。综合利用卫星定位、地理信息系统、物流信息及网络技术有效组织货物运输，提高货运效率。CVOS 主要具备以下几方面的功能：

（一）电子检查通关

不停车做安全状况、相关证件、装载货物及载重检测，使合格车辆无耽搁地通过检查，与邻国合作，高效办理入境车的通关检查手续。在称重站、边境点及其他的检查站点，该服务使装有异频雷达收发机的、安全且合法的车辆不停车、不重复地通过复杂的检查。这些检查包括车辆注册情况、安全状况、载重量、国际关卡通过手续等证件和状况检查等。符合通关条件的车辆可保持正常运行速度快速通过各种关卡，一旦在一个站点通过检查则无须在下游站点做重复检查。

（二）自动路旁安全检查

该系统把电子通关系统提供的安全数据与其他技术结合起来，检查车辆安全性及司机的反应能力、适应能力。

（三）车载安全监视

该系统在车辆高速行驶中无干扰地监测司机、车辆与货物的任何不安全的状况，例如司机疲劳、车辆故障、货物滑动或不稳等，并将结果报告给司机、运输公司管理人员及有关的执法人员。

（四）危险物品意外事件救援

该服务向紧急救援人员提供由危险货物运输者提供的有关危险物品事故数据，包括危险品装载数据及事故发生时间、地点和严重性，并推荐最佳救援方案，提供响应指令与紧急救援响应电话号码等。

（五）商用车辆管理

该服务使运输公司管理人员可用电子方式办理注册手续，得到通关证件，并获得购买燃料数与行驶里程数及相关税费等信息。

（六）商用车队管理

该服务提供司机、调度与多式联运者的通信链路，为运输者编制可行的计划和车辆行程时刻表提供实时信息，包括货物配送、回程装载、路径诱导等信息，最终实现商用车辆自动列队驾驶。

五、先进的公共交通系统（APTS）

先进的公共交通系统（Advanced Public Traffic System，APTS）的主要目的是采用各种智能技术推进公共运输业的发展，使公交系统实现安全、便捷、经济、运量大的目标。

（一）公交信息服务

通过个人计算机、闭路电视等向公众就出行方式和事件、路线及车次选择等提供咨询。在美国许多城市，公交是按照时刻表运行，且大多数班次是间隔 30 min 或者 1h，所以必须提前安排出行计划，如华盛顿特区地铁系统提供了出行计划查询工具。当出行者已经在公交车站站点等待时，可以通过提供该站点的编号信息打电话、发短信，或者访问网站查询该站点下一班公交车（Next Bus）抵达的预计时刻。Next Bus 系统采用了全球定位系统和计算机模拟跟踪技术，每隔 120 s 对公交车进行一次实时跟踪。

（二）公交运行管理

在公交车辆管理中心，可以根据车辆的实时状态合理安排发车、收车等调度计划，公交车到达公交站点时，安装在站点的信息接收器将公交车到站信息（通过识别公交车上的 ID 标签获取）发送给控制中心，控制中心进行信息处理后，将车辆实时位置、估计到站时间等信息显示在公共汽车候车站显示器上，方便乘客乘车。

（三）应需公共交通系统

智能公交管理系统通过运用计算机的辅助处理功能，结合道路公交情况和乘客的需求，实现最佳的调度运营与管理；通过对数据管理和分析，保障日常运营的高效管理、规划和调度的科学决策。

六、紧急救援系统（EMS）

紧急救援系统（Emergency Medical System，EMS）作为一个特殊的系统，其基础是ATIS.ATMS 和有关的救援机构和设施，它通过 ATIS 和 ATMS 将交通监控中心与职业的救援机构联成有机的整体，为道路使用者提供车辆故障现场紧急处置、拖车、现场救护、排除事故车辆等服务。

当道路上发生紧急事件时，如车辆发生机械故障、撞车、翻车或遭抢劫等，安装在路边的道路交通情报通信系统信息收集器会发出警报信息并传到交通控制中心，当交通管制中心接收到紧急事件（呼救）系统发送的信息时，将根据预案即刻做出应急处理，如采取调度急救车辆、呼叫医院急救、急救车路线导行、信号灯优先控制等措施。

通过 GPS、局域无线通信接收机等设备对道路灾害信息进行检测，一旦发生紧急灾害，交通信息中心会立即采取应急措施。

2012 年 7 月 18 日，交通运输部路网监测与应急处置中心（以下简称"路网中心"）正式挂牌成立，标志着对全国公路系统信息实现一体化实时监测，对突发事件的应急处置也进入常态化运行。路网中心的主要职能包括运行监测、应急处置、出行服务等。

1. 运行监测功能：依托高速公路信息通信设施资源，配合全国高速公路信息通信系统联网工程，一个覆盖重要干线通道、易堵路段、省界收费站、特大桥梁、长大隧道、重要服务区和治理超站的路网运行监测网络已建成，能够实时监测全国干线路网路况运行信息。

2. 应急处置功能：在系统总结应对低温雨雪冰冻、特大地震、泥石流、公路水毁等多次重大突发事件的成功经验的基础上，路网中心修订了《公路交通突发事件应急预案》，制定发布了《全国公路网管理与应急处置平台体系建设指导意见》，基本构建了部、省两级联网的全国公路网管理与应急处置平台。

3. 出行服务功能：路网中心已开通"中国公路信息服务网"，发布公路出行服务信息，并与中国气象局合作，通过中央电视台新闻频道及中国气象频道等媒体，及时发布干线公路路况信息。与中央人民广播电台合作，开通了《公路服务站》直播栏目，并在 2012 年6 月 26 日在京津塘高速公路开播了中国高速公路交通广播（FM99.6）。此外，每年春运、黄金周等重大节假日，路网中心都及时通过新闻媒体发布路况信息，为公路出行者提供信息服务。

七、在城市交通中的作用

ITS 作为一个信息化的系统，它的各个组成部分和各种功能都是以交通信息应用为中心展开的，因此，实时、全面、准确的交通信息是实现城市交通智能化的关键。从北京、上海、广州、深圳、杭州及各地城市的智能交通系统建设 10 年来的评估看，ITS 在城市中的作用主要归结为以下方面。

（一）道路交通监控

地面道路交通流量大的交叉口、人流集中的路段、枢纽、场站等，监控中心可以实时观察各节点的交通情况。在常态下，减少了交警巡逻出勤的辛劳，降低管理成本；在异常情况下，可以接警后第一时间调取现场事件图像，为应急处置做好充分的准备。

（二）电子警察、治安卡口

电子警察作为强化交通管理的一种手段，是用先进的科学技术，包括视频检测技术、计算机技术、现代控制技术、通信技术、计算机网络和数据库技术等，规范交叉口、路段的交通安全驾驶秩序，以达到减少交通事故的发生、提高通行效率、优化交通环境的目的。

治安卡口是利用先进的光电、计算机、图像处理、模式识别及 Web 数据访问等技术，对监控路面的每一辆机动车的前部特征图像、车辆全景图像和路面实时视频流进行连续全天候实时记录。牌照识别仪根据所拍摄的图像进行车辆号牌全自动识别，并能进行车辆动态布控和违章报警，通过公安网络能将各个监控点信息有机共享。治安卡口的意义，更多的是在于路线、片区的安全管理，属城市安全运行和管理范畴。随着辅助决策支持的需要，其断面数据也越来越多地用于城市规划等 OD 数据收集。

治安卡口系统的关键技术问题包括以下几方面：

1. 实时性：发现违章、可疑或犯罪车辆，立即发出报警信号，保证在第一时间通知附近警方进行堵藏、查处；

2. 可追溯性：卡口系统从整体上要保证过往车辆数据（图片）的完整性，以便在相当长一段时间内的数据可追溯；

3. 识别率：人像识别率一般能够达到 90% 以上；

4. 补光：通过补光来提高人像识别率，而不是单纯的图片分辨率。有闯红灯检测、超速检测、所有车辆记录三大功能；治安卡口主要功能包括车速检测、所有通过的车辆检测、车牌识别、黑名单比对、布控等，对识别率和补光要求较高。

（三）交通信号控制

严格意义上讲，信号灯控制早于 ITS 的出现。交通信号控制规范了机动车、行人交通秩序，保障了交叉口的顺畅。除了在某些支路一次路相交，次路一次路相交及其他流量很小的交叉口，如今交叉口信号控制已经越来越成为城市道路交叉点的标准配置。

（四）交通信息采集、诱导、发布

交通信息采集和积累，一方面为管理者提供交通数据，掌握城市交通出行规律、探索交通出行模式，为规划、管理提供决策支持；另一方面通过收集实时的路网数据，将数据处理为状态信息，用于交通信息诱导和发布，为交通出行者提供路况导航及辅助路径选择。

目前采用较多的信息提供方式包括可变情报板和个性化的车载导航仪。可变情报板随其所需显示信息的条目多少，可选用滚动式、翻板式或点阵式等显示器。现在多用点阵式，点阵式显示就是把发光器（光源）排成矩形图阵，按要求点亮矩形图阵内的发光器来表达需要显示的内容。光源可用灯泡、发光二极管和液晶显示屏等，一般多用发光二极管。

车载导航仪除有主要的图像式交通状况及路线导航显示功能外，还有音响导航、触摸式面板查询等功能。导航仪不再仅仅是导航数据的显示窗口，而是越来越智能，强调人机互动，将消费者的个性化需求表达在系统上，最后把这些信息上传到后台导航服务中心，组成一个强大的"车联网"服务信息系统。在偶发性拥堵下，这种信息提供有助于驾驶员选择新的路径，避开拥堵；但是，常发性拥堵及多选择路径同时拥堵条件下，效果不显著。

（五）停车诱导

停车诱导指示牌，属于交通信息采集和诱导的范畴，其目标很明确，是诱导驾驶员寻找到合理的停车位，提高停车服务水平，同时，也能在一定程度上起到避免空驶，降低碳排放的效果。

（六）综合交通信息平台

综合交通信息平台又称交通共用信息平台，简称信息平台，是整合交通运输系统信息资源，按一定标准规范完成多源异构数据的接入、存储、处理、交换、分发等功能，并面向应用服务，从而为实现部门间接信息共享、各相关部门制定交通运输组织与控制方案和科学决策，以及面向公众开展交通综合信息服务提供数据支持的大型综合性信息集成系统。一般而言，信息平台是信息共享交换枢纽、数据分析处理中心、数据应用支持平台、公众信息服务窗口及交通资源展示空间。

（七）智能公共交通

智能公共交通即公共交通的智能化，包括公交车 GPS 定位实时掌握公交车辆在途信息，公交优化调度，合理配车，公交站台实时车辆到达信息发布，网络及其他智能终端的公交换乘查询等信息服务。

（八）车联网（Vehicle Network，VN）

随着物联网（The Internet of things）的应用需求及推广，在交通中，车联网技术也提上日程。车联网对城市的作用体现在车与车间的沟通更为顺畅，为交通信息的获取和共享提供了更加广阔的空间。在国外，车联网被称为 Internet of Vehicles 或 Vehicular Network。欧洲车联网发展明显快于北美，如荷兰、瑞典、瑞士、德国政府主持、汽车企业参与的项目，如车辆无线通信系统(Telematics)。Telematics 是远距离通信的电信(Telecomunications)与信息科学（Inlomatic）的合成词，按字面意思可定义为通过内置在汽车、飞机、船舶、火车等运；输工具上的计算机系统、无线通信技术、卫星导航装置、交换文字 / 语音等信息的互联网技术而提供信息的服务系统。也就是说通过无线网络，随时给行车中的人们提供驾驶、生活所必需的各种信息。美国可查到交通运输部 Connected Vehicle 项目。

（九）辅助安全

辅助安全也称被动安全技术或者被动安全系统，是通过外围设施的辅助控制来实现保护行人、驾驶人的交通安全。常见的有车内疲劳驾驶识别报警、车外防撞设施设置、安全避险提示等手段。

（十）交通弱者扶助系统

有视觉缺陷的人、老年人等交通弱者可通过操作人行道旁的专用装置或随身携带的手持式路线导行设施发出控制信号，延长行人用的绿灯信号，以确保安全的过马路。

在交叉路口行人过街信号配备声音，为盲人等残疾人提供方便。近年来在美国的一些城市新建了自动亮灯人行道，一旦行人或自行车踏上这种人行道，脚底下事先安装好的灯就会亮起。一方面方便了行人看清楚路面，另一方面对过往的车辆也是一种警示，有利于增加夜间行人的出行安全。

（十一）ETC（电子不停车收费系统）

Electronic Toll Collection 是通过集成计算机技术、自动控制技术、检测技术及通信技术等高科技手段，根据车辆类型实现车辆不停车通过收费车道而进行自动收费的系统。ETC 系统每车收费耗时不到 2 s，其收费通道的通行能力是人工收费通道的 5~10 倍，特别适用于在高速公路或交通繁忙的桥隧环境下使用。据《2013-2017 年中国 ETC 行业产品市场调研与投资预测分析报告》显示，在"十一五"期间，中国有 28 个省（区、市）实现了高速公路联网收费，开通 ETC 车道数约为 1300 个，平均覆盖率（设置 ETC 车道收费站数量占高速公路收费站点总数量的比例）约为 15%，全国 ETC 用户数量突破 50 万，提高了车辆在收费站的通过效率，降低了油耗，有效缓解了收费口交通拥堵，在提升道路通行能力、节能减排等方面的效果日益凸显。ETC 应用无线通信技术使安装在车辆上的车载单元（On Board Unit，OBU）和设置在收费车道上的路侧单元（RoadSide Unit，RSU）之间进行双向通信和信息交换，并根据站级系统下发的各种运营参数完成与车载电子标签间的交易，实现路费的自动收缴。ETC 系统由以下四部分组成：

1. OBU（又称电子标签）：电子标签是一种有源电子射频设备，其内存储包括车辆型号、车牌照号、车主的相关资料等各种信息。不带 IC 卡的 OBU 被称为单片式电子标签，其功能相对简单，只能专用于 ETC 收费，结构简单，价格低廉，易于推广；新型的 OBU 增加了智能卡读写器的功能，可以插带有电子钱包或者储值账户的 IC 卡，被称为双片式。CPU 卡是一种新型 IC 卡，起到车辆通行卡和电子付费的功能。

2. 收发器：它是一种带有微波线路的装置，与电子标签之间建立高方向性的专用短程通信（Dedicated Short Range Communications，DSRC），有很强的抗干扰性能和快速的通信能力。

3. 进行通信处理的微处理器：它将来自电子标签和 CPU 卡的信息进行解释并传至车道控制器，从而取得该车的有关资料并进行相应处理，对来自车道控制器的数据信息经分析后可对电子标签和 CPU 卡内的数据进行必要的修改。

4. 车道控制器：根据电子标签和 CPU 卡上的信息，判定通过车辆是否有正常通过的权力，还可判断电子标签和 CPU 卡的有效性，并起动相应的交通标志，也可以发出警告给车主必要的提示。如果发生违章现象也可驱动抓拍系统进行违章取证等。

贴有电子标签的汽车进入 ETC 车道前，会有标志牌提示其降低车速（低于 50km/h）。当汽车通过第一个装有收发器的门架（同时装有摄像机和红外线探测器）时，利用车载电子标签自动与安装在路侧或门架上的微波天线进行信息交换。收发器与电子标签通过高频的微波进行双向确认，收发器验证电子标签和 CPU 卡的有效性，并读取其内置的数据计算费额。如果该电子标签和 CPU 卡无法被识别（包括无效）或卡内余额不足，车道前方的栏杆不会抬起，同时系统发出警告提示司机进入半自动收费车道交费。如果一切正常，计算机根据电子标签中存储的信息识别出道路使用者，然后自动从其银行账户中扣除通行费，自动修改 CPU 卡内的信息，车道前方的栏杆自动升起，完成收费过程。

ETC 系统的关键技术主要集中在以下方面：自动车辆识别（Automatic VehicleIdentification，AVI）、自动车型分类（Automatic Vehicle Classification，AVC）、DSRC 技术、逃费抓拍系统（Video Enforcement System，VES）。

第二章 城市智能交通系统规划

第一节 交通规划与城市智能交通

交通规划是以确定公路和城市道路交通建设的发展目标，并设计达到这些目标的策略、过程和方案。广义的交通规划包括交通设施体系布局规划、交通运输发展政策规划（也称"交通发展白皮书"）、交通运输组织规划、交通管理规划、交通安全规划、交通近期建设规划等。狭义的交通规划通常是指根据对历史和现状的交通供需状况和地区的人口、经济和土地利用之间的相互管理的分析研究，对地区未来不同人口、土地利用和经济发展的情形，交通运输发展需求的分析和预测，确定未来交通运输设施发展建设的规模、结构、布局等方案，并对不同方案进行评估比选，确定最佳方案，同时，突出建设实施方案（包括建设项目时序、投资估算、配套措施等）的一个完整过程。城市智能交通系统，简单地讲，就是 ITS 在城市交通中具体的表现形式。随着城市化进程的加快和城市交通机动化程度的提高，城市交通特别是大城市交通成为制约城市发展和现代化建设的关键因素。城市交通的智能化是缓解城市交通问题的有效途径，并已成为国际城市交通可持续发展的大趋势。

然而，城市智能交通系统并不能单独解决国家或地区的交通问题，城市智能交通系统的应用可以成为交通规划的一个组成部分。它的应用可以在不减少机动性和可达性需求的前提下，为交通运输机构和公众提供更多有价值的信息，从而改善公众对出行的认识和路径的选择。此外，将城市智能交通系统设计融入城市交通规划中，有利于实现城市总体的交通规划目标，有利于城市智能交通系统的投资建设和长期发展，为解决城市交通问题提供更丰富的数据资源和更有效的途径。同时，将城市智能交通系统设计融入城市交通规划中也加强了对 ITS 系统建设的理解和支持。将 ITS 要素纳入城市交通规划过程具有 3 种方式：1. 作为其他交通策略的集成要素，而不体现 ITS 自身独有的特性，这种方式主要将 ITS 定位为对其他交通策略的加强；2. 作为一个独有要素，与其他交通策略，如车道扩宽、公交改善等，并行讨论；3. 既保留独有特性的同时又融入其他交通策略，这是一种综合的方式，适用性更广。

第二节　城市智能交通规划与 ITS 体系框架

城市智能交通系统体系规划，以构造智能交通体系，建设绿色交通、有效降低二氧化碳排放，全面实现城市交通在信息、监控和管理三个方面的综合集成为目标。构建一个能够覆盖多模式交通的信息化系统，综合应用现代科技实现信息化、网络化、数字化、自动化和智能化。智能交通管理信息系统不仅为出行者和道路使用者提供方便和快捷，同时，更注重为车辆提供最佳行驶路线、繁忙时间的道路控制、与公共交通的配合和衔接等。通过智能交通管理体系健全和完善其发达的城市交通网络和前瞻性的交通规划管理，为高密度的人流与车流提供优质的服务。城市智能交通规划是城市 ITS 体系框架建立的重要依据，下面将对 ITS 体系框架的概念、组成进行介绍。

一、ITS 体系框架概念

ITS 体系框架又称 ITS 体系结构，是从系统工程的角度体现系统中各要素的关联关系和层次结构，描述了系统间及系统内各要素之间的信息传递关系和实现的相互依赖关系等。ITS 体系框架定义了 ITS 系统为完成特定的用户服务所必须具有的逻辑功能，实现这些功能的物理实体或子系统，子系统间需要交互和传递的信息流以及传递信息流所需的通信要求和标准要求等。

ITS 体系框架为交通工程师和普通公众提供了对未来智能交通系统运行模式的一般化理解；ITS 体系框架是抽象的，它源于现实交通系统，但又是对现实系统一定程度上的升华和提高；ITS 体系框架是宏观的，它能从宏观上来指导 ITS 系统的规划和建设，但它不能够指导具体的系统设计，它不等同于系统的概念设计和设计方案；ITS 体系框架是一个理念，它提供了人们对未来智能交通社会的追求目标。

ITS 体系框架从应用层面上可以分为国家 ITS 体系框架、地区（区域）ITS 体系框架和 ITS 项目框架。国家 ITS 体系框架从国家的高度提出了智能交通系统的通用架构，从宏观层面说明了全国范围内 ITS 系统的构成及系统间的互联关系。它是一个宏观和指导性的框架，具有一般性和通用性，是制定地区框架和项目框架的依据。其他各框架必须在国家框架范围之内，只有这样，才能保证全国范围内 ITS 系统的兼容性。地区 ITS 体系框架以地区现有的和已经规划的 ITS 系统为基础，以国家框架为基本依据来进行开发。地区 ITS 框架要从国家框架内选取适合地区需求的 ITS 服务内容，同时根据自身特点，适当添加部分内容。地区框架充分体现地区 ITS 的个性化需求，突出地区特色。

二、ITS 体系框架主要组成

智能运输体系框架主要由以下几个方面构成：用户主体、服务主体、用户服务、系统功能、逻辑框架、物理框架、标准和协议、ITS 评价等。各方面的含义如下：

1.用户主体：指服务面对的主要用户，也是在某服务领域制定需求的承受主体。

2.服务主体：即服务的提供商，它与用户主体是服务与被服务的关系。

3.用户服务：智能交通体系中某一层向接近于最终用户的相邻层提供服务的能力。

4.系统功能：智能交通系统为完成用户服务所必须具有的处理能力。

5.逻辑框架：是组织复杂实体和关系的辅助工具，其重点是系统的功能性处理和信息流情况。开发逻辑结构有助于明确系统的功能和信息流动，并能帮助得出对改进的系统和新系统的功能要求。逻辑框架不决定由谁来实现系统中的功能，也不考虑实现这种功能的方式。相关的处理和数据流组合起来就可形成特定的交通管理功能。逻辑框架通常用分层的数据流图、数据字典和处理说明等来描述。数据流图有 4 种基本成分：数据流、处理、文件、外部实体。

6.物理框架：是 ITS 的物理视图，它是关于系统应该如何提供用户所要求的功能的物理性表述。物理框架把逻辑框架所认定的"处理"通过映射分配到物理实体（在 ITS 中称为"子系统"）上，根据各物理实体所含的"处理"之间的数据流以确定实体之间的"体系结构流"。体系结构流及其对通信的要求将决定物理实体之间的接口，是制定有关标准和协议的基础。

7.标准和协议：是接口、信息和通信协议的标准化，是 ITS 系统中各子系统和信息流相互协调的依据。它定义出各系统之间实现交互的标准接口、接口之间所传递的信息流及相应的通信协议。

8.ITS 评价对 ITS 项目的经济合理性、社会效益、环境影响和风险做出评价，为项目的可行性研究、实施及方案评选、决策提供依据，为系统的优化提供依据。ITS 评价是近年来设计者根据社会条件的变化新增加的内容。

从以上对 ITS 体系框架的概念和组成可见，ITS 体系框架定义了通用、明确的系统结构，描述了系统间及系统内各要素之间的信息传递关系、相互依赖关系。这为系统充分整合提供了依据，所以，城市 ITS 体系框架将为 ITS 规划提供一个框架，以促进部门间的协作，为城市 ITS 产品和服务的综合集成创造条件，并进一步为 ITS 后续设计和建设打下坚实的基础。ITS 体系框架向系统涉及的人员提供了对未来智能交通系统运行模式的一般化理解，是专业技术人员的技术指导框架和决策者的决策支持工具。在城市 ITS 规划过程中，往往需要依托 ITS 体系框架识别优先建设的领域和系统，因此 ITS 体系框架也往往成为城市 ITS 规划过程中的一项重要内容。

第三节 城市智能交通系统规划

一、城市智能交通系统规划的任务、方法和步骤

城市 ITS 系统规划的基本任务是根据某一城市或区域社会、经济发展的需要，明确 ITS 系统的战略目标，确定开发过程的战略布局，划分政府、企业、研究单位之间的协作任务，确定系统整体框架结构，以及相应的信息组织方案，识别关键领域及其重点项目，制定相应的战略措施。这只是其中比较基本的几个方面，在规划中还需要进行详细的需求分析，以及相关的技术分析和各时期的项目排序。ITS 系统规划要建立在以下几个方面的基础之上：建立在城市交通规划的最基本的定位之上；规划受国家和更高一层区域 ITS 框架的指导；城市特色和基础设施状况的分析是很重要的；规划是长期的、系统的、科学的、可操作的；规划中应提出建设机制，不同机构的信息和资源共享；规划应保证开放性、完整性、可扩展性；不同 ITS 领域的优先性分析规划保证连续性并逐步更新完善；规划对 ITS 产业的形成有促进作用。按照规划范围的大小，可以将城市 ITS 规划具体分为区域级规划和项目级规划。

（一）区域级规划

城市及具有战略意义的国家高速公路走廊是区域规划的重点。根据 ITS 总体设计方案，可以确定哪些部门要在何处设立自动收费系统，了解哪些部门要设立快速路控制系统，这些设施可看成一个更大的区域或走廊系统中的组成部分，该系统将各个公共设施及其运行方式融为一体，形成由多个分系统组成的系统。一般地，区域级的 ITS 规划可简略地分为 4 个步骤。

（1）提出区域"概念规划"：把系统运行所涉及的有关部门召集在一起，包括收费部门、警方、消防、城市交通管理人员、运输公司和各省、县高速公路和公路管理维护人员等，经过讨论之后提出"概念规划"。

（2）清查现有的设施：摸清现有的 ITS 或交通管理基础设施及功能。例如，某些部门可能已经拥有某种交通信号装置或快速路监控装置。

（3）查明交通方面的问题：确定 ITS 可以在哪些方面发挥作用，可以解决哪些存在的交通问题，然后再提出规划期内本区域交通系统管理或应用的思路。

（4）绘制信息接口图：提出思路之后，往往还要开发 ITS 体系框架，绘制出信息流程图和接口图，明确何处要注重相互协作。然后就可以制订分阶段实施计划，同时在各个部门之间签订一系列协议，以确定合作的方式。

在美国，应用国家级 ITS 总体设计方案辅助区域 ITS 规划的优势在各地得以体现。美

国交通运输部曾资助开发美国 75 个大都市和 30 个联系这些大都市走廊的 ITS 实施规划。例如，德克萨斯州奥斯汀市的 ITS 规划、密歇根州底特律市的 ATMS/ATIS 实施规划、亚利桑那州北部 1-40 交通走廊的 ITS 规划和路易斯安那州新奥尔良至德克萨斯州圣安东尼奥Ⅰ-10 走廊的 ITS 规划等。

（二）项目级规划

有了区域规划之后，项目规划和更重要的系统升级工作也就简单多了。例如，如果区域规划中包括实施公交车优先信号，那么设计信号系统时就必须提供这一接口和这一信息流程。如果一套交通管理系统要求小汽车最终都要安装收费标签，那么在设计管理系统时就必须考虑将这些标签用于收费和从总体上监控系统。在这个阶段不但要明确标准，保证该系统用户与其他系统用户能够交换相关数据，而且还要保证该设施今后能够在原有基础上进行升级和扩展，而不是将其淘汰。

国内外 ITS 系统规划流程相比在名词上会有些不同的地方，但主要的思想大致是相同的。当前状况的分析与评价——主要从几个方面分析与城市 ITS 建设有关的一些数据，主要是关于城市的一些最基本的情况，如地理位置、经济情况、交通情况、现存的交通问题和这个城市 ITS 的发展状况等。

需求分析——分析城市对 ITS 的需求。说明其分析的方法，一般分析方法都不尽相同。如济南、深圳就是从社会与经济可持续发展的角度进行的宏观分析；青岛是从 ITS 用户的角度分析的；广州则是结合了以上两种方法。

ITS 总体目标的制定——不同的城市依据自身不同的情况制定适合本市的战略目标。

战略规划的内容——一般是根据我国国家框架中的领域，列出了对应的子系统。

规划 ITS 项目的排序——根据社会的发展水平、实际需求、技术与设备状态制定近、中、远期项目。

效益分析——从经济、社会和环境等方面分析实施 ITS 之后带来的好处。

保障措施——主要是从组织、技术、融资、政策和法规等方面考虑如何使 ITS 更为有效地运作。

第一阶段——ITS 概念定义。这一阶段重在分析存在的独立的 ITS 要素，在进行 ITS 整合时，这些要素将被纳入区域的发展模式中。具体包括：从概念层次上对 ITS 进行自总体到细节较为缜密的规划，自下而上地鉴别交通问题的潜在解决方案。

第二阶段——开发 ITS 发展模式及实施规划。这个阶段确定如何使那些独立的 ITS 要素相互配合进而协同工作，这将产生一系列可付诸实施的 ITS 项目及计划，这些项目及计划需要与非 ITS 策略的内容相协调。另外，这个阶段将对与 ITS 实施密切相关的体制性因素进行重新定位。

需要说明的是，开发 ITS 系统规划的途径和方法并不是唯一的，ITS 系统规划也不应延用一些已成型的重要 ITS 项目（尤其当其投资已得到保证时）的实施。ITS 系统规划步骤或者阶段的划分不应恪守古板的模式，但要遵从基本的规划原则及内容。对于地方政府而言，不应对所在的 ITS 相关部门做太多限制，而应鼓励其各尽所能，从而使得 ITS 规划能够较好地发挥作用，满足用户的需求。

ITS 系统规划是相当重要的，它是以后实施 ITS 各项目的一个总的纲领，是 ITS 建设和发展的基础、依据，在 ITS 的建设中有着举足轻重的作用。城市智能交通系统规划主要为城市或区域范围内的 ITS 建设和管理服务。无论国内还是国外，在发展 ITS 之前都要拟订一份详细的规划，这样可以为 ITS 的全面实施铺平道路。不同城市针对不同的交通环境，必须实施其相应的规划方案，同时对个整体而言，协调一致是相当重要的，也是使系统有效运行的关键。

二、城市智能交通系统需求分析

（一）我国智能交通系统的发展目标

我国智能交通系统建设和发展的目标包括以下几个方面：

（1）建立城市级功能完善的、高效运行的智能化交通运输体系；

（2）为交通运输规划部门和管理部门提供信息化的决策支持手段；

（3）构建高效的交通信息基础设施，使整个交通运输系统实现信息共享；

（4）通过交通信息发布系统和交通诱导系统引导合理的交通消费模式，使交通行为由无序变为有序，提高对交通事故的快速反应能力，增强出行的安全性和可靠性；

（5）提高交通运输企业的经济效益，降低能耗，减少排放和环境污染，保障城市可持续发展。

（二）城市智能交通需求分析

在满足我国智能交通发展目标的前提下，城市智能交通需求分析包括交通信息集成需求分析、信息交互与数据共享需求分析、交通信息标准化需求分析、系统开放性需求分析、满足信息服务与信息资源共享的需求分析五个部分。

1. 交通信息集成需求

交通系统中的数据采集方法有多种，包括感应线圈、紧急电话、GPS、视频及普通电话等，还包括获取事故、气候、施工信息及处理后的交通信息等。不同信息的来源、精度、时效性，甚至一致性等都不相同。作为城市智能交通系统的基本功能之一，确保能够融合这些不同的信息，保证信息的正确性、时效性和一致性。另一方面，不同来源的交通信息的特征也是不同的，整合不同的交通信息特征也是城市智能交通系统的重要任务。城市智能交通系统还应具有随时接收信息的交互作用能力，以确保其灵活性、正确性和实用性等。

2. 信息交互与数据共享需求

交通信息应用已有较长的历史，由于种种原因，这些系统都是相对独立的。不同时期、不同建设者，所采用的技术方案都不相同，这对集成化城市智能交通系统的建立带来了一定的困难，要在短期内改变这种局面是非常困难的。为了应对这种局面，应有一种跨平台的信息交换技术和机制，使得交通信息的交换不依赖于目前所用的城市智能交通系统的功能平台，不管是技术还是类型，采用这种技术，重要的是需要一个完整的、统一的城市智能交通系统信息标准。

3. 交通信息标准化需求

统一的交通信息标准是信息共享所不可缺少的。交通信息的多少取决于城市智能交通系统的功能要求，城市智能交通系统功能越多、越完善，则要求的信息量越多；反之，城市智能交通系统越简单、功能越少，则要求的信息量也就越少。在建立、应用的初始阶段，所涉及的交通信息可以简单一些，随着智能交通系统应用的不断深入，交通信息可随之增加。但不管是何种情况，都需要统一的交通信息标准。

4. 系统开放性需求

随着交通信息采集技术的进步和采集手段的多样化，城市智能交通系统会接收到不同媒体形式的交通信息，如图像、图形、语音和数字等，作为一个集成化的城市智能交通系统，能够支持不同媒体形式的交通信息是十分重要的。

交通是由多个部门管辖的，不同部门已经或正在建立各自的应用系统，它们都或多或少地拥有自己的数据采集系统。一方面，为了实施和应用智能交通系统而重新建立完全专用的采集系统是不科学的，而应设法利用它们已经采集的信息进行集成；另一方面，智能交通系统的信息也可为它们的工作提供尽可能多的全面交通信息服务。所以，这要求城市智能交通系统具有很好的开放性和透明性，能够与目前的行政等部门具有良好的衔接。

5. 满足信息服务与信息资源共享的需求

实现城市智能交通系统内部的信息资源共享。建立城市智能交通管理综合信息平台，可以最大限度地实现城市智能交通系统内部的相关信息资源的共享，改变以前系统各自独立、大量收集到的信息无法最大限度地利用的资源浪费局面，实现与其他城市智能交通相关系统的资源共享。通过各系统认可的数据交换接口，提供系统数据交换平台，既保证了各系统网络的独立性、安全性，又可以实现交通数据及信息服务于大众，达到便民的目的；同时，也可以提高各系统的工作效率。城市智能交通系统通过将相关系统整合，实现相关信息采集、融合、处理、挖掘、发布及反馈等功能，最大限度地发挥系统整合带来的信息优势。从采集到的大量信息中寻求规律性知识，有利于系统向智能化的方向发展，实现交通管理信息化和电子化。通过城市智能交通系统，在车辆管理、驾驶员管理、违法处理、事故处理、交通设施管理、宣传管理等方面，以信息网络化为基础，实现交通信息管理网上办公。

三、城市智能交通系统的功能与结构设计

智能交通系统是一个比较复杂且涉及面广的系统，包含多种子系统，这些子系统的技

术应用和实现的功能又有很大的不同，如监视系统、传感器检测系统、控制系统、信息管理系统、集成系统等。而智能交通系统体系框架就决定了这些子系统的构成方式和这些子系统之间的相互关系与集成，确定了系统功能模块及模块之间的接口方式和通信协议，同时也就包括了实现业务和服务所有子系统设计的内容。智能交通系统体系框架是指导系统规划、设计、实施的依据、指南和技术路线。在我国，一方面要从实际国情出发，开发适合我国国情的城市智能交通体系框架；另一方面，借鉴国外在城市智能交通系统体系框架研究方面的经验，这有助于我国城市智能交通系统体系框架的建立，也有助于我国城市智能交通系统国家标准的完善。

UTIS 的研究和应用主要集中在大城市尤其是特大城市交通的管理中，已经开始建立并逐步使用的 UTIS 主要包括交通监视和控制、交通管理和指挥、交通信息动态显示、交通安全检测和事故处理、车辆检测和驾驶员考核、电子收费等方面。但总体来看，智能化程度有待提高，发展也很不平衡。按照国际上 ITS 的基本要求，并根据我国城市交通的具体情况，可以从功能、层次、形式等几方面来考虑我国大城市 UITS 结构体系。

（一）我国 UITS 的功能结构

从功能结构上看，我国 UITS 的结构体系主要包括以下几个方面。

（1）城市交通管理系统：也是 UITS 的中心，其功能是协调其他子系统的关系，收集、处理、发布实时信息，管理各种交通设施等。

（2）城市交通控制系统：其功能是交通数据库管理，交通控制设施管理，信号优化配置，决策优化等。

（3）城市公共交通管理系统：其功能是公共交通智能化调度，公交系统的优化与设计，公交服务信息的提供，公交服务水平的评价等。

（4）城市车辆诱导系统：其功能是交通信息采集与处理，车辆定位服务，交通信息服务，行车路线优化等。

（5）城市紧急救援系统：其功能是紧急事故的通报和救援，不同事故的救援方案设计等。

（6）城市交通安全保障系统：其功能是建立和完善车辆 ABS 系统、安全行车监测系统等。

（7）城市环境监测系统：其功能是建立和完善车辆自动检测系统、机动车污染控制系统、城市道路环境污染检测和控制系统等。

（8）城市交通出行咨询和服务系统：其功能是为出行者（包括行人和自行车出行者）提供完善的信息服务和咨询、诱导其他出行方式向公交出行的转移等。

（二）我国 UITS 的层次结构

从层次结构上看，我国 UITS 也是由若干点、线、面共同组成的一个立体网结构，其结构体系主要包括以下几个方面：

（1）点结构，即基本结构：是参与城市交通行为的所有个体元素，包括人、车、路及服务设施、技术水平、管理水平等因素。

（2）线结构，即行业结构：是参与城市交通的各个（企业）行业或者说系统元素，如路网结构、交通信号控制、交通信息管理、公交服务水平等因素，已初步具有 UITS 的雏形。

（3）面结构，即城市系统结构：由参与和影响某个具体城市交通的各个子系统组成，已基本具备 UITS 的完整结构。

（4）立体网结构，即我国 UITS 结构：由参与和影响我国 UITS 的各个系统组成，也是 UITS 的最高层次结构。

（三）我国 UITS 的形式结构

从形式结构上看，我国 UITS 的结构体系主要包括以下几个方面。

（1）硬件设备：主要包括车辆、道路网及道路设施、城市交通管理设备等。

（2）软件设备：主要是指城市交通的管理水平和技术水平，即数字化、信息化、智能化水平等。

（3）人力资源：主要是指从事 UITS 建设和管理的人员素质，其次，也包括交通参与者以至于全民的交通意识和素质。

城市智能交通系统的功能与结构设计有利于城市智能交通系统按照一定的顺序进行建设，有利于城市智能交通系统的长期发展。

四、城市智能交通系统规划案例

以广州在亚运会之前进行 ITS 规划为例，展现 ITS 规划理论的实际应用。广州市亚运 ITS 的发展目标是：以"便捷亚运，畅通广州"为主题，把握 2010 年举办亚运会的契机，建设以广州市智能交通公用信息平台为交通信息处理、共享和发布中心，实现面向政府、企业和出行者的交通决策支持、综合管理、信息服务功能的智能交通信息综合管理系统，初步建立广州市智能交通系统的基础框架，为 2010 年亚运会提供方便、快捷、安全、经济、环保的交通运输服务和综合交通信息服务。

（一）总体框架

为实现亚运会 ITS 的需求和发展目标，广州市亚运会 ITS 发展的总体框架是在现有的 ITS 子系统的基础上，以 ITS 公用信息平台为中心，重点建设 8 个 ITS 子系统，并实现与其他城市 ITS 的互联，形成一个综合管理、面向应用、信息互访的有机整体。

根据亚运会交通需求和广州智能交通系统发展目标及框架，针对广州市交通迫切需要解决的问题，广州市亚运会 ITS 重点发展 8 个 ITS 子系统项目，各项目的具体规划如下：

1. ITS 公用信息平台

（1）继续进行平台建设，完善结构功能。扩大平台的联网范围；增强平台的数据处理能力；完善平台的 GIS 系统、辅助决策功能及其他相关功能模块。

（2）完善和扩展信息服务功能。一方面完善信息服务功能，对平台的发布网和信息发布渠道进行完善；另一方面扩展平台的亚运信息服务功能，主要包括亚运信息查询订阅功能和亚运联网售票功能等。

（3）实现城市间公用信息平台互连。首先实现与深圳市综合交通信息平台及中山市智能交通管理系统的互联；再逐步实现与其他城市的信息平台互连。

2. 城市交通诱导系统

根据诱导对象的不同及亚运会对诱导的特殊需求，城市交通诱导系统主要规划建设出行诱导系统、停车诱导系统和亚运交通诱导系统。

（1）出行诱导系统。一方面根据车辆位置和路况信息为驾驶员提供合理的行车路线，另一方面为准备出行者提供合理的出行方案。诱导信息主要通过交通广播、可变信息板和车载设备等方式提供。

（2）停车诱导系统。通过向驾驶员提供实时停车信息，指引合理的停车行驶路线，减少寻找停车空位的时间。主要包括实时停车场信息采集系统、停车诱导显示屏、数据处理子系统和停车管理信息系统。

（3）亚运交通诱导系统。综合利用出行诱导系统和停车诱导系统实现亚运期间交通诱导功能，实现对亚运专用车辆的实时监控，对亚运专用车辆提供实时诱导，通过可变情报板为出行者提供亚运场馆及比赛信息，以及通过移动或固定终端为各国运动员和游客提供亚运的相关信息等功能。

3. 智能交通安全系统

智能交通安全系统旨在采取有效的措施，减少事故发生，保障亚运交通安全，为广州市创造一个安全的交通环境。系统规划由六部分组成。

（1）道路交通状态判别子系统。通过分析来自实时交通流数据采集子系统所采集的数据，判断道路交通状况，并对交通状况进行预测，将拥挤或者预测的拥挤信息提交给紧急事件处理子系统。

（2）紧急事件处理子系统。亚运会期间，常见的紧急事件主要包括赛程变化、交通堵塞、亚运专用车辆故障和其他紧急事件。紧急事件处理子系统接收各种来源的事件报警信息（包括来自道路交通状态判别子系统的报警），在紧急事件可能发生前，有效地采取预防和应对措施。在事件发生后，采取应对和救援措施，提高各个执行机构的运行效率。

（3）交通事故信息管理系统。在各种紧急事件中，交通事故具有较大的危害性。该子系统从紧急事件处理子系统获取事故资料与相关背景资料，并存入事故信息数据库。而事故区域地理信息存入地理信息数据库。通过处理和分析后，提供常规的统计、分析、查询等功能和多发地点判别、危险度分析、事故发生的趋势分析等扩展功能，并为交通安全信息发布子系统和其他相关系统提供必要的数据来源。

（4）车载安全子系统。该系统主要实现对车辆自身的防护。为确保亚运会的正常进行，车载安全子系统在亚运专用车辆上普遍安装，并在其他重要车辆如公交车上安装。该系统包括安全预警、防撞、车道保持、巡视控制、视野扩展、车辆行驶自动导航和紧急报警等7 个功能模块，可以根据实际需要选用。实时交通流数据采集子系统和交通安全信息发布子系统分别由其他系统中的相应子系统实现，不在此部分规划。

4. 先进的公共交通系统

公交系统是亚运会期间旅客集疏运的最主要方式。根据亚运会交通需求和广州市公交系统现状，先进的公交系统主要规划建设以下 3 个子系统：

（1）公交线网分析系统。主要在已建一期工程的基础上，完善和增强其公交线网规划的辅助决策功能，为公交线网规划调整提供科学的依据，并模拟线网优化前后的对比效果，对线网的优化调整进行仿真。

（2）运营监控辅助调度系统。该系统是调度员工作的平台，利用监控、定位系统得到的信息，通过预案为运营指挥过程提供支持。包括日常情况下的调度系统和特殊情况下的调度系统。

（3）羊城通系统。羊城通系统的建设主要根据亚运交通的需求，在现有基础上，实现扩展功能，包括实现出行、换乘的无缝交通衔接功能，便利刷卡消费功能和建立亚运电子票证系统等。

5. 智能交通管理指挥系统

该系统的规划是在广州市公安局交警支队现有的交通指挥控制系统基础上进行的。主要实现交通信息采集、交通信息处理和分析、交通信息发布、信息交换与共享、智能化交通信号控制、突发事件响应和处理、交通法规监督与执行、交通管理电子化、与 110 社会联动系统协作、与广州市 ITS 连接，与仿真系统的相互连接等功能，主要规划建设的子系统包括以下几个：

（1）通信网络。将原指挥中心的网络节点功能迁移到机动大队，结合车管所和新指挥中心构成一个 3 节点的环形保护网络。

（2）交通信号控制系统。在现有的单点控制的基础上，形成干线（或关联）交叉口群的协调控制与诱导管理。

（3）交通监控系统。实现对机场高速公路、北环高速公路等 8 条高速公路的交通图像联网，在亚运会周边场馆道路增加监控系统。

（4）电子警察系统。从 2006 年至 2010 年每年建设 100 套电子警察系统，为 2010 年亚运会的召开，提供一个安全、畅通、有序的交通环境。

（5）交通违法处理中心。规划建立 3~5 个交通违法处理中心，每个处理中心与支队实现光纤联网，配备终端服务器、应用服务器等设备，用于统一办理各类非现场类交通违法业务及各交警大队现场执法的交通违法行为。

（6）智能交通指挥中心。建设一个集指挥调度系统、大屏幕显示系统、计算机网络信息系统、道路监控图像信息系统、电子警察、交通信号控制系统等为一体的综合业务中心。

6. 物流信息系统

广州市的物流业的发展需要通过对现有物流信息资源的有效整合，来提高物流系统的整体功能与效益，从而实现全面信息化。物流信息系统的规划是在已建的电子口岸系统的基础上建设广州市大通关物流信息平台。该平台主要实现面向企业、政府和公众的多层次应用和数据服务功能及全方位的信息服务功能。此外，由物流数据交换和业务清分系统、港口社区系统、公路货运社区管理系统、物流园区信息系统和 GPS/GIS/GPRS 运输工具调度中心等功能子系统完成相应功能。该系统扩展建设的方向为：一方面，向空、铁、陆运输方式进行业务延伸，完善广州地区主要运输环节的大通关信息交换；另一方面，深化系统与报关及报检系统的结合，全面实现两个系统之间信息的双向交换，做到一次输入即可完成报关报检，并提供电子化的报检报关情况通知，进一步降低成本，提高信息流。

7. 综合交通枢纽智能化管理系统

虽然广州市的综合交通枢纽还处在规划期，但是为了更好地利用综合交通枢纽为亚运会服务，广州市预先规划建设综合交通枢纽智能化管理系统。从广州市的实际情况及交通枢纽在运输过程中所承担的主要作用来看，规划综合交通枢纽智能化管理系统的基本功能是保证完成直通作业、中转作业、枢纽地方作业及城市对外联系的相关作业等 4 种基本的作业，因此，综合交通枢纽智能管理能系统规划建设主要有以下功能：

（1）各种交通模式之间、各种交通模式与枢纽协调中心之间的数据交换；

（2）综合枢纽交通信息服务；

（3）综合枢纽旅客换乘引导；

（4）综合枢纽货运集疏运引导；

（5）综合枢纽协调管理；

（6）综合枢纽能力与效率的评价；

（7）枢纽接合部的安全救援；

（8）交通流预测与分配优化。

8. 交通基础信息数据库系统

以上各个系统都需要以大量的、实时的交通基础信息为基础，因此建立一个能够一体化完成交通基础信息的采集、处理和存储的交通基础信息数据库系统十分必要。所以，交通基础信息数据库系统规划由三部分组成。

（1）实时数据采集子系统。根据广州市实际情况和数据采集技术的发展状况，该系统规划主要由地感线圈交通信息采集系统、浮动车交通信息采集系统（利用出租车 GPS 定位数据）和视频检测交通信息采集系统等三部分组成。

（2）数据处理子系统。分为预处理和处理两个模块，预处理完成数据故障的识别、修复、滤波和更新等功能，而处理模块完成数据集成、压缩和融合功能。其中融合部分可以将采集子系统中不同方式采集的数据进行融合处理，生成完整、准确、及时和有效的数据综合信息。

（3）数据库。采用大型关系数据库产品。根据交通基础数据存储的需要，可分为基础地理信息数据库、交通网络数据库、路网属性信息库、交通信息历史数据库、交通信息实时数据库等5个子库。

随着ITS技术的发展和应用，如何规划和建设好ITS以缓解城市交通压力，促进城市经济社会发展是各大城市面临的重要问题。案例中对广州市ITS建设的研究具有重要的理论和现实意义，对全国其他城市的ITS建设也具有重要的借鉴意义。

第三章 智能交通系统关键技术

第一节 交通信息采集定位

可靠高效的实时交通信息采集是建立先进的交通信息服务系统的前提，常规方式是通过布置在道路上的固定检测器（环形感应线圈、微波、红外线、视频检测器等）采集流量、占有率和车速等信息。

交通信息按照其变化的频率不同可以分成静态交通信息和动态交通信息两大类。

一、静态交通信息

静态交通信息主要包括：1.城市道路网基础信息，如道路技术等级、长度、收费、立交连接方式等；2.城市基础地理信息，如路网分布、功能小区的划分、交叉口的布局、城市基础交通设施信息等；3.车辆保有量信息，包括分区域、时间、不同车种车辆保有量信息等；4.交通指示管理信息，如单向行驶、禁止左转、限制进入等。静态交通信息主要采集方法有：（1）采用人工或测量仪器进行调查，可获取城市基础地理信息、城市道路网基础信息；（2）从规划、城市建设及交通管理部门等相关系统导入。

静态交通信息是相对稳定的，变化的频率很小。因此，这类信息获取后，一般一次性录入保存，只有当实际情况发生变化的时候，才更新。

二、动态交通信息

动态交通信息主要包括：1.交通流状态特征信息，如流量、车速、密度等；2.交通紧急事件信息，这包括通过各种途径（如路面检测器、人工报告等）得到的事件信息等；3.在途车辆及驾驶员的实时信息，如各种车辆定位信息等；4.环境状况信息，如天气状况、大气污染状况等；5.交通动态控制管理信息等。

动态交通信息反映的是随时变动的交通状况，具有实时性。

动态交通信息采集技术包括交通检测技术、浮动车（Floating Car）技术、车辆识别技术和车辆定位技术、气象与道路环境信息采集技术等。

三、IC 卡的原理

IC 卡工作的基本原理是射频读写器向 IC 卡发一组固定频率的电磁波，卡片内有一个 LC 串联谐振电路，其频率与读写器发射的频率相同，这样在电磁波感应下，LC 谐振电路产生共振，从而使电容内产生电荷；在该电容的另一端，接有单向导通的电子泵，将电容内的电荷送到另一个电容内存储，当所积累的电荷达到 2 V 时，此电容可作为电源为其他电路提供工作电压，将卡内数据发射出去或接收读写器的数据。

IC 卡上电路芯片的功能越强，其电路就越复杂，自身的能量消耗就越大。接触式 IC 卡的工作能源是通过卡上的触点与有源读卡器接触提供。非接触 IC 卡为无源卡，即卡片本身没有电源，其工作能源是通过射频收发电路由空间电磁波提供。为充分利用现有非接触式 IC 卡上的 IC 芯片技术，发展高性能的非接触式 IC 卡，需要解决电磁提供能量有限的问题，这可以从两方面入手：一方面提高射频能量，另一方面对芯片的制作材料进行技术革新，从而降低芯片的功耗。

1987 年，国际标准化组织（International Organization for Standardization 或 International Standard Organized，ISO）、国际电子技术委员会（International Electro-technical Commission，IEC）针对接触式 IC 卡制定了国际标准，规定了卡的物理特性、触点的尺寸和位置，规定了电信号和传输协议、交换用行业命令、标识符的编号系统和注册过程及用于行业间交换的数据单元等内容。

IC 卡的体积小（85.6 mm × 54 mm × 0.08 mm），存储容量大（如 4MB 的 IC 卡），而且卡上存储区可以采用区域保护技术，设置不同级别的访问权限，如果访问符合本区条件，才允许访问，否则锁定。例如自由访问区内允许随意读 / 写和修改，保密数据区内的读 / 擦 / 写受密码保护；而保密区内存放的密码则不允许读 / 写和修改，对此区进行此类操作被视为非法入侵，即锁定系统。这种方法可以有效地防止非法入侵者用读写器逐一探查存储器内容。这为信息处理及一卡多用提供了方便。

IC 卡系统有较强的安全加密性，首先体现在芯片的结构和读取方式上。对于加密存储器卡，存储区的访问受逻辑加密电路控制，只有密码核对正确后才能进行读写操作，且密码核对有次数限制，超过规定次数卡自动锁死。CPU 卡除了密码控制外，还可利用内部 CPU 实现与系统的相互认证，进一步提高系统的加密性。

四、IC 卡的分类

根据嵌入芯片的不同 IC 卡划分为以下几种类型：

（一）存储卡

卡内芯片为电可擦除可编程只读存储器（Eletrically Erasable ProgrammableRead-only Mermory，EEPROM），以及地址译码电路和指令译码电路。为了能把芯封装在 0.76mm 厚度的塑料卡基中，特制成 0.3mm 厚度的薄型结构。存储卡属于被动型卡，通常采用同步通信方式。这种卡片存储方便、使用简单、价格便宜。该类 IC 卡不具备保密功能。

（二）逻辑加密卡

该类卡片除了具有存储卡的 EEPROM 外，还带有加密逻辑，每次读 / 写卡之前要先进行密码验证。如果连续几次密码验证错误，卡片将会自动锁死。从数据管理、密码校验和识别方面来说，逻辑加密卡也是一种被动型卡。该类卡片存储量相对较小，价格相对便宜，适用有一定保密要求的场合，如食堂就餐卡、电话卡、公共事业收费卡等。

（三）CPU 卡

该类芯片内部包含微处理器单元（CPU）、存储单元（RAM、ROM 和 EEP-ROM）、输入 / 输出接口单元。其中，RAM 用于存放运算过程中的中间数据，ROM 中固化有卡片操作系统（Card Operating System，COS），EEPROM 用于存放持卡人的个人信息及发行单位的有关信息。CPU 管理信息的加 / 解密和传输，严格防范非法访问卡内信息，发现数次非法访问，将锁死相应的信息区，只能用高一级别命令解锁。CPU 卡的价格比逻辑加密卡要高。由于其良好的处理能力和上佳的保密性能，使其成为 IC 卡发展的主要方向。CPU 卡适用于保密性要求特别高的场合，如金融卡、军事密令传递卡等。

（四）超级智能卡

在 CPU 卡的基础上增加键盘、液晶显示器、电源，即成为超级智能卡，有的卡上还具有指纹识别装置。VISA 国际信用卡组织试验的一种超级卡即带有 20 个键，可显示 16 个字符，除计时、计算汇率换算功能外，还存储有个人信息、医疗、出行用数据和电话号码等。

根据卡与外界数据交换的界面不同，IC 卡划分为接触式 IC 卡和非接触式 IC 卡。前者通过 IC 卡读写设备的触点与 IC 卡的触点接触后进行数据读写。国际标准 ISO7816 对此类卡的机械特性、电气特性等进行了严格的规定。后者是通过非接触式的读写技术（如光或无线技术）进行读写。其内嵌芯片除了 CPU、逻辑单元、存储单元外，增加了射频收发电路。国际标准 ISO 10536 系列阐述了此类卡的规定。该类卡一般用在使用频繁、信息量相对较少、可靠性要求较高的场合。当将接触式 IC 卡与非接触式 IC 卡组合到一张卡片中，便成为双界面卡。此类卡操作独立，并可以共用 CPU 和存储空间。

根据卡与外界进行交换时的数据传输方式不同，IC 卡划分为串行 IC 卡和并行 IC 卡。前者与外界进行数据交换时，数据流按照串行方式输入输出，电极触点较少，一般为 6~8 个。由于其接口简单、使用方便，目前使用量最大。国际标准 ISO 7816 所定义的 IC 卡就是此类卡。后者与外界进行数据交换时以并行方式进行，有较多的电极触点，一般在 28~68 之间。其数据交换速度较高，且现有条件下存储容量可以显著增加。

根据卡的应用领域不同，IC 卡可划分为金融卡和非金融卡。前者也称银行卡，可以分为信用卡和现金卡两种。后者也称为非银行卡，涉及范围十分广泛，诸如电信、旅游、教育和公交等。

五、卡在智能交通中的应用

城际间互通、跨行业应用、一卡多用等都标志着IC卡的建设进入了一个新的发展阶段。在公交车辆、轨道交通（轻轨、地铁）、供水、供热、燃气、园林风景、数字社区、停车场管理等领域得到了广泛应用。

（一）高速公路收费系统

对于在高速公路ETC中应用的非接触式IC卡，由于要求有较远的距离，一般采用微波遥感IC卡，其操作距离一般是2~4 m，目前已经有操作距离达到10 m的系统。我国1995年初在广佛高速公路上建成了第一个采用微波遥感式非接触式IC卡收费系统。

（二）公共交通收费系统

IC卡作为电子付费的手段，可以应用到公共电车和公共汽车，同时也可应用到地铁、轮渡和出租车等。

（三）动态限速管理

在限速区段，交通管理的总控单元，可以根据交通状况有关信息，如车速限以有线或无线的形式传送到路侧单元，路侧单元再按交通量的大小以可变的频率发向装载在车辆的IC卡。IC卡把该限速值和正在行驶的车速进行比较，如果超速则进行警告，并把超速值、行驶路段和时间记录到IC卡上。如2010年，为治理渝湘高速公路黔彭段超速行为，重庆高速公路支队第十三大队在辖区沿线都利用了可变情报板进行了测速提示，时速为201km的车辆便是在雷达测速区被抓拍的。采用IC卡测速时：通过车辆上下道里程和时间计算车辆的平均速度，时速201km的超速车辆在通行票上显示平均时速为156km，同样超过了规定时速的50%。这是一种全方位的动态管理系统。

六、传感器技术

中国国家标准《传感器通用术语》（GB 7665-2005）对传感器的定义为：能感受被测量并按照一定的规律转换成可用信号的器件或装置，通常由敏感元件和转换元件组成。广义的传感器是指能感知某一物理量（或化学量、生物量）的信息，并能将其转化为有用信息的装置。狭义的传感器是指能将各种非电量转化成电信号的部件。这是因为电信号是最适合传输、转换处理和定量运算的物理量。特别是在电子计算机作为处理信号的基本工具的时代，人们总是意图把各种被测量通过传感器最终转换成电信号进行处理。在大多数情况下，传感器是指狭义的传感器。

（一）传感器原理

在现代科学技术的发展过程中，非电量（例如压力、力矩、应变、位移、速度、流量、液位等）的测量技术（传感技术）已经成为各应用领域的重要组成部分，但传感技术最主要的应用领域是自动检测和自动控制，它将诸如温度、压力、流量等参量转化为电量，然后通过电的方法进行测量和控制。因此，传感器是一种获得信息的手段，它获得的信息正确与否，关系到整个测量系统的准确度。传感器一般是利用物理、化学和生物等学科的某些效应或原理，按照一定的制造工艺研制出来的。因此，传感器的组成将随不同的情况而有较大差异。总的来说，传感器一般由敏感元器件、转换元器件、转换电路和辅助电源四部分组成。

1. 敏感元器件

敏感元器件是能够直接感知（响应）被测量，并按一定规律转换成与被测量有确定关系的其他量的元器件。例如，应变式压力传感器的弹性膜片就是敏感元器件，作用是将压力转换成弹性膜片的变形。它是直接感受被测量，并且使输出量与被测量成确定关系的物理元器件。

2. 转换元器件

转换元器件是指能将敏感元器件的输出量直接转换成电量输出的元器件，一般情况下不直接感知（响应）被测量。例如，应变式压力传感器中的应变片就是转换元器件，作用是将弹性膜片的变形转换成电阻值的变化。

3. 转换电路

转换电路又称信号调节（转换）电路，也称为二次仪表，是把转换元器件输出的电信号放大，转换为便于显示、记录、处理和控制的有用电信号的电路。这些电路的类型视传感器类型而定，通常采用的有电桥电路、放大器电路、变阻器电路、A/D 与 D/A 转换电路、调制电路和振荡器电路等。

4. 辅助电源

有的传感器需要外部电源供电，有的传感器则不需要外部电源供电，如压电传感器。

实际上，传感器的构成方法因被测量（对象）、转换原理、使用环境及性能指标要求等具体情况的不同而有较大的差异。最简单的传感器由一个敏感元器件（兼转换元器件）组成，它感知被测量时直接输出电量，如热电偶。有些传感器由敏感元器件和转换元器件组成，没有转换电路，如压电式加速度传感器，其中质量块是敏感元器件，压电片是转换元器件。有些传感器转换元器件有多个，要经过若干次转换。

（二）传感器分类

由某一原理设计的传感器可以同时测量多种非电量，而有时一种非电量又可用几种不同的传感器测量，因此传感器的分类方法有很多，一般可按如下方法分类：按输入物理量的性质进行分类，有速度传感器、温度传感器、位移传感器等。

将物理和化学等学科的原理、规律和效应作为分类依据，则传感器类型有电压式、热电式、电阻式、光电式、电感式等。按能量的关系将传感器分为有源传感器和无源传感器。

前者将非电能转换为电能量，称为能量转换型传感器。通常配合有电压测量电路和放大器，如电压式、热电式、电磁式等。无源传感器又称能量控制型传感器，它本身不是一个换能器，被测非电量仅对传感器中能量起控制或调节作用。所以，它们必须有辅助电源，这类传感器有电阻式、电容式、电感式等。

按输出信号的性质分为模拟式和数字式，即传感器的输出量为模拟量或数字量。数字传感器便于与计算机连用，且抗干扰性强，例如盘式角压数字传感器、光栅传感器等。

（三）传感器特性

传感器的特性指传感器的输入量和输出量之间的对应关系。通常把传感器的特性分为静态特性和动态特性。

1. 静态特性

静态特性指输入不随时间变化而变化的特性，它表示传感器在被测量各个值处于稳定状态下输入 / 输出的关系。一般情况下，输入 / 输出不会完全符合所要求的线性关系，因传感器本身存在着迟滞、蠕变、摩擦等各种因素，以及受外界条件的各种影响。传感器静态特性的主要指标有线性度、灵敏度、重复性、迟滞、分辨率、漂移、稳定性等。

2. 动态特性

动态特性指输入随时间变化而变化的特性，它表示传感器对随时间变化的输入量的响应特性。一般来说，传感器的输入和输出关系可用微分方程来描述。理论上，将微分方程中的一阶及以上的微分项取为零时，即可得到静态特性。因此传感器的静态特性是其动态特性的特例。

动态特性一方面取决于传感器本身，另一方面也与被测量的形式有关。

（1）规律性

①周期性：正弦周期输入、复杂周期输入；

②非周期性：阶跃输入、线性输入、其他瞬变输入。

（2）随机性

①平稳：多态历经过程、非多态历经过程；

②非平稳的随机过程。

在研究动态特性时，通常只能根据"规律性"的输入来考虑传感器的响应。复杂周期输入信号可以分解为各种谐波，所以可用正弦周期输入信号来代替。其他瞬变输入不及阶跃输入来得严峻，可用阶跃输入代表。因此，"标准"输入有正弦周期输入、阶跃输入和线性输入三种，前两种经常使用。

（四）压电传感器在 ITS 中的应用

压电传感器是基于压电效应的传感器，是一种自发式和机电转换式传感器。它的敏感元件由压电材料制成，压电材料受力后表面产生电荷，此电荷经电荷放大器和测量电路放大和变换阻抗后就成为正比于所受外力的电量输出。这项技术起源于美国联邦公路管理局（American Federal Highway Administration，FHWA）长期道路性能工程（Long Term Pavement Performance program，LTPP）。

压电传感器主要应用于行驶中称重、获取车型分类信息（包括轴数、轴距、轮距、单双轮胎）、车速监测、闯红灯拍照、泊车区域调控、收费站地磅、交通信息采集和统计等。

近年来，压电传感器在性能方面显著提高，而价格却不断降低。以安装价格来说，它只比感应线圈稍高一些，却较之提供更多有效信息，诸如改善了速度信息、车辆分类等。另外，增加了行驶中称重能力以确定和监控车辆的重量。它与感应线圈相结合，将使交通信息的采集更精确、更全面。压电传感器在交通领域的作用主要体现在以下几方面。

1. 车速监测

通常在每条车道上安装两条传感器，以便采集每条车道的数据。当轮胎经过传感器 A 时，启动电子时钟，当轮胎经过传感器 B 时，时钟停止。两个传感器之间的距离已知，一般是 3m。将两个传感器之间的距离除以两个传感器信号的时间周期，就可得出车速。根据德国联邦物理技术研究院（Physikalisc TechnischenBundesanstalt，PTB）的报告，在汽车以 200km/h 的速度匀速行驶时，测量精度可达到 1%。

压电传感器可以区分差别很小的车辆，这使其可与速度相机触发器在固定地点一同使用。有的国家也安装了 3 条传感器（增加了校验）。当轮胎经过传感器时，根据从 A 到 B，再从 B 到 C，最终从 A 到 C 的时间，计算出车速。然后对比这几个车速，它们的差异都应在规定的范围内，通常不超过 2%。如果车辆超过了规定的时速，在前轮经过最后一个传感器时，立刻给车辆拍照，并计算出车速。在第一张照片拍摄后的固定时间进行第二次拍照，这样观测仪可以校验车速。即使在车流量很高的情况下，也可得到各个车道的信息。传感器可以交错安装，以便照相机有稳定的焦点，从而使得照片清晰可读。

通过车速监测既可以对超速车辆拍照，又可以根据车流量建立可变限速标志和可变情报板。在车流量较高时，设置较低的限速；车流量较低时，设置较高的限速，建立动态的管理系统，从而实现路面管理智能化。

2. 车辆分类统计

压电传感器在交通领域的另一项用途是车型分类，车速数据可被转换为可靠的分类数据。不同的国家使用不同的分类表对车辆分类。在我国，从 2002 年 3 月开始，按照国际管理改革了车辆统计分类方式，将作为代步工具的车辆和公务及商业经营的运输车辆分成两大类，即 9 座以下的车型为乘用车，9 座以上的车型为商用车。车辆的类型是根据轴数和轴距确定的，但有些国家车辆的分类需要检测轮距和轮胎数。利用传感器测量轴数、轴距、轮距及轮胎数的原理如下：

（1）轴距：由于车速在 3m 或小于 3m 的距离内基本上是匀速，所以，用车轴经过传感器时建立的信号时间差乘以车速，就得出轴距。

（2）轴数：虽然传感器是检测压过轮胎的力，即使在车辆靠得很近时也很容易测出轴数，但是在车流密集、低速及车型相似时，不能区分所计轴数是同一辆车还是两辆车。

（3）轮距：有些国家如韩国，车辆的分类需要检测轮距。我国车辆的种类很多，存在同轴距不同轮距的问题，如解放车和黄河车，其载重能力的差别很大。将传感器以一定角度斜埋就可解决同轴距不同轮距的问题，这样将增加检测系统的覆盖率和准确性。

④轮胎数：其他国家车辆分类的标准，如巴西是以双轮胎作为等级划分标准的。为了探测双轮胎，通常在与车流方向成一定角度（一般是 30°~45°）再加装一个传感器。当双轮胎经过斜埋的传感器时，会产生一个双峰脉冲，通过电路的处理可识别双轮胎信号。垂直车流安装的传感器仍用来正常探测车速、轴数，并与斜埋传感器计数进行比较。根据交通运输部发布的《超限运输车辆行驶公路管理规定》，动态称重系统应具备识别单、双轮胎的能力，通过斜埋压电轴传感器即可解决识别单、双轮胎的问题。

建立合理的分类标准是解决 ETC 问题的关键。我国解决车辆分类问题一直采用的是按吨位和按客车座位数分类，现在国内行驶的车辆种类复杂，按这种分类法在 ETC 系统中引入自动分类十分困难。按轴距和轴数分类，再考虑载重，应是比较合理的方法。

3. 闯红灯拍照

压电传感器可作为闯红灯照相机的触发器。在交叉路口的红灯线前安装两个传感器，传感器与红灯线的最小距离一般为 2 m。如果两条传感器的间距为 1 m 或小于 1m，可安装在地感线圈的上方，所有数据由前轮采集，在车辆移动 6s（150 mm）以前完成信号采集，信号采集与速度无关，与车辆类型无关，可在高密度交通流量时使用，照相机控制器与红绿灯控制器相连，以便只在红灯时完成动作。用两条传感器确定停车线前的车速，如果红灯亮并且车速大于预设值，就会自动拍下第一张照片。第一张照片证明红灯已亮，而且车辆在红灯亮时未超越停车线，并可证明车速及已亮红灯的时间。第二张照片根据车速在这以后固定的时间内拍出，一般来说为 1~2 s。第二张照片证明事实：车辆越过了停车线进入交叉路口并闯了红灯。

4. 道路监控

利用压电传感器来监控部分道路的交通负载、类型和重量，以确定道路的磨损、类型和等级。道路的监控通常采用的是周期信息采集，而几乎没有实时的数据采集。目前，虽然我国的高速公路建设技术日趋成熟，但有些路段由于超载严重，在达到设计使用年限之前就过早损坏，造成养护费用上升。随着车流量的增加，道路负荷的加重，交通事故将增加，道路的拥堵时间将变长，对道路的破损修复期将缩短，次数将增加，对道路状态的监测将变得越来越重要。如果将网络技术、视频技术及埋在路面下的地感线圈和压电轴传感器相结合，实现交通信息的短周期采集，将车流量、车轴数、车速、轴距、分类信息、载重量等信息收集并加以分析，由自动化交通信息调查系统对路面负荷分析给业主提供维护方案，同时也为公路规划、设计、维护和决策提供可靠、全面的数据，加拿大多伦多 401 高速公路交通管理系统就是一项典型的应用。

（五）其他传感器在 ITS 中的应用

环形线圈检测器、磁性检测器是基于电磁感应变化的原理进行车辆检测的，需要埋设在车道下面，使用过程中可能会损坏，属于有损检测器。

而超声波检测器、红外线检测器、微波检测器、视频检测器通常设置在路侧或路中央，则不需埋设，属于无损非接触式检测器，其中前三种技术都是基于反射和阻断技术的波频车辆检测器，而视频车辆检测技术近年来已经成熟，并将成为未来实时交通信息采集和处理技术的发展方向。

七、交通移动采集技术

（一）交通移动采集技术分类

1. 主动测试车技术

主动测试车技术通常称为浮动车技术，由 Wardrop 和 Charlesworth 于 1954 年提出，可同时获得某一道路的交通量、行驶时间和行驶车速，目前主要用于交通综合调查交通数据采集人员在特定的测试车内，通过手工、车载测距仪（Distance Measur-ingInstruments，DMI）或 GPS 等设备记录实时车辆速度、行驶时间或者行驶距离信息，通过 DMI 设备可以每半秒甚至在更小的时间间隔内采集和记录车辆速度和行驶距离等信息，GPS 设备也能够做到每秒钟记录测试车辆的位置和速度信息。其主要优点如下：

（1）能够提供特定驾驶行为条件下的实时交通信息；

（2）可以详细记录车辆整个行驶过程中的详细数据；

（3）设备的初期投资相对较小。

其不足主要体现在：①信息来源的可靠性受到数据采集人员和记录仪器的双重影响；②设备采集的大量数据带来的存储问题；③整个路网形成时间的估计仅依靠某一特定测试车的数据，会带来较大误差。

2. 被动探测车技术

被动探测车技术是指在行驶于正常交通流中的车辆上安装辅助仪器或其他远程传感设备来完成交通信息的采集，使用的车辆可以是个人车辆、出租车、公共汽车或其他商业运营车辆，在不妨碍这些车辆自身运行目的的情况下，通过这些车辆上的仪器和设备，实时采集道路交通流信息的移动采集技术。这些车辆和交通管理或监控中心通过各种无线传输技术实时通信。根据车辆上安装设备的不同，被动探测车技术可以基于信标技术（Signpost）、AVI、广播电台定位、GSM 和 GPS 等中。

其主要优点有：①数据采集成本低；②能够持续不断地获得数据；③能够直接反映实际交通流特点。

其主要缺点是：①初期投资大；②系统一旦建立就很难更改；③系统建设带来个人隐私问题；④系统适用于大范围的交通数据采集。

（二）交通移动采集技术原理

无论主动测试车技术还是被动探测车技术，其数据采集的基本原理基本相同。下面以检测某条道路交通状态为例，分析交通移动采集技术的数据采集和分析过程。车辆实时速度数据通过特定算法的处理和压缩，并和车辆位置信息、行驶道路信息打包，利用车载无线发射装置发送到监控中心，监控中心通过处理这些数据获得道路交通信息。

如车辆在 A 点属于正常行驶状态；而到了 B 点，车速下降达到一定域值，并且持续一段时间低速行驶，从而判断车辆进入拥堵状态；到了 C 点，车辆速度逐步上升，逐渐恢复至正常行驶速度，从而判断车辆离开拥堵，道路交通开始畅通。

（三）交通移动采集技术在 ITS 中的应用

交通移动采集技术主要的作用是进行交通数据的估计和预测。目前，随着交通流量的增加，交通拥堵状况日益严峻，仅凭环形探测器测得的道路容量、占有率等参数已不能完全反映道路的交通状态。而出行时间、出行速度等指标不仅可以形象、直接地描述道路的交通状况，还方便分析人员进行长期的比较。其反映的信息很直观，作为交通信息发布易于理解，并便于做出判断，同时也可作为路网评估的主要参考数据。车辆的出行时间与诸多因素有关，其中包括道路容量、占有率、对车速的限制、突发事件及车型等，而在实验室很难模拟这些因素间的关系，尤其当交通量接近饱和时。因此，代替由传统的环形探测器测得的道路容量及占有率等间接数据，需要直接测量道路的出行时间及出行速度。

1. 估计和预测出行时间：根据出行者提供的出发时间和路线、当前的道路状态及参考历史信息，预计出行时间，计算出最优路径。

2. 估计出行速度：在进行不同路段间的比较时，由于各路段长短不一，出行时间的长短不能说明路段的拥堵状况，出行速度能够弥补这一缺陷，直接直观地反映各路段的交通状况。

八、车辆自动定位技术

（一）车辆自动定位技术分类

美国运输研究委员会（Transportation Research Board，TRB）认为自动车辆定位（Automatic Vehicle Location，AVL）主要目的在于自动地找出某部车辆在特定时间的位置，主要应用于车载导航系统、车队管理系统，提高公共运输的吸引力、方便性及可靠性。除了公共运输以外，紧急救援系统，交警部门甚至普通的运输公司都逐渐采用这种技术来管理车队。此外，AVL 系统也是 ITS 的基础工程，通过准确的定位系统，配合通信技术及数字地图的使用，可以进行实时路径诱导，避开拥挤路段，寻求最佳路径。

AVL 技术主要有无线电定位系统、推算定位法、地图匹配定位法和信号标杆法。

（二）车辆自动定位技术原理

常用的定位技术一般有自主定位、星基定位和陆基定位三大类：①自主定位的代表是推算定位，是利用距离传感器和航向传感器（压电陀螺）测量位移矢量，从而推算车辆的位置；②星基定位的核心是 GPS，其共性是利用卫星的多普勒频移现象对地面目标进行准确定位；③陆基定位是指在地面布设多个定位站，采用多站测位方式的全天候定位。车辆导航系统通常采用前两类定位技术，其中自主定位技术的代表是推算定位技术。当陆基定位技术处于高速发展之中，备受关注的是利用数字移动通信网（如 GSM、CDMA）实现的定位技术。

1. 无线电定位系统

凡是由若干无线电基站所发出信号的强弱及波长、数字信号或者其他方式，来推估被测物体位置的技术，称为无线电定位技术，如卫星定位系统。其中，GPS 是目前应用最广泛的车辆定位技术之一，其基本原理是测量出已知位置的卫星到用户接收机之间的距离，然后，综合多颗卫星的数据获知接收机的具体位置。

定位测量是基于到达时间测距原理。从已知位置上的发射机（这里是卫星）发射所需时间间隔乘以信号传播速度，可得到发射机到接收机的距离。接收机从多个已知位置的发射机接收多个信号，用于确定接收机的位置。由于卫星和偏差、传播延迟和其他误差，不可能测出实际距离，而是伪距。卫星时钟和接收机时钟的读时偏差是常数。为了确定接收机位置，接收机需知道跟踪卫星的伪距和卫星的位置。信号传播时间乘以光速等于伪距。信号传播时间由将接收的卫星码和内部产生的复制码相匹配所需的测量时间偏差决定，这称为"修正"。正如所有的测量情况，需要独立观察的结果数目取决于可求解多少个未知量。

2. 推算定位法

推算定位法是利用车辆本身所装置的距离感测元件与方向感测元件，得出车辆行进的距离与方向的改变，进而算出车辆位移的向量。

在导航系统中，推算定位（Dead Reckoning，DR）也称为航位推算法，是一个借助于先前已知位置，以及估计出的速度随时间的变化量来推导出当前位置的过程。尽管最初的推算定位方法在目前的导航系统中已不再使用，但是现今流行的惯性导航系统仍然依赖于推算定位法来估计物体位置的。

推算定位法通常存有距离和相位误差，而且误差会随着距离、时间而累积加大，此称为累积误差。因此经过一段时间或距离的运行后，必须修正初始数据。因为这种定位（导航）仅需要车载设备完成，故也称为自律导航。

由于车辆的运动可以看作是在二维平面上的运动，因此如果已知车辆的起始点（e0，n0）（e，n 分别为局部平面坐标系中的东向位置坐标，北向位置坐标）和初始航行角 θ0，通过实时测量和递增地积累车辆的行驶距离和航向角的变化，就可以实时推算车辆的位置。

由于 GPS 与 DR 存在很强的互补关系，在导航应用领域中，一般采用 GPS/DR 组合导航。一方面，GPS 可以为 DR 提供推算定位所需的初始点的绝对位置信息，并进行误差校正，避免 DR 信息因传感器的漂移和噪声而产生的误差积累；另一方面，DR 的推算结果可以弥补 GPS 信息在短期内因受高楼、树荫阻挡而无法正常定位的缺陷，用于补偿部分 GPS 定位中的随机误差，平滑定位轨迹，且 GPS/DR 组合导航方式性价比高，因而在民用低成本车载导航系统中广为采用。

3. 地图匹配定位法

地图匹配法是一种基于软件技术的定位修正方法，其基本思想是将车辆定位轨迹与数字地图中的道路网信息联系起来，并由此相对于地图确定车辆的位置。

常规地图匹配的基本思想是把车辆路线同接近以前匹配点的已知道路相比较。形状与当前路线和先前匹配路线相似的道路被选为车辆的行驶道路。

常见的地图匹配算法包括半确定性算法、概率性算法、基于模糊逻辑的算法等。其中，基于模糊逻辑的地图匹配是针对在复杂的城市街道和传感器与处理均存在误差、要精确区分车辆正在哪一街道上行驶有困难的情况，通过将专家知识和经验表达为规则集，利用模糊逻辑推理过程的地图匹配定位方法。

地图匹配是车辆导航系统的一个重要模块，其作用是利用数字地图使定位系统更加可靠和精确，修正使用 GPS/DR 技术检测到的车辆坐标位置数据、前进的方向与实际行驶的路线轨迹误差。然而，地图匹配结果的好坏在很大程度上取决于数字地图精度的高低。

4. 信号标杆法

此定位方法是在路侧普遍且均匀地设置固定自动车辆识别设施—信号标杆，当装有感应器的车辆经过信号标杆时，杆上的发报器立刻将信号传回调度中心，传输信号包括交通信息、地图数据块及位置初始化坐标所要求的数据，再依据车辆与信号标杆的关系，求出车辆与信号标杆的相对位置。此方法的定位精度依据信号标杆设置的密度而定，且适用于固定线路，所以，车辆需按固定路线行驶时方能定位，故此公交车辆可以采用这种定位方法。

信号标杆可采用微波或红外方式，如欧洲、日本用 2.5GHz、5.8GHz 的微波，美国则用 915MHz 频段，红外信标为 850nm 和 950nm 的红外线。信标系统还可采用 DSRC。使用这种方法，户外系统安装和维护费用很高，且定位是非连续的。

（三）车辆自动定位技术在 ITS 中的应用

在 ITS 中，一项关键的问题是要自动地、准确地知道车辆当前所在的位置。由于 GPS 具有一系列的优良特性，所以 ITS 中的定位问题通常采用 GPS 解决。但是，对 GPS 采用人为降低精度的有选择可用性（Selective Availability，SA）技术，使得用户只能得到精度在百米水平的较差的定位服务，这不能满足 ITS 自动车辆定位要求。采用差分 GPS（Differential Global Positioning System，DGPS）技术后，民用 GPS 的精度可达到 1~3m 水平，从而基本上能够满足 ITS 中车辆定位的精度要求。而性能较好的车辆定位和导航系统则同时配有 GPS 接收机和推算定位系统，自动确定车辆的实时位置，并运用地图匹配技术，修正车辆实际行驶路线与电子地图上道路位置之间的误差，从而提高定位的精度，而且该系统还可用来识别车辆所在的道路和每一个邻近的交叉口。

第二节　交通信息传输

通信一直都是智能交通领域最重要的组成部分之一，任何需要联网、信息传递的地方，都有通信网络的存在，主要包括 GPS 运营、交通信号控制、道路监控设备、高速公路机电系统等，可以说，没有通信就没有智能交通。

传输媒介主要是光纤、电缆、微波等，在终端与交通控制中心之间传输数据、语音和图像等信息。

一、通信网络技术

目前常用的通信技术都属于电通信系统，电通信系统是由完成通信任务的各种技术设备和传输媒质构成的总体。

（一）通信系统的一般模型

通信的目的是传输信息，实现信息的时空转移。通信系统的作用是将信息从信源发送到一个或多个目的地。在电通信系统中，信息的传递是通过电信号来实现的，首先要把消息转换成电信号，经过发送设备，将信号送入信道，在接收端利用接收设备对接收信号做相应的处理后，送到信宿再转换为原来的消息。

通信网可以分为不同的种类，按所传输的信号形式可分为数字网和模拟网；按业务种类可以分为电话网、电报网、数据网、传真网、广播电视网等；按其服务范围可分为本地网、长途网和国际网等；按运营方式可分为通信网和专用通信网。

无论何种分类，网络的基本结构和构成要素都是类似的。

（二）通信网的基本结构

在通信网中，所谓的拓扑结构是指构成通信网的节点之间的互联方式，通信网的基本结构主要有以下 5 种：

1. 星形结构

它以中央节点为中心，一个节点向另一个节点发送数据，必须先向中央节点发出请求，一旦建立连接，这两个节点之间就是一条专用连接线路，信息传输通过中央节点的存储—转接完成。这种结构要求中央节点具有很高的可靠性，否则出现故障就会危及整个网络。星形结构的优点是结构简单、网络控制容易、便于扩充；缺点是资源共享不便、可靠性较低。

2. 总线结构

它的所有节点都通过相应硬件接口连接到一条无源公共总线上，任何一个节点发出的信息都可沿着总线传输，并被总线上其他任何一个节点接收，它的传输方向是从发送点向两端扩散传送，是一种广播式结构。每个节点的网卡上有一个收发器，当发送节点发送的目的地址与某一节点的接口地址相符时，该节点即接收信息。总线结构的优点是安装简单、易于扩充、可靠性高，一个节点损坏，不会影响整个网络工作，但是由于共用一条总线，所以要解决两个节点同时向一个节点发送信息的碰撞问题，因此，这种结构对实时性要求较高的场合不太适用。

3. 树形结构

树形结构是总线形结构的延伸，它是一个分层分支的结构，也是一种广播式网络。一个分支和节点故障不影响其他分支和节点的工作。任何一个节点发送的信息，其他节点都能接收。此种结构的优点是在原网上易于扩充，但缺点是线路利用率较低。

4. 环形结构

环形结构中的各节点通过有源接口连接在一条闭合的环形通信线路中，是点—点式结构。环形网中每个节点对占用环路传送数据都有相同权力，它发送的信息流按环路设计的流向流动。为了提高可靠性，可采用双环或多环等冗余措施。目前的环形结构中采用了一种多路访问单元（Multistation Access Unit，MAU）结构，当某个节点发生故障时，可以自动旁路，隔离故障点，从而提高了可靠性。环形结构的优点是实时性好、信息吞吐量大、网的周长可达200km、节点可达几百个。但因环路是封闭的，所以扩充不便。

5. 网状结构

在一组节点中，将任意两个节点通过物理信道连接成一组不规则的形状，就构成网状结构。它的优点是最大限度地提供了专用带宽；缺点是造价高，结构较复杂。

（三）通信网的构成要素

一个完整的通信网由硬件和软件两大部分组成。硬件即构成通信网的设备，由终端节点、交换节点、业务节点和传输系统构成，它们完成通信网的接入、交换和传输基本功能；软件设施包括信令、协议、控制、管理、计费等，它们主要完成通信网的控制、管理、运营和维护，使全网协调合理地工作，实现通信网的智能化。

1. 终端节点

终端设备是用户与通信网之间的接口设备，其主要作用是将待传送的信息和在传输链路上传送的信号进行相互转换。终端设备是信源、信宿和变换器与反变换器中的一部分。最常见的终端节点有电话机、传真机、计算机、视频终端和程控交换机（PrivateBranch eXchang，PBX）。

终端节点的主要功能包括以下两方面：

（1）用户信息的处理：主要包括用户信息的发送和接收，将用户信息转换成适合传输系统传输的信号及相应的反变换。

（2）信令信息的处理：主要包括产生和识别连接建立、业务管理等所需的控制信息。

2. 交换节点

交换节点是通信网的核心设备。交换节点负责集中、转发终端节点产生的用户信息，但它自己并不产生和使用这些信息。最常见的交换节点有电话交换机、分组交换机、路由器、转发器等，其主要功能包括以下四方面：

（1）用户业务的集中和接入功能，通常由各类用户接口和中继接口组成；

（2）交换功能，通常由交换矩阵完成任意入线到出线的数据交换；

（3）信令功能，负责呼叫控制和连接的建立、监视、释放等；

（4）其他控制功能，路由信息的更新和维护、计费、话务统计、维护管理等。

3. 业务节点

最常见的业务节点有智能网中的业务控制节点（Service Control Point，SCP）、智能外设、语音信箱系统以及 Internet 上的各种信息服务器等。它们通常由连接到通信网络边缘的计算机系统、数据库系统组成。其主要功能包括以下几点：

（1）实现独立于交换节点的业务的执行和控制；

（2）实现对交换节点呼叫建立的控制；

（3）为用户提供智能化、个性化、差异化的服务。

4. 传输系统

传输系统为信息的传输提供传输信道，并将网络节点连接在一起。其硬件组成包括线路接口设备、传输媒介、交叉连接设备等。

（四）通信网的传输链路方式

传输链路是信息的传输电路或传输通道，它对应于通信系统构成模型中的信道交变设备部分。它不仅包含具体的传输媒质，而且包含发送设备和接收设备。传输链路方式是指传输链路中的信号变换及传递方式。传输媒质可以分为有线线路和无线线路。前者有架空明线、电缆（包括对称电缆和同轴电缆）和光缆；后者可分为短波、微波。

二、光纤通信技术

1996 年，英籍华人"光通信之父"C.K.Kilo 博士根据介质波导理论提出了光纤通信的概念。光纤即光导纤维的简称，光纤通信是以光波作为信息载体，以光纤作为传输媒介的一种通信方式。

光纤通信的诞生和发展是电信史上的一次重要革命，与卫星通信、移动通信并列为20 世纪 90 年代的技术。进入 21 世纪后，由于因特网业务的迅速发展和音频、视频、数据、多媒体应用的增长，对大容量（超高速和超长距离）光波传输系统和网络有了极为迫切的需求。光纤通信用于高速公路或城市道路计算机广域网（Wide Area Network，WAN）与局域网（Local Area Network，LAN），可搭载数据、文本、图像、语音、图片等多媒体信息。由于光纤通信具有抗干扰能力强、衰减小等特点，在成本允许的前提下，可向设施的使用者（如车辆驾驶员、旅客、行人、货主等）发布多种信息，如气象、道路路况、交通拥堵、交通事故、车辆到达、客车售票等信息。

（一）光纤通信原理

光发信机是实现电/光转换的光端机，它由光源、驱动器和调制器组成，其功能是将来自电端机的电信号对光源发出的光波进行调制，成为已调光波，然后再将已调的光信号耦合到光纤或光缆传输。光收信机是实现光/电转换的光端机，它由光检测器和光放大器组成，其功能是将光纤或光缆传输来的光信号，经光检测器转变为电信号，然后，再将微弱的电信号经放大电路放大，送到接收端的电端机去。光纤或光缆构成光的传输通路，其功能是将发信端发出的已调光信号，经过光纤或光缆的远距离传输后，耦合到收信端的光检测器，最终完成传送信息任务。中继器由光检测器、光源和判决再生电路组成，其作用是补偿光信号在光纤中传输时受到的衰减及对波形失真的脉冲进行整形。此外，由于光纤或光缆的长度受光纤拉制工艺和光缆施工条件的限制，且光纤的拉制长度也是有限度的（如1km），因此需要光纤连接器、耦合器等无源器件实现光纤间的连接、光纤与光端机的连接及耦合。

（二）光纤通信特点

光纤通信的特点如下：

1. 信容量大、传输距离远；
2. 信号串扰小、保密性能好；
3. 抗电磁干扰、传输质量佳；
4. 光纤尺寸小、重量轻，便于敷设和运输；
5. 材料来源丰富，环境保护好；
6. 无辐射，难于窃听；
7. 光缆适应性强，寿命长。

对光纤通信而言，超高速度、超大容量和超长距离传输一直是人们追求的目标，而全光网络也是人们未来的研究方向。

三、无线通信技术

无线通信（Wireless Communication）是利用电磁波信号可以在自由空间中传播的特性进行信息交换的一种通信方式。近些年，在信息通信领域中，发展最快、应用最广的就是无线通信技术。在移动中实现的无线通信又通称为移动通信，人们把二者合称为无线移动通信。

无线通信主要包括微波通信和卫星通信。微波是一种无线电波，它传送的距离一般只有几十千米。因此，微波通信每隔几十千米要建一个微波中继站。但微波的频带很宽，通信容量很大。卫星通信是利用通信卫星作为中继站在地面上两个或多个地球站之间或移动体之间建立微波通信联系。

（一）卫星通信技术

卫星通信是一种利用人造地球卫星作为中继站来转发无线电波而进行的两个或多个地球站之间的通信。

卫星通信系统由通信卫星和经该卫星连通的地球站两部分组成。静止通信卫星是目前全球卫星通信系统中最常用的星体，是将通信卫星发射到赤道上空 35860km 的高度上，使卫星运转方向与地球自转方向一致，并使卫星的运转周期正好等于地球的自转周期（24h），从而使卫星始终保持同步运行状态，故静止卫星也被称为同步卫星。静止卫星天线波束最大覆盖面可以达到大于地球表面总面积的三分之一。因此，在静止轨道上，只要等间隔地放置三颗通信卫星，其天线波束就能基本上覆盖整个地球（除两极地区外），实现全球范围的通信。目前使用的国际通信卫星系统就是按照上述原理建立起来的，且三颗卫星分别位于大西洋、太平洋和印度洋上空。卫星通信具有如下优点：

1.电波覆盖面积大，通信距离远，可实现多址通信：在卫星波束覆盖区内一般的通信距离最远为 18000km，覆盖区域内的用户都可通过通信卫星实现多址连接，同时进行即时通信。

2.传输频带宽，通信容量大：卫星通信一般使用 1~10kHz 的微波波段，有很宽的频率范围，可在两点间提供几百、几千甚至上万条话路，提供几十至一百多 Mbps 数据通道，还可传输多路电视。

3.通信稳定性好、质量高：卫星链路大部分是在大气层以上的宇宙空间，属于恒参信道，传输损耗小，电波传播稳定，点间的各种自然环境和人为因素的影响不大，即便是在发生磁爆或核爆的情况下仍能维持正常通信。卫星通信的主要缺点是传输时延大，存在"延迟效应"。卫星通信目前主要用于 GPS 系统。卫星通信的主要发展趋势，一方面是充分利用卫星轨道和频率资源，开辟新的工作频段，各种数字业务综合传输，发展移动卫星通信系统；另一方面是卫星星体向多功能、大容量发展，卫星通信地球站日益小型化，卫星通信系统的保密性能和抗毁能力进一步提高。

通过 GPS 准确灵活的定位功能，电子地图与其他无线通信技术相结合，可以很好地实现车辆在路网中的准确定位，可以实时地显示出车辆的实际位置，完成以下 ITS 中的服务功能。

（1）交通管理中的紧急事件及紧急车辆管理功能：紧急事件管理中心可以准确掌握其所属救援车辆的位置，并且通过移动通信技术对其进行调度，从而达到快速有效地处理紧急事件的目标。

（2）出行者信息中的路径诱导及导航服务功能：从而完成车辆的路径诱导服务功能，

包括中心式导航及自主式导航。

（3）运营管理中的车辆监视、公交运营管理、一般/特种货物运输管理：各类交通运输公司可以对其所属车辆进行实时监控和调度，从而达到最优化的资源配置，提高运输效率，并且可以提高运营车辆的安全性等。

（二）高速公路路况广播

高速公路路况广播（Highway Advisory Radio，HAR）是通过广播电台向高速公路用户提供信息的一种形式。高速公路用户可以通过 AM/FM 收音机在车里接收信息。在 HAR 之前，用户被要求根据路旁或头顶的标志将车上的收音机调到指定的频率来接收信息。虽然也可以广播现场信息，但是一般情况下只向用户广播预先录制好的信息。美国联邦通信委员会（Federal Communications Comission，FCCO）指定 HAR 为出行者信息系统的一个组成部分。HAR 是一个向公众提供实时交通信息和出行状况的有效工具，必须严格遵循 FCC、手册和规则，进行相关的技术交流与运作。它是被特许的中级用户，这意味着它不能够干扰高级用户，即商业广播电台。作为一个中级用户，HAR 广播的信号强度是受到限制的，它的发射机的传输范围必须控制在三四千米以内。但 HAR 可以将消息传播到其广播范围内的任何一个人，包括潜在的出行者。更重要的是，它包含的信息量要很大。它最大的缺点是被限用低功率，这经常导致信号质量低劣，并且它要求驾驶员采取措施来接收信号，这可能会导致较低的收听率。

1. HAR 的特点

一般来讲，HAR 传输使用的是 10 W 的 AM 发射机，因为这是在 1997 年唯一被 FCC 允许用于出行者信息的技术。如果安装与维护适当，根据地势、大气情况、不同时段 10W 发射机可以有半径为 3~5 英里的传播距离。HAR 使用的频率大致是在 AM 波段的最大限度，是政府和商业机构所能利用到的波谱的"孔"的具体频率。由 FCC 提供且已获特许的新 FCC 准则准许 HAR 使用在 530~1 710 kHz 之间的频率进行广播，但也对商业广播开放了曾经 HAR 的专用频率，因此，HAR 也增加了受干扰甚至丧失特许权的可能。当然，这种技术被实践证明是非常有效的。另外一种方式是引入低功耗的 AM 发射机，多台发射机集中在一起形成一个强大的辐射区域，但是这种应用最终证明是不成功的。直到2000年，FCC 才允许 ITS 低功耗的 FM 发射机进行传输。

2. HAR 的传播方式

（1）点传播：在点传播中，一台单独的发射机用于一指定区域的传播，一般在容易发生的交通拥堵的地方使用，用来向拥堵中的驾驶人发布消息。这种方式的实施在出行者中比较受欢迎，因为信息是具体针对他们的，这也是 HAR 最基本的应用，一般使用 10W 发射机。这种方式的设备维护也最易操作。

（2）面传播：面传播是通过多台发射机同步向一个较大的覆盖区域发射信号。当一个单独的信息需要向一个大范围区域传播时，并且覆盖的区域有很多驾驶人需要接收到更多的消息时，这是一种有效的策略。事实上，一条单独的长信息中，如果仅部分对具体的出行者是必要的，那么太长则是其缺点。出行者需要的是简要、具体、对他们位置和情况有用的信息。

（三）移动通信技术

移动通信一般是指移动体与固定地点，或者移动体之间通过有线和无线信道进行的通信，通信双方有一方或两方处于运动中。采用的频段遍及低频（LF）、中频（MF）、高频（HF）、甚高频（VHF）和特高频（UHF）。

移动通信系统一般由移动台（Mobile Station，MS）、基地站（Base Station，BS）、移动业务交换中心（Mobile Service Switching Center，MSC）及公用电话交换网（Public Switched Telephone Network，PSIN）相连接的中继线等组成，通常包括如下系统。

1. 车载电台：通常由电台主机、天线系统、电源系统等组成，多工作在 VHF/UHF 波段，其特点是视距传播模式信号传输稳定，如果没有较大的障碍物阻挡，通信距离可以达十多千米甚至数十千米；同时，车载电台采用 FM 调频制式工作，信号的抗干扰性能更强。

2. 无线寻呼系统：是一种不用语音的单向选择呼叫系统，其接收端是多个可以由用户携带的高灵敏度收信机，在收信机收到呼叫时，就会自动振铃、显示数码或汉字，并向用户传递特定的信息。

3. 无绳电话系统：指的是以无线电波（主要是微波波段的电磁波）、激光、红外线等作为主要传输媒介，利用无线终端、基站和各种公共通信网（如 PSTN、ISDN 等），在限定的业务区域内进行全双工通信的系统。

4. 第二代移动通信系统：指的是引入数字无线电技术组成的数字蜂窝移动通信系统 D，一般采用工作于 800 MHz 的 GSM 或 CDPD（Cellular Digital Packet Data，蜂窝数字分组数据）移动数据通信系统，是覆盖范围最广的陆地公用移动通信系统。在蜂窝系统中，覆盖区域一般被划分为类似蜂窝的多个小区。每个小区内设置固定的基站，为用户提供接入和信息转发服务。移动用户之间及移动用户和非移动用户之间的通信均需通过基站进行。基站则一般通过有线线路连接到主要由交换机构成的骨干交换网络。蜂窝系统是一种有连接网络，一旦一个信道被分配给某个用户，通常此信道可一直被此用户使用。

数字蜂窝移动通信系统在 ITS 中提供通信和数据服务，提供无线寻呼、短消息服务（Short Message Service，SMS）、分组数据业务等，传输报文、传真及图片等多种媒体，可用于路政管理、交通安全管理、道路养护、收费稽查、紧急求援和事故处理、车辆调度管理、出行信息服务、换乘服务、停车场管理、集装箱管理等。

目前，多媒体调度指挥功能已可以在 ITS 中实现，这进一步加强车辆与调度控制中心的协调配合，最大限度地保证安全和提高出行效率，并且实现全球交通联网漫游。

1. 移动通信网的应用

通用无线分组业务（General Packet Radio Service，GPRS），是一种基于 GSM 系统的

无线分组交换技术，提供端到端的、广域的无线 IP 连接。GPRS 是基于分组交换实现的数据通信。

（1）用作信息查询及发布的工具

GPRS 可覆盖 GSM 的短消息服务，并且可以提供比 GSM 速度更快、内容更多的短消息服务功能，可以方便地实现与 Web 网络的互联，因此可以向使用者提供丰富的交通信息查询、发布服务。用户利用 GPRS 终端（主要是移动电话）可以方便地接入 Web 网络，提交自己的交通信息需求或者进行交通信息的查询，其中包括文字信息的查询及视频查看等。

（2）用作数据传输的途径

由于 GPRS 具有高速数据传输能力及较快的网络接入速度，所以 GPRS 不仅支持频繁的、数据量小的突发型数据业务，也支持数据量大的业务，因此可以用作道路数据采集后向交通中心的传输，甚至可以用于各个管理中心之间的实时数据传输。

（3）用作调度指挥的手段

由于 GPRS 既可以作为语音传输的通道，也可以作为数据传输的通道，因此，可以方便地实现移动体（车辆驾驶员）与控制中心的话务、数据连接，而且 GPRS 根据流量计费，实时在线，便于用户使用，因此可以完成调度控制中心对自己所辖车辆的调度指挥功能，兼以实现车辆导航功能。例如，集成 GPRS 和 GPS 的公共交通调度指挥系统可以方便地实现公交车辆的定位和及时准确的调度管理，从而有效地提高公共交通系统的运行效率。除以上所提到的应用领域外，考虑到 GPRS 系统的性能特点及广阔的覆盖范围，GPRS 将会越来越多地应用到 ITS 中。

2. 集群通信系统的应用

集群通信系统属于专用移动通信系统，它是一种专用高级指挥调度系统。随着数字语音编码、数字调制技术、多址技术、抗衰落技术及数字信令控制和数字语音终端等数字技术在集群通信系统中的广泛应用，20 世纪 90 年代出现了数字集群通信系统，其特点是系统内所有可用信道为系统内的全体用户共享，具有自动选择信道功能。它是共享资源、分担费用、共用信道设备及服务的多用途、高效能的无线调度通信系统。由于集群通信系统主要侧重于指挥、联络、调度，其应用需求可遍及铁路运输、公路交通、民航航运、公安消防及重大事件与突发事件应对等各行各业的方方面面。数字集群通信系统可在同一技术平台上提供指挥调度、数据传输和电话服务，它不仅可以提供多群组的调度功能，而且还可以提供短数据信息服务、分组数据服务及数字化的全双工移动电话服务。数字集群通信系统还支持功能强大的移动台脱网直通（Di-rect Mode Operation，DMO）方式，可实现鉴权、空中接口加密和端对端加密。数字集群通信系统同时还具有虚拟专网功能，可以使一个物理网络为互不相关的多个组织机构服务。数字集群通信系统具有丰富的服务功能、更高的频率利用率、更高的通信质量、灵活的组网方式，许多新的应用（如车辆定位、图像传输、移动互联网、数据库查询等）都已得到实现。数字集群通信系统按技术类型划分为以下类别。

（1）iDEN（集成数字增强型网络）是美国摩托罗拉公司研制和生产的一种数字集群移动通信系统，它的前身是 MIRS 系统，最初设计是做集群共网应用，因此除了以指挥调度业务为主外，还兼有双工电话互联、数据和短消息等功能。

（2）GoTa（Global Open Trunking Architecture，开放式集群架构）是中国中兴通讯提出的基于集群共网应用的集群通信体制，也是世界上首个基于 CDMA 技术的数字集群系统，具有中国自主知识产权，具备快速接续和信道共享等数字集群公共特点。GoTa 作为一种共网技术，主要应用于共网集群市场，其主要特色在于更利于运营商建设共网集群网络、适合大规模覆盖、频谱利用率高、在业务性能和容量方面更能满足共网集群网络和业务应用的需要。

（3）GT800 是华为提出的具有自主知识产权的基于时分多址的专业数字集群技术，通过对 TDMA（Time Division Muliple Access）和 TD SCDMA（Time Division Synchroniza-tion Code Division Multiple Access）进行融合和创新，为专业用户提供高性能、大容量的集群业务和功能。

（4）TETRA（Terrestrial Trunked Radio，陆上集群无线电系统）是一种基于数字时分多址（TDMA）技术的无线集群移动通信系统，是欧洲电信标准组织（EuropeanTelecommunications Standards Institute，ETSDO 制定的数字集群通信系统标准。它是基于传统大区制调度通信系统的数字化而形成的一个专用移动通信无线电标准。

（四）专用短程通信技术

数字微波通信是地面传输的一种有效通信手段，其中继间距一般为 30~50km，用于难以敷设光缆或电缆地区的通信接力，还可用于专用短程通信（DSRC）。DSRC 是一种通信技术标准或协议，其通信距离一般在 10m 左右。利用 DSRC 技术，可以完成机动车辆在运动中与路边基站的数据通信，从而实现其智能化、实时化、动态化的管理。DSRC 不仅可以提供 1Mbps 带宽，满足 ITS 中的各种应用，同时还可以接入 Internet，使其应用范围得到扩展。

在国际上 DSRC 曾出现 800~900MHz、2.4GHz 和 5.8GHz 3 个主要的工作频段。目前共有以下 DSRC 标准：①国际标准化组织的 ISO/TC204；②欧洲标准化组织的 CEN/TC278；③美国的 ASTM/IEEE；④日本的 TC204；⑤中国的 TC204。目前我国采用的是源于 ISO/TC204 国际标准化组织智能运输系统技术委员会（国内编号为 SAC/TC268）的 5.795~5.815GHzISM 频段，下行链路（D-link)500kbps2-AM，上行链路（U-link)250kbps 和 2-PSK 的技术标准。DSRC 技术最早大规模应用于 ETC，通过路旁单元的信号发射和接收装置识别通过车辆的相关信息，自动对车辆进行身份鉴别、实时监控、动态引导等智能化管理，完成车辆相关信息的动态采集工作。

DSRC 系统与有 / 无线通信技术相结合，可实现车辆定位和实时、准确的信息传输的功能。DSRC 技术在汽车的主动安全等方面有着独特的优势，但如果在未来的 DSRC 基础设施布网方面完全采用由路侧单元来提供宽带接入功能，那将会引起网络的重复建设。近年来得到各方重视并正在推广的 WiMAX 技术则能够提供宽带接入的解决方案，因此采用 DSRC 与 3G/B3G 技术的融合是明智的。

第三节　交通信息处理

交通信息处理技术是交通诱导系统的核心部分，它把检测器采集的实时交通信息进行相应处理，得出能为诱导系统所用的信息，然后通过各种途径传送给道路使用者，指导其选择正确的路径，并最终实现交通流在路网中各个路段上的合理分配。根据不同需求对数据进行规范化处理分析，并提供不同的信息是数据组织处理的一项重要内容。交通信息处理技术主要包括数据压缩技术、交通信息融合技术、模式识别技术及人工智能技术等。城市交通信息处理主要就是管理交通流信息的流通，将其存储为有用的形式，然后由最终用户以实时或存档的形式利用。城市交通信息处理技术主要包括数据质量控制技术、数据集成与融合技术、数据存储技术和数据挖掘技术等。数据质量控制技术能够确保数据的准确性和完备性；数据集成和融合技术将 ITS 存档数据转化为能够满足给定需求的最佳时间间隔数据；数据存储则反映系统中静态数据的特征，数据存储技术要实现数据安全、完整地存取；数据挖掘技术可以快速、有效、深入地分析海量交通信息，同时还可以挖掘大量交通数据中隐含的交通模式。

一、数据压缩技术

数据压缩就是用最少的数码表示信号，其作用是能较快地传输各种信号，如传真、图像等，用现有的通信干线并行开通更多的多媒体业务，如各种增值业务、压缩数据的存储容量、降低发信机功率等。由此看来，通信时间、传输带宽、存储空间，甚至发射能量都可能与数据压缩的效果直接相关。

（一）数据压缩技术原理

数据压缩技术最基本的要求是要尽量降低数字化的码率，同时仍然保持一定的信号质量。

首先，数据中间常存在一些多余成分即冗余。如在一份计算机文件中，某些符号要比其他符号频率高得多地重复出现，这些冗余部分便可在数据编码中除去或者减少，冗余度压缩是一个可逆过程，因此叫作无失真压缩（Lossless Compression）或称为保持型编码。冗余度压缩常用于磁盘文件、数据通信和气象卫星云图等不允许在压缩过程中有丝毫损失的场合中，但是它的压缩比通常比较低。

其次，数据中间尤其是相邻的数据之间常存在着相关性，如图片中常常有色彩均匀的背影；电视信号的相邻两帧之间可能只有少量的变化影物是不同的；声音信号有时具有一定的规律性和周期性等。因此，有可能利用某些变换来尽可能地去掉这些相关性。只要作为最终用户的人觉察不出或能够容忍这些失真，就允许对数字音像信号进一步压缩以换取更高的编码效率。但这种变换有时会带来不可恢复的损失和误差，因此叫作不可逆压缩或称有失真编码、熵压缩。熵压缩主要有特征抽取（如指纹的模式识别）和量化两种方法，后种方法则是一种更通用的熵压缩技术。

（二）数据压缩技术的分类

按照编码失真程度或者说按压缩过程的可逆性，将数据压缩分为无失真压缩与有失真压缩；按编码基建模的不同将数据压缩分成模型基编码和波形基编码；按压缩技术所使用的方法进行分类，可分为可预测编码、变换编码和统计编码。

（三）数据压缩技术常用算法

1. 基于字典编码技术的 LZW 算法

这种压缩算法最早是由 Lempel 和 Ziv 两位专家提出的，后来经过贝尔实验室的改进，特别是 Welch 在 1984 年的改进之后，成为现在的 LZW 算法。把多次出现的子串称为高频子串，并且将这类子串编成一张表，称为高频字典。每个子串都有唯一的序号与之对应，并将高频子串，用其序号代替。字典可以是静态的，把原始数据扫描一遍就能得到；也可以是动态的，通过边扫描边加进新的高频子串来得到字典。当字典容量不足时，就会删除一部分"老"子串，这样压缩率稍有下降，但能节约一次扫描的时间，进而提高处理速度。

2. 静态图片有损压缩算法 JPEG/M-JPEG

JPEG（Joint Photographic Experts Group）压缩算法的基本原理是把图片分为许多单元，每个单元都是一个正方形的区域，然后进行离散余弦变换，得到图形信号。因为人眼对图形信号的高频端不太敏感，所以去掉图形信号中的一些高频分量不会造成图片观察质量的明显下降。这里的高频分量不是指彩色光谱中的蓝紫色光，而是指图形信号中表示图像边缘细节的部分。为了确保压缩质量，通常采用的压缩比为 24∶1。JPEG 算法主要针对静态图片，但人们利用压缩原理，把一系列静态图片压缩存放起来，然后连续地解压重放得到了动态图像。这种压缩方法被称为 M-JPEG，即"活动的静态图像压缩"，其本质仍然是 JPEG。现在，M-JPEG 基本上已被 MPEG 淘汰。

3. 动态图像有损压缩算法 MPEG

MPEG（Moving Pictures Experts Group）设计目标是在微机上得到相当于 VHS（Video Home System，家用录像系统）质量的音频视频效果。该算法包含动态图像压缩技术、声音压缩技术和图像声音同步技术，其中动态图像压缩是其关键内容。和电影一样，多媒体电影也是以"帧"为单位组织的连续图像和声音信号。MPEG 按照如下 3 种情况分别进行处理：

（1）当前帧：用来作为其他帧参考用的关键领域，一般使用 12：1 的高质量压缩，每秒钟只有两个当前帧。

（2）预测帧：是使用当前帧的信息，根据其中实体的运动趋势向前预测的帧。

（3）双向帧：为了得到满意的图像效果，仅有当前帧和预测帧是不够的，还需要在它们中间插入双向帧以使效果更加平滑，双向帧是利用前两者的信息，进行向前和向后两个方向的预测得到的。MPEG 算法的整体压缩比可以达到 100：1 的水平。

当采集后的数据进入交通指挥中心后，中心会对数据进行各种处理（如集成、融合、存储、挖掘等）。而对数据进行处理的前提是要保证数据的质量，那么就必须对数据进行质量控制。数据质量控制，是一种采用一定的措施，使数据在采集、存储、传输中满足相关的质量要求的过程。

在数据质量控制工作中，主要是对采集到的原始数据进行质量控制，然后作为集成或融合等软件的输入数据，将操作后的输出数据提供给用户；个别情况下，也需要对经过抽样或者集成处理后的输出数据进行质量控制。由于原始数据的质量控制所占的绝对比例很大，这里主要介绍原始数据的质量控制技术。

（四）ITS 数据质量控制中的数据属性

当涉及存档的可操作数据时，质量控制意味着用一定的方法产生高质量的数据信息来满足数据用户的需求。存档数据的质量控制技术至少应包含以下 3 种数据属性：

1. 丢失的数据—在控制中心的数据输出端没有最终输出的数据。这些数据由于硬件或软件的误操作或用质量控制方法编辑时丢失。

2. 错误的数据—这些数据不在期望的范围内或不满足已有的原理或规则（如交通流理论），即要识别和"处理"不合逻辑的或不可能的数据。

3. 不精确的数据—这类数据与错误的数据有一些区别。由于设备测量误差（如设备校正错误）而产生的不精确的数值，尽管这些数据在期望的范围内，但是与实际值有偏差。也有可能是在某一时段和地点采用多种测量方法产生的测量误差。确定这部分数据必须首先判定设备的校正误差和可能存在的测量误差，这些信息都必须由现场数据收集人员分析后来提供，数据管理人员获得数据误差后，可以对这部分数据进行修正。

（五）ITS 数据质量控制的思路

ITS 数据质量控制主要有两个步骤，其分别是对数据的判别和修正。具体内容是首先根据阈值规则及交通流理论建立相应的判别规则识别出错误数据；对指定的时间点依次进行检查，识别出丢失数据；剩余的是没有质量问题的数据。接着对上一步得到的错误数据、丢失数据进行修正和补齐，最终得到较准确的数据。

第一步：利用丢失数据和错误数据的判别规则对实时 ITS 数据进行判别（这里所指的对错误数据的判别规则是阈值及交通流理论所对应的判别规则），得到丢失数据和错误数据。

第二步：利用线性插值法或同期历史数据平均法对错误数据进行修正，得到错误修正后的数据。

第三步：对错误修正后的数据进行时间点判别和修正。

（六）ITS 数据质量控制技术的实现

下面着重详细介绍数据质量控制技术的实现，主要包括错误数据的判别和修正、丢失数据的识别与补齐、不准确数据的识别与修正。

1. 错误数据的判别和修正

错误检测能力是数据管理系统的一个重要组成部分，在交通管理中心用来检测这些错的多数方法的依据是：把传输来的流量、占有率和速度值与理论的极限值（称为阈值）进行相比（阈值是经过理论和实践为专门用户开发的数据错误限值），错误数据将被阈值替代，这个阈值可以由最终的用户提供，也可以由交通管理中心提供经验值。

具体的错误数据测试方法如下：

（1）最大的流量极限（如 5 分钟内车道总流量多于 250 辆）；

（2）最大的占有率极限（如 5 分钟内持续大于 90%）；

（3）最大的速度极限（如 5 分钟内的平均速度大于 120km/h）；

（4）最小的速度极限（如低于 2km/h）；

（5）在同一条数据记录中交通参数值（流量、占有率、速度）出现不一致（如占有率少于 3%，但速度少于 72km/h；占有率为 0 但速度不为 0；流量不为 0，但速度和占有率为 0）；

（6）连续的流量测试（如：若同样的流量被记录 4 次或更多次，可以确信探测器功能失调）。

以上这些非常基本的测试方法能识别简单的数据错误，然而，如果需要提供更加准确的数据，则应该开发更加精密的质量控制技术。先进的质量控制技术包括如下测试方法：

（7）连续的数据检测—在连续时间里识别快速的数值波动（如在连续的 5 分钟内速度总是从 100km/h 降至 30km/h 又升至 100km/h）；

（8）空间的 / 通道的数据检测—在相邻的车道上或在上游 / 下游探测器间识别不一致性（如进入交叉口的流量应近似等于出交叉口的流量）；

（9）历史数据检测—逐年检查其交通参数值变化的合理性（如流量在高速增长或速度有巨大变化而流量没有相应的变化）。

在进行数据检测之后，能够实现对错误数据的定位。然后，需要使用线性插值法、阈值分析方法或交通流理论进行修正。对于阈值分析方法，可以根据用户的需求，自定义阈值；对于交通流理论修正数据方法，由于公式中的常量不容易确定，因此，在实际工作中，我们常采用具有通用性的线性插值法对数据进行修正。

2. 丢失数据的识别与补齐

由于交通检测设备的连续运行，数据丢失已被视为 ITS 交通检测数据工作中司空见惯的现象。既然丢失数据不可避免，熟悉丢失数据的特性将有助于数据补齐工作的开展，也将为后期的数据集成和分析的最佳算法的选择提供参考。不管采用哪种算法，在得到数据分析结果的同时，必须告知用户关于原始数据中的数据丢失情况。因为不同的数据分析和应用软件的要求变化很大，常规方法是不对丢失数据进行编辑，只是简单地标识出丢失数据的位置。根据用户应用需求的不同，由用户自身来进行丢失数据的编辑或补齐，以满足其个人分析的要求。若要对丢失的数据进行补齐，常用的方法有使用同期历史数据补齐和插值法数据补齐。由于使用同期历史数据进行修正需要大量的原始数据，因此，在实际工作中，大多采用具有通用性的线性插值法进行数据补齐。

3. 不准确数据的识别与修正

精确度是数据质量的另一个属性，同时也是存档数据用户特别关心的问题之一。从这种意义来说，精确度指传感器真实反映实际交通条件的能力。大多数传感器精确度的研究是把测量数据与独立的基准值进行对比。基准值的获取需要通过准确的多样本数据采集方法来实现。例如，流量的基准值经常由许多次的手工计算（依靠视频）车辆数决定，直到所有的手工计算值相比，均落在给定的误差范围内（如 2%~3%）为止。

总而言之，不准确的数据能够落在期望的数据范围内，但是与实际值有偏差。确定这部分数据，必须首先判定设备的校准误差和可能存在的测量误差，这些信息必须由现场数据收集人员分析后来提供，数据管理人员获得数据误差后，方能对这部分数据进行修正；或者，如果能够得到所研究交通状况的基准值作为参考，将二者进行对比分析后，再得出修正方案和结论。这一步工作需要在有条件的情况下进行。

二、交通信息融合处理技术

交通信息融合技术是指通过一定的算法，对各种交通数据进行综合处理，得到比任何单个数据源更全面、更准确的交通流状况信息。

信息融合主要包括：①提高系统的可信度；②使数据采集更客观；③提高检测效果；④扩大时间和空间覆盖能力；⑤提高系统的性价比。

（一）信息融合的模式

1. 第一级

第一级又称为像素级、检测级，是指直接在采集到的原始数据层上进行融合，在各种传感器的原始测报未经处理之前就进行数据的综合和分析。像素级融合直接对源信息进行处理，包括检测、部分目标识别、相关、量测融合等，并判别若干量测是否属于同一目标。像素级融合信息多、处理量大，是最低层次的融合，得到的结果很准确，但对系统通信带宽的要求很高。

2. 第二级

第二级又称为特征级，是指先对来自传感器的原始信息进行特征提取（如目标轮廓、形状、边沿、位置、速度参数、航迹），再按特征进行分类、聚集和综合，如方位序列、点迹序列、目标航迹的融合。特征级融合实现了信息压缩，有利于实时处理，属于中间层级的融合，由于数据丢失，准确性有所下降，对通信带宽要求较低。像素级和特征级融合处理的是地面交通信息和部分空间信息（如 GPS），输出的是对城市交通状态的部分描述，如状态向量、特征和属性等。

3. 第三级

第三级又称为决策级，是直接针对具体决策目标的最终结果，直接影响决策水平。决策级融合对各传感器、各信道独立融合及特征融合的结果进行决策（态势评定与威胁评估）融合，属于高层次融合，由于对传感器数据进行了浓缩，产生的结果最不准确，但对带宽的要求最低。决策级融合处理的数据包括地面交通信息、全部的空间信息、气象信息等其他交;通相关信息以及交通领域专家的知识等，输出的是抽象结果，如对交通系统的状态、整体性能的评价及对系统运行的预测等。

（二）信息融合技术的算法

1. 估计方法

估计方法包括加权最小二乘法、最大似然估计法、卡尔曼滤波、贝叶斯估计法等。加权最小二乘法是最简单、最直观融合多传感器低层数据的方法。该方法对一组传感器提供的冗余信息进行加权平均，并将加权平均值作为信息融合值；利用最小二乘法原理可导出的数据平滑程序在许多情况下能够去除或减少测量过程中由于偶然因素带来的误差，平滑后的数据一般会比原数据更有规律性。最小二乘法旨在得到使得模型能最好地拟合样本数据的参数估计量最大似然估计法是一种具有理论性的点估计法，此方法的基本思想是：当从模型总体随机抽取 n 组样本观测值后，最合理的参数估计量应该使得从模型中抽取该 n 组样本观测值的概率最大。卡尔曼滤波用于实时融合动态的低层次冗余多传感器数据，该方法用测量模型的统计特性递推决定在统计意义下是最优的融合数据估计。贝叶斯估计法是融合静态环境中多传感器低层数据的一种常用方法，其信息描述为概率分布，适用于具有可加高斯噪声的不确定性信息。

2. 分类方法

分类方法主要包含参数模板法和聚类分析法两种方法。

参数模板法采用一般的数据记录完成复杂关联所需的模式识别，如事件检测和重要目标识别。通过观察数据与先验模板匹配处理，来确定观测数据是否支持由模板所表征的假设。一个模板可包含参数表、布尔条件、权系数、门限，以及用于描述一个事件、活动或假设条件的其他要素。模板是知识库的框架概念的初期实现。聚类分析采用若干方法，根据预先指定的相似标准，把观测分为一些自然组。这些技术对指纹照片识别很有用。聚类方法基本上不使用统计理论。当找不到对观测进行属性指派或分类处理的理论方法时，可采用聚类分析的方法。无监督或自组织学习算法，诸如学习向量量化法（Learning Vector

Quantization，LVQ）、K- 均值聚类、Kohonen 特性图也常用作多传感器数据的分类。K-均值聚类算法是最常用的无监督学习算法之一，而自适应 K- 均值方法的更新规则成了Kohonen 特性图的基础。此外自适应共振理论（Adaptive Resonance Theory，ART）和模糊自适应共振理论网络（Fuzzy ARTnetwork）以自适应的方法进行传感器融合。它们能够自动调整权值，并且能在环境变化和输入漂移的情况下保持稳定。

3. 推理方法

推理方法，如 Dempster Shater 是基于证据理论的一种推理算法，是贝叶斯方法的扩展。该算法解决了概率中的两个难题：①能够"未知"给出显式表示；②当证据对一个假设部分支持时，该证据对假设否定的支持也能用明确的值表示出来。

（三）模式识别技术

模式识别技术是人工智能的基础技术，主要包括语音识别技术、声纹识别技术、指纹识别技术、人工智能技术等。

语音识别技术也被称为自动语音识别（Automatic Speech Recognition，ASR），其目标是将人类的语音中的词汇内容转换为计算机可读的输入，例如按键、二进制编码或者字符序列。与说话人识别及确认不同，后者尝试识别或确认发出语音的说话人而非其所包含的词汇内容。

语音识别技术的应用包括语音拨号、语音导航、室内设备控制、语音文档检索、简单的听写数据录入等。语音识别技术与其他自然语言处理技术如机器翻译及语音合成技术相结合，可以构建出更加复杂的应用，例如，语音到语音的翻译。

根据实际中的应用不同，语音识别系统可以分为特定人与非特定人的识别、独立词与连续词的识别、小词汇量与大词汇量及无限词汇量的识别。但无论哪种语音识别系统，其基本原理和处理方法都大体类似。

一个典型的语音识别系统的原理，语音识别过程主要包括语音信号的预处理、特征参数提取、模式匹配几个部分。

语音信号识别最重要的一环是特征参数提取，提取的特征参数必须满足以下要求：

1. 提取的特征参数能有效地代表语音特征，具有很好的区分性；

2. 各阶参数之间有良好的独立性；

3. 特征参数要计算方便，最好有高效的算法，以确保语音识别的实时实现。

在训练阶段，将特征参数进行一定的处理后，为每个词条建立一个模型，保存进模板库。在识别阶段，语音信号经过相同的通道得到语音特征参数，生成测试模板，与参考模板进行匹配，将匹配分数最高的参考模板作为识别结果；同时，还可以在很多先验知识的帮助下，提高识别的准确率。

语音识别是一门交叉学科，目前正逐步成为信息技术中人机接口的关键技术。语音识别技术与语音合成技术结合，将使人们能够甩掉键盘，通过语音命令进行操作。语音技术的应用已经成为一个具有竞争力的高新技术产业。

（四）声纹识别技术

所谓声纹（Voiceprint），是指用电声学仪器显示的携带言语信息的声波频谱。人类语言的产生是人体语言中枢与发音器官之间一个复杂的生理物理过程，人在说话时使用的发声器官—舌、牙齿、喉头、肺、鼻腔在尺寸和形态方面每个人的差异很大，所以每个人的声纹图谱都有差异。

每个人的语音声学特征既有相对稳定性，又有变异性。这种变异可能来自生理（年龄）、病理（身体状况）、心理（情绪）、模拟、伪装，也可能与环境干扰有关，如麦克风和信道对识别性能的影响：又如环境噪声对识别的干扰等。

尽管如此，与其他生物特征相比，声纹识别的应用有一些特殊的优势：

1.蕴含声纹特征的语音获取方便、自然，因此使用者的接受程度高；

2.获取语音的识别成本低廉，使用简单，一个麦克风即可，在使用通信设备时更无须额外的录音设备；

3.适合远程身份确认，只需要一个麦克风或电话、手机就可以通过网路（通信网络或互联网络）实现远程登录；

4.声纹辨认和确认的算法复杂度低；

5.配合一些其他措施，如通过语音识别进行内容鉴别等，可以提高准确率。

这些优势使得声纹识别的应用越来越受到系统开发者和用户青睐，声纹识别的世界市场占有率 15.8%，并有不断上升的趋势。

目前，声纹识别在证券交易、银行交易、身份证、信用卡的认证等领域应用。在国外，迪拜在交通管理上使用声纹验证来确认驾驶员身份，戴尔公司已经实施了声纹认证用于网上订购，菲律宾政府的养老金系统也可以通过声纹识别来完成身份认证。在国内，声纹识别技术目前已广泛应用于嵌入式系统，同时其他方面的应用也逐渐兴起，如招商银行于 2008 年 8 月开始与以色列的 PerSay 公司进行声纹识别方面的项目合作。

（五）指纹识别技术

指纹识别技术是利用人体指纹特征进行身份认证的技术，属于生物识别技术的一种，其基本原理是通过取像设备获取指纹图像，然后用计算机识别软件分析指纹的局部特征和全局特征，从中抽取特征值进行特征匹配，最终实现指纹识别。

（六）人工智能技术概述

人工智能（Artificial Inelligence，AD）又称为智能模拟，就是用计算机模拟人脑的智能行为，主要包括感知、学习、推理、对策、决策、预测、直觉、联想等内容。人工智能是一个知识信息处理系统，研究如何使计算机去做过去只有人才能做的富有智能的工作。AI 的核心问题包括推理、知识、规划、学习、交流、感知、移动和操作物体的能力等。

人工智能系统可分为专家系统、神经网络和模糊逻辑。

专家系统是一种基于人工智能的计算机信息系统，其内部含有大量的某个领域专家水平的知识与经验，能够利用人类专家的知识和解决问题的方法来处理该领域问题。专家系统是一个具有大量的专门知识与经验的程序系统，它应用人工智能技术和计算机技术，根据某领域一个或多个专家提供的知识和经验，进行推理和判断，模拟人类专家的决策过程，以便解决那些需要人类专家处理的复杂问题。

神经网络是一个具有高度非线性的超大规模连续时间自适应信息处理系统，也称作人工神经网络（Artificial Neural Networks，ANNs）连接模型（Connection Model，CM）。它是一种模仿动物神经网络行为特征，进行分布式并行信息处理的算法数学模型。这种网络依靠系统的复杂程度，通过调整内部大量节点之间相互连接的关系，以达到处理信息的目的。

模糊逻辑是多值逻辑，它允许将传感器信息融合过程中的不确定性直接表示在推理过程中。模糊集理论的基本思想是把普通集合中绝对隶属关系灵活化，使元素对集合的隶属度从原来只能取 {0，1} 中取值扩充到 [0，1] 区间中的任一数值，因此适合于对传感器信息不确定性进行描述和处理。模糊集表达了一个不确定概念，用模糊理论并结合其他手段与算法，如神经网络、遗传算法等，可以取得更好的效果。

（七）人工智能技术原理

人工智能的基本技术，至少应包括以下内容：推理技术、搜索技术、知识表示与知识库技术、归纳技术、联想技术。

1. 推理技术

推理技术是指依据一定的规则从已知的事实推出结论的过程。对推理的研究往往涉及对逻辑的研究。逻辑是人脑思维的规律，同时也是推理的理论基础。机器推理或人工智能用到的逻辑，主要包括经典逻辑中的谓词逻辑和由它经某种扩充、发展而来的各种逻辑。后者通常称为非经典或非标准逻辑。

经典逻辑中的谓词逻辑，实际是一种表达能力很强的形式语言。用这种语言，不仅可供人们用符号演算的方法进行推理，而且也可供计算机用符号推演的方法进行推理。

非经典逻辑是泛指除经典逻辑以外的那些逻辑，如多值逻辑、多类逻辑、模糊逻辑、模态逻辑、时态逻辑、动态逻辑、非单调逻辑等。各种非经典逻辑是为弥补经典逻辑的不足而发展起来的。

上述逻辑为推理特别是机器推理提供了理论基础。

2. 搜索技术

所谓搜索，就是为了达到某一"目标"而连续地进行推理的过程。搜索技术是对推理进行引导和控制的技术。

事实上，许多智能活动的过往甚至所有智能活动的过程，都可看作或抽象为一个"问题求解"过程。而这个"问题求解"过程实质上就是在显式的或隐式的问题空间中进行搜索的过程。例如，难题求解（如旅行商问题）是明显的搜索过程，而定理证明实际上也是搜索过程，它是在定理集合（或空间）上搜索的过程。搜索技术也是一种规划技术。因为对于有些问题，其解就是由搜索而得到的"路径"。搜索技术是人工智能中发展最早的技术。目前启发式搜索仍然是人工智能的重要研究课题之一。

传统的搜索技术都是基于符号推演方式进行的。近年来，人们又将神经网络技术用于问题求解，开辟了问题求解与搜索技术研究的新途径。

3. 知识表示与知识库技术

知识表示是指知识在计算机中的表示方法和形式，它涉及知识的逻辑结构和物理结构。知识库类似于数据库，所以知识库技术主要包括知识的组织、管理、维护、优化等技术，对知识库的操作要靠知识库管理系统的支持。显然，知识库与知识表示密切相关。

知识表示实际也隐含着知识的运用，知识表示和知识库是知识运用的基础，同时也与知识的获取密切相关。

所谓智能，也就是发现知识和运用知识的能力，需要知识。因此，知识是智能的基础和源泉。

4. 归纳技术

所谓归纳技术，是指机器自动提取概念、抽取知识、寻找规律的技术。归纳可分为基于符号处理的归纳和基于神经网络的归纳。后者不必多说，因为神经网络本身就是一个归纳器。基于符号处理的归纳技术，除了已开发出的归纳学习方法外，近年来，基于数据库的数据挖掘（Data Mining，MD）和知识发现（Knowledge Discovering from Database，KDD）技术为归纳技术的发展和应用注入了新的活力。

5. 联想技术

联想是最基本、最基础的思维活动，它几乎与所有的 AI 技术息息相关。联想的前提是联想记忆或存储，这也是一个富有挑战性的技术领域。

（八）数据集成技术

近年来，交通研究人员开发了两类方法用于指导数据集成，分别是数理统计方法和小波分析方法。下面主要介绍这两种方法：

1. 基于数理统计方法的 ITS 数据集成技术

首先，对于交通数据而言，集成度即为时间间隔，即采用某一特定的时间间隔来计量 ITS 数据。而最佳集成度则是针对某一特定的交通需求计算出的最佳时间间隔。在数理统计方法的研究过程中，交通数据研究人员开发了两种数理统计的技术来计算存档数据的最佳集成度，即互验算法和 F 检验算法，这两种最优化方法是基于集成数据序列和原始数据序列的相似性而设计的，直观且容易运用，然而，这种方法所确定的数据序列包含了不需要的信息，它不能辨别出集成的数据序列中包含了哪些成分，保留了哪些成分，因此是比较粗略的集成法。

2. 基于小波分析方法的 ITS 数据集成技术

尽管小波技术早已被广泛应用于不同的学科，但是小波技术在交通工程中的应用却非常有限。小波在 ITS 数据的分解和集成方面的应用还属于比较新的领域。下面描述通过信号处理方法进行数据集成的模型和处理过程。首先，根据小波分解技术，将存储的数据序列分解成为许多不同分解尺度的频率成分，根据具体的应用目的去除信号中的噪声和无用成分，保留其中的有用成分；然后，比较具有共同特征的存储数据序列（如来源于每周的同一天）的相似性，对不同尺度下的信号成分进行谱分析和处理，采用数学公式确定比较规则，并结合实际需要选定相应参数，自动判定哪些成分应该保留，哪些成分应该放弃；最后，根据著名的香农采样原理，可以确定最佳集成度。

综上所述，数理统计的技术是基于数据序列变化率的分析。这种技术运用的过程直观，且方便使用；然而，它计算得到的集成数据序列包括了许多无用信息（如错误和噪声），导致交通工作者也分辨不出集成后的序列包含了什么信息，遗失了什么信息。与数理统计的方法相比较，小波分析的方法集中研究实际 ITS 数据序列的详细分解成分，能够有效地消除无用信息，这种方法比较新颖，但现阶段它尚未被实际运用。

（九）数据存储技术

1. ITS 数据存储需求

数据存储是数据流在加工过程中产生的临时文件或加工过程中需要查找的信息。数据以某种格式记录在计算机内部或外部存储介质上。当数据提供人员决定存档 ITS 数据时，需要解决一些具体问题，例如：

（1）用户需求—一方面什么用户会用到这些数据？这些数据用户需要什么类型的数据？其详细程度如何？

（2）用户接口—数据如何存取？多长时间存取一次？

（3）和其他系统的接口—存档数据管理系统如何和其他数据信息系统相联系？

（4）保密问题—存档数据是否为每个个体都提供了唯一的标识符？采取什么样的步骤来隐藏这些唯一的标识符？

（5）安全问题—采取什么样的安全措施来保证信息和数据安全？

正确地解决这些问题，对于存档数据管理系统中的计算机系统管理和数据存储的方案设计非常重要。

2. ITS 数据存储介质

磁带、存储介质或设备、磁光盘、DVD、PC 或工作站数据存储、专门的数据服务器。

上述的各种存储方式组合在一起，可以提供多种组合方案。若将用来保证数据安全性的费用结合起来考虑，采用何种存储方案应该由用户根据所访问数据的价值来决定。在实际运用中，以用户需求为基础的准则必须应用于任何一种数据存储系统。一旦定义了用户需求、数据获取能力和数据质量，数据管理部门可以进行价格比选来寻找最佳的信息存储方式。对于基于数据库的访问申请，管理部门应向用户提供各种面对数据库难题的解决方案。此外，在购买任何存储介质之前，用户应该与商家详细讨论欲购买设备与系统其他部分的兼容性问题。

第四节　交通信息显示

一、交通信息显示技术概述

显示技术是将电信号实时地转换成直观的可视图像的电子技术。显示器件本身是光电器件，它接收并显示信息仅需不到 1s 的时间，并能保持这一信息，直到接收新的数据才更新。通过设置人眼可分辨的对比度模式，就产生了图像效果。

显示技术可用于公共场所的信息显示，如路边可变情报板、车站电子站牌；可用于可视显示接口，如车载导航仪的显示器、公共信息亭的显示屏；也可以通过大屏幕为管理、决策人员提供信息显示，如在调度中心大屏幕显示及时、快捷、直观地给生产调度人员和经营决策人员提供道路交通流和事故信息。

不同应用场合的显示设备有不同的要求，但所涉及的显示技术种类大体相同。

（一）常规显示屏

1. LED 显示屏

发光二极管（Light Emitting Diode，LED）显示屏是利用发光二极管构成点阵模块组成的显示产品。发光二极管靠半导体注入电子而发光。一个 LED 管由一个半导体 PN 结组成。当这个 P-N 结正向偏置，有少数载流子注入时，伴随着电子—空穴的复合，发出可见光。根据发光二极管构造半导体材料的成注入分不同，有单色（红或绿或黄）、双基色（红色及绿色）、三基色（红、绿、蓝）之分，在实际产品中，控制技术已达到 16~256 级单点调度视频控制技术。LED 显示屏产品技术成熟，使用寿命长（一般为 8 万 ~10 万 h），可按实际需求生产不同点阵密度（从 φ3.0~φ15）的产品，且被广泛采用。由于材料成本的影响，全彩色高密度点阵的 LED 显示屏（如 φ3.0、φ3.75、φ5）价格较贵。双基色 LED 显示屏以优越的价性比受到青睐。

2. LCD

液晶显示屏（Liquid Crystal Display，LCD）是利用液晶显示器件制作的显示屏。LCD 本质上是"光阀"，它不产生光，而是改变光线的传输。当在 LCD 加上电场后，液晶分子的排列就改变了，因而控制着光线的传输，或者阻挡光线，或者使之通过。按上述机理，LCD 可以分为反射（环境光）型、透射（背光源）型、反射—透射混合型三类。LCD 使用了两片极化材料，在它们之间是水晶溶液。电流通过该液体时会使水晶重新排列，以使光线无法透过它们。因此，每个水晶就像百叶窗，既能允许光线穿过，又能挡住光线。LCD 具有直角显示、低耗电量、体积小、零辐射等优点。

3. PDP

等离子显示屏（Plasma Display Panel，PDP）是利用等离子体显示器件制作的显示产品，包括直流等离子体显示屏和交流等离子体显示屏，其显示的原理是利用稀有气体放电，紫外线激励荧光层的光子发光，以获得三基色显示。PDP 显示的色纯度可与 CRT 且媲美，且视觉效果良好，长时间观看眼睛不会疲劳。

虽然等离子显示屏在画质上具有优势，但在家用电视方面，液晶技术的进步不断压低了等离子的竞争优势。

4. CRT 显示屏

阴极射线管（Cathode Ray Tube，CRT）显示屏在 CRT 的内表面涂上光粉，当一束或几束高能电子流打到上面时，就会发出荧光。电子流是从管后部的阴极板上发射出的。在光栅扫描型 CRT 中，每个刷新周期里电子束都扫描整个屏面并使扫描到的点发亮。在矢量扫描型 CRT 中，电子束只打到那些需要点亮的点上。通过选择不同的荧光粉和电子枪，可以控制显示的颜色。CRT 的优点是画质表现细腻和精准的色彩还原能力，但由于其成像原理，造成了非常大的辐射、发热量和功耗。CRT 显示器已经开始慢慢地退出市场。

5. ELD

场致发光显示器（Elctro Luminescent Display，ELD）将一种多晶荧光粉夹在导线网中，这种多晶荧光粉在电场中就会发光。大多数 ELD 都是单色的，典型颜色是黑底黄字。ELD 常用于显示点阵字符和图形，也可以用作液晶显示器的背光源。ELD 的主要优点是耐用性和从任一角度的可见能力；其主要缺点是造价高、颜色单一。

6. VFD

真空荧光显示器（Vacuum Fluorescent Display，VFD）的发光原理是在网状栅极的控制下，高速电子流打到真空管壁上的荧光粉上而发光。VFD 的典型颜色是蓝绿色，背景为黑色。选用不同荧光粉的组合和使用宽带滤波器可产生不同的颜色。

7. HUD

平视显示器（Head Up Display，HUD）由图形发生器、光学投影仪和组合器组成。图像由图形发生器产生，经平行光束投影到组合器上，看起来就像一幅图像叠加在前方的可见屏上。汽车上的防风罩常用来充当组合器，VFD 或 CRT 则常用作图形发生器。

（二）触摸屏

近几年来，随着车辆上电子设备的增多和仪表盘上开关数量的持续增长，驾驶越来越复杂。解决方案之一是使用触摸屏，其提供的多功能透明软开关可简化车辆上使用的输入设备。

当选择或采用一种显示技术时，应考虑许多重要因素，如颜色、对比度、亮度、显示格式、内容、大小、有无标注、取向和布局问题。一幅画面的字符不能多于 6 种颜色，且应该避免纯蓝色或纯红色和纯蓝色同时显示在黑色的背景上。亮度应该是可调的，黑白图像的对比度应该在 1.5（可接受的清晰度）~2.5（理想的可读对比度）之间。显示器应安装在适当的位置，周围应该是暗黑色，以免刺眼。显示亮度范围为 70~150cd/m²，调节范围至少为 50：1（最亮 / 最暗）。显示的视野范围视点侧视不能超过 ±30° 或 ±40°，上视不超过 30°，下视不超过 5°。

触摸屏主要有下列功能和特点：

1. 在一个小区域实现多种功能的控制；

2. 适合菜单选择方式；

3. 特别适合不经常发生的、低分辨率的触摸输入。

触摸显示屏上的触摸敏感区应该清楚地标识以便操作。这些敏感区大小应该至少为 1.9cm²，间距为 0.32cm。触摸动作发生后系统应给出反馈提示。压力式触摸屏的触摸压力应严格限制在 0.25~1.5N。尽管某些技术同时能对不止一个触摸动作做出响应，但某一时刻只能接受一个触摸命令（扫描周期约 100ms）。触摸屏是一种控制设备，其独特之处是可以外接在任何一种显示器之上，如 CRT、LCD、ELD 或 PDP。当前触摸屏大致有电阻式、电容式、红外式和表面声波式等类型，其中电阻式触摸屏占市场份额最大。

二、VMS

VMS 是可以通过程序控制向驾驶员显示当前信息的交通控制设备。这些标志可以固定地安装在路边，也可以利用便携式的设备安装在汽车上随汽车移动。当重大的撞车事故或者自然灾害发生，或者特殊的事件和遇到的紧急情况时，便携式 VMS 更容易应用。

当安装完成之后，VMS 就成为驾驶人整个信息系统的一部分。因此，在 VMS 上显示的信息与标志所在的位置，必须与高速公路上使用的静态标牌一致且相互兼容。在高速公路上无论是静态的还是可变的标志，都必须使驾驶员能够在看到信息之后有时间做出反应并采取行动和措施。

一般来讲，VMS 应安装在下列位置：

1. 主要路口的上游（如匝道出口、高速公路之间的路线变换、允许驾驶人选择替代路线的交叉口）；

2. 关键路段、事故高发区域；

3. 有必要发布当地天气情况，譬如雪、冰、雾的地方。

VMS 在高速公路上起着非常重要的作用，VMS 可以告知驾驶人出现的问题和某些情况下的实时信息，并给出建议，VMS 也可以用来提高驾驶的安全系数、减少交通拥堵和延迟。

第四章　智能交通系统新技术

第一节　5G 技术与智能交通初探

随着现代城市交通的快速发展，百姓汽车拥有率的增加导致城市交通基础设施供需矛盾日益突出，因此，加快建设城市智慧交通体系成为大势所趋。目前移动互联网和物联网的结合已经日益紧密；与此同时，我国 5G 试点工作开展顺利使得 5G 网络的峰值速率能达到每秒 10Gb。在这种美好的憧憬下，交通运输可以应用大数据技术、交通起止点调查分析等多种高新技术，总结出一条适合于我国的交通发展道路，助力于我国经济的迅猛发展。

智能交通系统，是指综合计算机技术、信息技术、遥控技术和控制技术等新兴技术，并在公路、车辆交通管理等方面应用，进而加强相互之间的内在联系的系统。它可以有效地缓解交通压力，提高运输效率，同时提高司乘人员安全性并减少能耗浪费。它主要覆盖交通运输管理系统、车辆控制管理系统以及信息服务系统。智能交通系统在大数据技术的加持下，才能产生非常深远的、意义非凡的技术和管理革新。

近年来，大数据在商业决策、经济发展、社会安全、公共卫生等领域的应用中发挥着突出作用，影响着人们的生活方式及学者的研究范式。大数据给交通领域也带来了巨大的变革，电子地图的广泛应用为用户提供的服务越来越精准，交通通行效率越来越高。而谈到大数据在城市交通规划中的应用总体上可以分为宏观、中观和微观三个层面。宏观方面的应用侧重于对区域之间的人流、客流联系分析，从而辅助区域城市交通战略决策，特别是对机场、铁路、高速公路等区域级交通设施规划提供支撑；中观方面的应用主要针对城市级的综合交通规划中涉及的常住人口通勤出行特征进行分析，从而识别出主要的通勤廊道辅助城市综合交通规划对路网系统以及公共交通系统的规划分析。微观方面的应用主要结合城市交通中运行的各类交通方式的运行指标与相关标准及规范的比对，为下一步优化各类交通方式结构及运行提供辅助支持。

智能交通是基于现代计算机信息技术，面向交通运输的服务系统，同时也是交通运输行业实现管理和技术革新的一大发展方向。将大数据管理应用到智能交通中，是对传统管理模式的颠覆性创新，也使得公路交通管理体系呈现出全新的面貌。基于此本节分析了大数据在智能交通中的应用。

在所有研究机构的报道中，5G 技术都被视为未来几年最具前瞻性的技术，且对于各行各业而言，5G 技术都具有革命性颠覆的作用。5G 将驱动全社会的数字化转型，因为 5G 将赋予产业新技能，实现产业融合，改变社会。尤其是随着智慧城市的浪潮兴起之后，5G 技术将促进智慧城市建设的高速向前发展。而智能交通作为智慧城市的一部分，其发展也将受益于 5G。广义认为，智能交通是将先进的传感器技术、通信技术、数据处理技术、网络技术、自动控制技术、信息发布技术等有机地运用于整个交通运输管理体系而建立起的一种实时的、准确的、高效的交通运输综合管理和控制系统。本节立足当前的交通建设，对 5G 技术下的智能交通前景进行简单展望。

5G 技术，即第五代移动通信技术，是继 4G 之后最新一代的高带宽、低延时、大容量的移动网络通信技术，同时也是实现人工智能、机器学习、虚拟现实、物联网等大规模商用的物质基础。2019 年 10 月，工业和信息化部颁发了国内首个 5G 无线电的进网许可证，5G 基站正式接，入商用网络。相较于前几代的移动网络通信技术，5G 主要有以下几点显著优势：

1. 传输速率快。在 4G 时代，所有信息都需要通过核心网络集中转发，随着用户数量的不断增加，信息传输速率会有所降低，核心网络也会面临更大的承载压力。5G 技术采用大带宽的新型蜂窝网络结构，用户体验速率可达到每秒 1000 兆位（1Gbps），峰值速率可达到 20Gbps，比 4G 网络环境的信息传输效率提速百倍，能够极大地促进信息的互联互通。此外，5G 网络应用的 D2D 技术能够实现近距离数据直接传输，不需要再通过基站就可以直接作用到特定设备终端。

2. 网络时延小。时延水平，即网络通信的滞后时间水平，体现为数据在终端之间"传输—接收"的时间差。比如，当我们使用网络语音通话时就能明显感觉到时间延迟的存在。5G 技术的应用能够使网络时间延迟降低至 1 毫秒，相比于 4G 技术普遍的 20 至 30 毫秒降低了 95% 以上，从而具有更迅速、更强大的响应能力。5G 网络时延小的这一显著优势能够满足远程医疗、自动驾驶、虚拟现实等精细领域的高标准、高要求，在未来具有广泛的潜在发展空间。

3. 容量密度大。5G 技术能够达到每平方公里提供 100 万接入端口的连接能力，连接密度与流量密度显著提高，超大网络容量既扩展了信息传播渠道，同时也为物联网建设与广域通信奠定了技术基础。此外，5G 通信能够以波束赋形的方式对电磁波定向收束，使信息传输指向特定终端，解决了高密度广域覆盖中由于空间拥挤带来的信号干扰问题。

城市智能交通系统应用背景下，大数据的安全性较高，通过相应的处理技术可以有效地提高城市智能交通的合理性，从而避免交通事故的出现。由此可见，大数据为城市交通安全提供了可靠保障，其优秀的管理性能更是推动了我国城市交通系统的健康发展。近些年，城市车辆运行数量呈现逐年上涨的趋势，为了更好地满足人们快捷出门的要求，同时避免交通事故的产生，我们需要全面提升道路运输的安全性，强化交通管理。但在交通系统营造中，鉴于车辆本身和行车人员的差异，还应综合考虑天气和道路环境等因素，确保交通运行安全。

一、从车联网到无人驾驶的转变

业界普遍认为，随着商业 5G 部署的第一波浪潮的兴起，智能家居、智能安防、虚拟现实、无人驾驶等行业受到了极大的推动，其中，效果最显著的将是无人驾驶。从定义来看，车联网是以车内网、车际网和车载移动互联网为基础，按照约定的通信协议和数据交互标准，在车 -X（X：车、路、行人及互联网等）之间，进行无线通信和信息交换的大系统网络，是能够实现智能化交通管理、智能动态信息服务和车辆智能化控制的一体化网络，是物联网技术在交通系统领域的典型应用。但实际上，车联网技术只是在为"无人驾驶"打基础。

无人驾驶，也称为自动驾驶。依靠人工智能、视觉计算、雷达、监控装置和全球定位系统协同合作，自动驾驶汽车让电脑在没有人类主动的操作下，自动安全地操作机动车辆。由于无人驾驶需要大量的互联网接入数据才能够正常运行的，大量庞大的数据当前的 4G 网络已经无法支撑。而 5G 网络登场之后，得益于 5G 技术的连续广域覆盖、热点高容量、低功耗大连接和低时延高可靠四大特性，5G 技术能够对无人驾驶产生的庞大数据进行传输和处理，以及提供更精准的地图定位和更复杂的运算，进而引导无人驾驶高速、稳健、安全发展。听起来似乎还是科幻小说里的奇妙旅程，但实际上自动驾驶汽车已经初步实现并已经逐渐地走进了我们的生活。从某种程度上来说，自动驾驶是提升道路交通智能化水平、推动交通运输行业转型升级的重要途径，也是带动交通、汽车、通信等产业融合发展的有利契机。而步入无人驾驶时代，当前的智能道路建设需要加快修建符合自动驾驶的专用道路，以及完善充电充氢设施，以适应无人驾驶车辆的自动充能。自动驾驶汽车内置人工智能的控制系统，通过雷达传感、激光测距、全球定位等功能互联，使汽车在离开人类操纵的情况下自动安全地在道路上行驶。当 5G 网络与自动驾驶系统相融合，自动驾驶将进入全新的跨越式发展阶段。5G 技术将为自动驾驶系统提供更加精确的感知能力。4G 时代自动驾驶汽车主要通过雷达与摄像头感知外部环境与路况信息，这种传统的"看"的方式会受到雨、雪等天气状况的影响。基于 5G 技术的低延时性，汽车可精准探测周围环境并及时反馈，这极大地促进了汽车与外部信息的交互。自动驾驶对于运算速率与决策系统有着非常高的要求，环境监测——信息采集——系统运算——实时决策链条中的每一步都需要高效、可靠地完成。5G 技术的高带宽与强大运算能力能够为自动驾驶系统提供"云服务"，极大地释放车内空间。

二、智能车路协同系统

智能车路协同系统是智能交通系统的最新发展方向。智能车路协同系统是基于无线通信、传感探测等技术进行车路信息获取，并通过车车、车路信息交互和共享，实现车辆和基础设施之间智能协同与配合，保证交通安全、提高通行效率、减少城市污染，从而形成的安全、高效和环保的道路交通系统。

智能车路协同系统的内涵有三点：一是强调人—车—路系统协同；二是强调区域大规模联网联控；三是强调利用多模式交通网络与信息交互。由此可以看出，无线通信网络在智能车路协同中的重要地位。随着 5G 技术的到来，智能车路协同系统的最后一个环节将逐渐完善，并将加快促进道路网、传感网、控制网、能源网以及管理数据基础平台五网的融合，实现不同等级智能车辆在同一道路上的同时运行，从而达到车路协同。

三、道路标识数字化智能化

关于这点，在今年的博鳌论坛上，我国工业和信息化部部长苗圩表示，已与交通运输部部长达成共识，在中国公路加快打造数字化、智能化改造，道路的标示、规则将进行智能化改造。在未来，道路标示（如"前方道路施工，请减速慢行"）、红绿灯等将能根据路况来"自主"的协调控制车行、人行的通行时间。

甚至在科学家脑洞大开的思维中，未来还将出现"虚拟红绿灯技术"，将行驶权和路权的判断交给每一辆十字路口附近行驶的汽车，让它们"集体投票"决定某一方向的某一辆车应通行还是停下，并通过车载显示器或抬头显示技术，以红绿灯的形式提醒司机。这意味着每辆车都安装了一套红绿灯系统，根据红绿灯指示提醒汽车继续行驶抑或停止。

四、高速无障碍收费

高速拥堵的原因有很多，其中高速收费就是造成拥堵的大源头之一。在交通运输部近日例行新闻发布会上，新闻发言人吴春耕指出，收费站收费将迎来一次变革，其中就包括系统改造建设 ETC 车道和推进电子收费全覆盖工作。电子收费全覆盖也可看作高速无障碍收费工作的基础。在专属的 ETC 车道上，相关平台系统将对行驶汽车进行精准实时定位，在进入自动计费路段，将自动结算行驶汽车高速路费信息，跨省收费也将纳入自动结算部分。而行驶汽车在接收电子收费信息后，车主将进行网站自主电子缴费，从而省去停车缴费这一过程。一旦高速无障碍收费工作进入正轨，高速公路将从抬杠到无杠过渡，不停车快速通行也将成为现实。

五、道路意外情况预识别

在智能交通管理系统中，道路意外情况识别是智慧交通管理的重要依据。现阶段，道路意外情况识别主要依赖摄像头等图像采集设备，采集道路交通监控领域的图像，对道路交通上的车辆图像、对车辆碰撞事件等车辆进行识别。但这种识别还存在对已发生车辆碰撞事件的当中，未能起到预防作用。

未来的智能摄像头能对道路交通上的车辆图像进行结构化分析，在事故未发生之前就能预知车辆短时间的运行状态，将车辆碰撞事件扼杀的发芽之前。即通过多种手段包括人工智能视频分析等技术对高速路意外状况进行预警，从而实现道路交通事故多状态预识别，避免自动驾驶事故。而这种预识别能力，也是安防行业未来几年内的发展重点。智慧城市建设秉承"以人为本"的核心理念，在5G网络的信息采集与处理模式下，程序化平台运算将逐步过渡到人工智能逻辑，通过打造基于5G网络的交通辅助系统，城市运作与市民出行将会向数字化、智能化迈进。与传统通信技术相比，5G的实现需要依靠"自组织网络处理多节点的无线接入，这一关键技术可以推动城市综合信息管廊建设，实现动态监测与主动运维。比如，在交通突发事件的应急管理方面，可以将5G网络接入紧急服务中心与交通管理系统，设立紧急服务车辆（如救护车、消防车等）的优先处理等级，为紧急服务车辆出工实时规划最优路线，并向相关区域的行驶车辆反馈信息，大大地缩短响应时间。在道路两侧的照明系统中，5G可以发挥其超大容量与流量的优势，实现智能照明、智能电网、智能交通系统相结合，设定可以根据不同车流量与行人数量而自动调节的道路照明系统，从而合理控制路灯的照明时长与照明强度，节约能源，智能管控。

六、公路及车联网领域

在公路交通领域，已实现车路协同的初步应用。未来还将利用5G高可靠低时延能力实现车联网应用，探索全面协同的自动驾驶应用场景，并服务于高速公路自由流，让人们享受更便捷、更安全、个性化的出行。在无人驾驶方面，由于目前的机器远没有人类聪明，具备人类随机应变的能力。所以，无人驾驶汽车需要额外的通信辅助才能安全地在道路上行驶。

在理想状况下，路上所有车辆、路标、信号灯和行人之间都会有流畅、不停歇的通信交流。这样所有交通参与者就能了解实时路况，弥补无人驾驶汽车随机应变能力差的缺陷。由于车辆行驶速度快，路况瞬息万变，交通参与者之间的交流必须有超低延迟和超快反应速度，这时5G网络就派上了用场。在华为LTE-V2X初级阶段（2019-2024）应用场景包含：交叉路口碰撞预警、变道碰撞预警、车辆紧急制动预警、前车碰撞预警、特殊车辆避让、摩托车视线遮拦危险提醒、路边施工提醒、交通拥堵提醒、路边单元信息广播、危险路段广播、危险天气预警、限速提醒。而5G-V2X高级阶段应用的普通自动驾驶场景包含：自动驾驶L3-L5车辆组队、自动泊车、一键召车、协作驾驶（如：协作换道并线）、实时计费、车辆编队行驶（初级）、车载传感信息共享（初级）；可应用的辅助驾驶场景有：红绿灯信息推送、电子标牌信息推送、路况天气信息推送、碰撞预警、盲区预警、失控预警、车辆异常预警、左转辅助、变道辅助、超车预警、行人碰撞预警、车速引导、限速预警、闯红灯预警、匝道汇入预警、特种车辆优先等。可应用的特殊自动驾驶场景有：车辆编队行驶（高级）、车载传感信息共享（高级）、远程驾驶接管。

七、交通枢纽的应用（运营商）

目前，火车站超大的容量和流量需求已经达到 4G 技术下物理环境的极限，5G 的到来将及时地缓解现有的压力。在 5G 场景中，信号可靠性的提升能使列车机务数据有效传输，更好地保证行车安全，实现铁路安全、可靠、高效运营，让人们出行更安心。随着 5G 网络的建设和推广，5G 热点逐步覆盖机场、车站、公交站台等地，为旅客提供增强移动宽带服务，让上网娱乐变得更加方便快捷。5G 技术可承载交通工具上的虚拟现实、高清视频会议、多媒体娱乐、网络直播等旅客业务。以后人们在交通工具运行过程中，不仅可以通过手机、电脑等设备看高清电影，打发旅途时间，还可以开视频会议，提高工作效率或者使用虚拟现实设备玩电子游戏。

八、轨道交通领域

列车运行时产生大量机务数据，数据的监控将直接关系到行车的安全。目前机务数据的实时下载依赖人工下载和 Wi-Fi 下载。人工下载低效且高成本，Wi-Fi 下载的可靠性差。碍于以上两种下载方式的各种弊端，导致基于数据分析的安全巡检及车辆设备设施的运行诊断无法实现。

如今 5G 的到来，可直接使用 AirFlash 进行控制。AirFlash 通过车辆部分（视频自动记录）、车站和场站（视频自动转储）和中心机房（视频自动分析）三部分的协调运作，可实现下载数据 GbITS 秒级快传；为机务应用，提供数据存储、分析平台；用阵列存储实现上传数据的快速本地保存。

基于 AirFlash 的方案跳过了运营商网络阶段，直接实现两站对接，组网更简单，铁路内网的独立保证了数据的安全，速率和覆盖率方面均比运营商网络要更快、更全面。如此一来，人工下载和 Wi-Fi 下载的多种弊端皆可得以避免。

利用 5G 大带宽能力可实现高速列车机务、监控等超大数据量的车地传输，直接服务于车辆巡检和运行监测分析，有效地提升列车行车安全。5G 技术与铁路、地铁等场景融合，未来轨道交通出行让人们更加期待。发展智能铁路可催生高速铁路自动驾驶、大规模物联网等大量铁路新业务，这对铁路移动通信系统提出了更严格的要求。5G 技术的高数据传输速率、超可靠低时延以及海量连接等特征，则是满足这些铁路新业务、新场景、新需求的关键。

（一）列车运行：高效传输

列车运行期间，需要与数控调度中心建立稳定可靠的语音通信联系，并形成高效安全的数据传输网络，工作要求高、强度大，而基于 5G 技术的 D2D 通信将极大地提高这一系统的实现效率与整体性能。D2D 通信是"设备到设备"的技术应用，数据传输无须经由基站转发便能够实现终端之间的直接交互。因此，D2D 技术在现有列车与数控中心的传输基础上还能够实现列车与列车、列车与次级中心的直接交流，从而减轻数控中心的运作压力，更为紧急情况下的多节点通信提供更好的保障。此外，5G 技术的高传输速率还可以实现超清视频等多元大数据传输，使可视监控手段得到优化。

（二）公众出行：弹性选择

轨道交通比地面交通有着更强大的承载与集散能力，这相应带来了可能更为严重的高峰时段拥堵问题，我们乘坐地铁出行时，常常会遇到高峰期进站难、安检难、购票难的困扰。事实上，在换乘站或大型市民中心附近的地铁站的不同进站口，客流量往往有所差异，如果能将乘客在不同进站口相对均匀分布，则能够实现更高效的资源利用与出行体验。5G 技术的 CDN 网络，则能为这一构想提供一定的应用基础。CDN 是一种近距离的内容分发网络，通过综合考虑各端点的载荷情况与连接状态，用户可以获取就近信息。因此，通过记录不同进站口的网络连接情况，就可以对客流量进行估测，使公众能够弹性选择自己的出行方案，提高体验舒适度。

（三）设备维护：智能监控

对于轨道交通系统，设备的定期养护维护也是不可或缺的重要环节，然而，由于设施分布较广、线路较长、勘测环境复杂等因素，目前以人工巡检为主要方式的数据采集工作耗时耗力。如果将 5G 技术植入城市轨道交通的设备监测系统，大容量、高带宽的多节点网络将能够实现全方位、全天候的数字化智能监控，节省人力物力，大幅提高系统维护协同效率，增强安全系数。

九、航空领域

机场计划要求"精准"，航前起飞有 16 个阶段，航后落地有 17 个阶段，流程较为复杂；另外，资源位置也"模糊"，1100 万平方米的面积、1 万多人和几十家单位的组织，人员复杂，且有 2 万多件设备和 5 千辆车。如此多的资源情况下，现今的机场保障和调度能力并不具备在第一次时间定位的能力。

人 / 车 / 设备位置不确定，机场地面的综合保障和调度能力不稳定，将会直接影响综合保障效率和正常离港率。如今，利用 5G 大连接能力可实现了机场范围内密集的人、车、设备的广域、一体化的精准位置，有效提升机坪运作效率与安全等级。

5G 时代下的机场，将有能力实施数字综合保障方案，以高精度定位＋超宽带＋物联的构成优化现有的各个环节：5G 站具备定位能力，针对无动力设备定位、行李推车、人员定位管理都有绝对控制能力；数据传输业务引擎可对设备追踪、电子围栏、地服调度和室内导航进行全方位掌控。

而今，5G 技术在交通领域之外的应用也逐渐显现出来。但是，无论在哪个行业，它的价值体现在更大带宽、超低时延和海量连接。这也意味着 5G 的应用成本更高，需要成熟的产业链支撑。未来三年各行各业 5G 的投入已超 3000 亿美元，巨大的投入给各行各业带来的应用想象空间无比的巨大，自然也带来了商业模式的焦虑。

5G 在被快速大规模应用的同时，需要合理的商业模式让技术投入及时的产生回报，这是我们接下来需要思考的问题。如今，针对全球经济的长期疲弱，各国政府希望高科技产业带动全行业发展。随之 5G 被认为是打通各行业进入数字化革命的良机。现今全球都将 5G 上升为国家战略，5G 竞争如今被视为各个国家和地区间产业技术与经济的竞争，不再仅仅是通信领域的竞争。

随着我国 5G 商用步伐的加快，5G 在交通领域及各行各业的普及应用相信很快可以逐步体现出来。我们需要做的只是"做好我们自己的事"，5G 的未来就在这里，交通领域的春天也在这里。

第二节　大数据在城市智能交通系统中作用体现

现阶段智能交通成为改善城市交通的关键所在，为此，及时、准确地获取交通数据并构建交通数据处理模型是建设智能交通的前提，而这一难题可以通过大数据技术得到解决。智能交通整体框架主要包括物理感知层、软件应用平台及分析预测及优化管理的应用，其中物理感知层主要是对交通状况和交通数据的感知采集；软件应用平台是将各感知终端的信息进行整合、转换处理，以支撑分析预警与优化管理的应用系统建设；分析预测及优化管理应用主要包括交通规划、交通监控、智能诱导、智能停车等应用系统。系统利用先进的视频监控、智能识别和信息技术手段，增加可管理空间、时间和范围，不断提升管理广度、深度和精细度。整个系统由信息综合应用平台、信号控制系统、视频监控系统、智能卡口系统、电子警察系统、信息采集系统、信息发布系统等组成。以达到这四方面的目标：提高通行能力、减少交通事故、打击违章事件、出行信息服务。

在各城市建设智慧交通的过程中，将产生越来越多的视频监控、路况信息、管控信息、营运信息、GPS 定位信息、RFID 识别信息等数据，每天产生的数据量可以达到 PB 级别，且呈现指数级增长。大数据的虚拟性可以解决跨越行政区域的限制。交通大数据的虚拟性，有利于其信息跨越区域管理，只要多方共同遵照相关的信息共享原则，就能在已有的行政区域下解决跨域管理问题。

大数据具有信息集成优势和组合效率。大数据有助于建立综合性立体的交通信息体系，通过将不同范围、同区域、不同领域的"数据仓库"加以综合，构建公共交通信息集成利用模式，发挥整体性交通功能，这样才能发现新价值，带来新机会。例如，气象、交通、保险部门的数据结合起来，可高效率地研究交通领域防灾减灾；IC 卡数据结合抽样调查，能更快捷、更精确测得城市交通流分布状况。

交通领域的数据主要从以下几个方面产生：

1. 公共交通部门发行的一卡通大量使用，积累了乘客出行的海量数据，这也是大数据的一种由此，公交部门会计算出分时段、分路段、分人群的交通出行参数，甚至可以创建公共交通模型，有针对性的采取措施提前制定各种情况下的应对预案，科学的分配运力。交通局通过数据实时分析一方面可以控制公交车和地铁的发车班次和时间，减少空车率，疏导客流缓解城市道路压力；另一方面也可以进行线路优化。

2. 第二个来源是路网监控。目前国家在道路监控上的投入很大，高速视频监控点建设实现京津地区全覆盖，监控摄像头数量每年增加 20%。交通管理部门在道路上预埋或预设物联网传感器，实时收集车流量、客流量信息，结合各种道路监控设施及交警指挥控制系统数据，由此形成智慧交通管理系统，有利于交通管理部门提高道路管理能力，制定疏散和管制措施预案，提前预警和疏导交通。

3. 通过卫星地图数据对城市道路的交通情况进行分析，得到道路交通的实时数据，这些数据可以供交通管理部使用，也可以发布在各种数字终端供出行人员参考，让出行人员来决定自己的行车路线和道路规划。

4. 大数据可以来源与 GPS 定位，《道路运输车辆动态监督管理办法》规定将所有运输车辆都与 GPS 卫星连接，国家可以实时监控车辆运行路线。出租车是城市道路的最多使用者，可以通过其车载终端或数据采集系统提供的实时数据，随时了解几乎全部主要道路的交通路况，而长期积累下的这类数据就形成了城市区域内交通的热力图，进而能够分析得出什么时段的哪些地段拥堵严重，为出行提供参考。

5. 智能手机已经很普及，多数智能手机都会使用地图应用，于是始终打开 GPS 或北斗定位系统，将用户出行数据进行分析，从而可以预测不同城市之间的人口迁移情况，或者某个城市内群体出行的态势，例如春运期间的交通调整。地图提供商将收集到的这些数据进行大数据分析，由此就可以分析出实时的道路交通拥堵状况、出行流动趋势或特定区域的人员聚集程度。

大数据的智能性能较好的配置交通资源。通过对大数据的分析处理，可以辅助交通管理制定出较好的统筹与协调解决方案。一方面减少各个交通部门运营的人力和物力；另一方面可有效提升道路交通资源的合理利用。如根据大数据结果确定多模式地面公交网络高效配置和客流组织方案，多层次地面公交主干网络绿波通行控制以及交通信号自适应控制。

大数据的快速性和可预测性能提升交通预测的水平。在对各个部门的数据进行准确提炼和构建合适的交通预测模型后，可以有效模拟交通未来运行状态，验证技术方案的可行性。而在实时交通预测领域，大数据的快速信息处理能力，对于车辆碰撞、车辆换道、驾驶员行为状态检测等实时预测也有非常高的可靠性。大数据技术能促进提高交通运营效率、道路网的通行能力、设施效率和调控交通需求分析。交通的改善所涉及工程量较大，而大数据的大体积特性有助于解决这种困境。大数据的实时性，使处于静态闲置的数据被处理和需要利用时，即可被智能化利用，使交通运行的更加合理。大数据技术具有较高预测能力，可降低误报和漏报的概率，随时针对交通的动态性给予实时监控。因此，在驾驶者无法预知交通的拥堵可能性时，大数据小可帮助用户预先了解。

提高交通安全水平。主动安全和应急救援系统的广泛应用可有效地改善交通安全状况，而大数据技术的实时性和可预测性则有助于提高交通安全系统的数据处理能力。在驾驶员自动检测方面，驾驶员疲劳视频检测、酒精检测器等车载装置将实时检测驾车者是否处于警觉状态，行为、身体与精神状态是否正常；同时，联合路边探测器检查车辆运行轨迹，大数据技术快速整合各个传感器数据，构建安全模型后综合分析车辆行驶安全性，从而可以有效降低交通事故的可能性。在应急救援方面，大数据以其快速的反应时间和综合的决策模型，为应急决策指挥提供辅助，提高应急救援能力，减少人员伤亡和财产损失。提供环境监测方式。大数据技术在减轻道路交通堵塞、降低汽车运输对环境的影响等方面有重要的作用。通过建立区域交通排放的监测及预测模型，共享交通运行与环境数据，建立交通运行与环境数据共享试验系统，大数据技术可以有效地分析交通对环境的影响；同时，分析历史数据，大数据技术能提供降低交通延误和减少排放的交通信号智能化控制的决策依据，建立低排放交通信号控制原型系统与车辆排放环境影响仿真系统。在大数据应用智能交通有哪些意义中，大数据分析平台表示随着信息通信技术的发展，交通运输从数据贫乏的困境转向数据丰富的环境，而面对众多的交通数据，如何从中根据用户需求提取有效数据成为关键所在。

1. 数据整合与信息收集

数据整合与信息收集主要是指将相关交通环境数据、车辆信息、行驶信息等，利用外界感知装置来进行收集，其是大数据在智能交通系统中的应用的基础。数据整合与信息收集模块可以根据数据需求、数据类型等指标来从数据资源中获取数据，并且将获取的数据传递至数据管理模块中，以便进行下一步的处理。在该模块中，数据整合所使用的技术主要包括网页内容获取、Web Servcice 接口、传感器信息收集等，同时还可以根据智能交通系统中其他字系统的需求通过数据包的形式来进行交换。

2. 信息处理与存储

智能交通系统所包含的数据信息拥有信息量巨大、信息处理方式多元化、数据来源分散等特点，这些特点导致必须对数据进行处理后才能将其应用至系统当中。信息处理模块利用数据挖掘、数据库处理等大数据处理方式，将各类型数据整合在平台并且对其进行实时分析，进而给交通主体作判断提供依据。对所处理的信息数据准确性必须经过大数据分析平台进行验证，并且定期检测处理方式的准确性，并且同时要求系统可以给予用户交通网络拥堵情况、出行信息情况等数据。信息存储是智能交通系统的关键模块，其负责结构化与非结构化数据的分类存储，并且形成可提供给用户的相关交通服务信息。各种类型智能交通的数据在系统中汇总后将会被存储至不同类型的数据库中。例如，交通地理信息库、公众交通信息库等。

3. 信息发布应用

智能交通系统中的信息发布是将已经完成处理的有效交通信息通过不同的形式展现给民众。在信息发布过程中需要兼顾民众存在的不同层次、生活习惯与理解能力，提供多元化的发布方式。例如，互联网网站、智能移动设备、电子显示屏幕等，以便最大限度地满足交通信息需求者、参与者对交通信息服务的需求。

城市交通安全系统是大数据技术在城市智能交通系统应用过程中重要的一项内容，并且在我国城市交通网发展的过程中，起到了重要的作用和意义。其实，在城市交通安全系统运行的过程中，主要对普遍车辆驾驶员的操作习惯，对每年车祸发生的系数等各个方面进行全面的总结和分析评价，并且根据数据制定良好的解决方案，避免发生更大的城市交通事故，提升城市智能交通系统的稳定和安全等性能；另外，大数据技术在城市交通安全系统应用的过程中，可以对车辆驾驶人员操作行为，进行全面的规范。那么在规范的过程中大致可以分为以下两个方面：

（1）在应用的过程中，主要是提升安全驾驶系统的设计形式；同时，大数据在城市交通安全系统的应用的过程中，通过利用传感器设备，对道路信息向车辆驾驶人员进行全面的传递，对拥堵的道路发出警告，这样不仅仅缓解了城市交通运行的状况，也在最大程度上避免了城市交通安全事故的发生。

（2）我国城市交通部门可以通过利用城市交通安全系统中反映出来的信息和数据，对城市道路的维护情况进行全面的了解，并且展开该项工作，这样在一定程度上可有效地提升城市道路交通的安全性。

总的来讲，智能城市是以物联网、云计算、大数据、移动网络、智能、计算等为代表的新一代信息技术与城市化发展相结合的产物。随着新一代信息技术的发展，人们通过各种传感和通信手段获取城市方方面面的数据，导致智能城市信息环境中的数据量急剧增多，甚至达到了"存不起、看不完、理解不了"的程度。因此，如何快速有效地管理、分析和整合这些大数据，从中提取有价值的信息并转化为知识，是智能城市信息环境建设的目标出路之一。然而，如何将智能城市信息环境中的多源、分散、异构的数据有机地整合起来，如何有效地实现不同数据源的共享和融合，这些问题现在还没有从技术上得到真正的解决。目前人们普遍采用传统的数据融合技术来解决这个问题，如传统的数据仓库、中间件和联邦数据库等。这些技术建立在规模较小又不太分散的系统上，主要解决企业多个异构数据集数据的共享和融合问题。传统的数据共享技术主要有语义标注和 Web API 技术，但是这些技术存在接口不一致、反馈的数据没有关联等问题。因此，很多科研人员还在致力于面向智能城市信息环境中大数据共享与融合的方法和技术研究，这个方向已经成为大数据领域研究的一个关键问题。面对政府各部门的独立运营、信息分散、互不联通的局面，大数据融合首先要进行数据整合。从具体实施来看，首先要实现政府所管理的相关数据的整合，其中包括基础要素数据、城市感知数据和部门业务数据。基础要素数据是指人口数据库、企业数据库、地理数据库和宏观经济数据库；城市感知数据是指事关城市运行的物联传感数据，包括定位信号数据、RFID 感知数据、交通流量感知数据、人口流量感知数据、空气水质感知等海量数据；部门业务数据是指各部门的业务专题数据，如社保、教育、卫生、税务、财政等。

　　智能交通系统是一个复杂巨系统，同时是是"系统的系统"。因此，就智能城市信息环境建设而言，需要解构"系统中的系统"，将其中的信息环境整体剥离出来，构成信息环境系统，然后再分解信息环境系统中的各类子系统，分别设计并进行建设。这是目前在建设智能城市过程中常用的思维模式，也是整体设计和分解、分步实施的具体操作方法。但是需要注意的是，我们强调智能城市信息环境建设的一体化，也就是需要在信息环境系统的整体设计与规划下进行分解动作，而不是简单地对单个信息系统的设计、规划与建设。因此，自上而下的顶层设计成为智能城市环境建设必需的环节。

　　顶层设计是政府及城市管理部门在城市发展战略指导下，自上而下地为智能城市信息环境建设提供指导的控制性规划，进而明确智能城市信息环境建设的重点内容、各重点内容之间的内在逻辑关系。与一般性全局规划设计不同的是：顶层设计更关注信息资源和基础设施体系结构一致性的技术性。利用新一代信息技术，构建一个较为完整的城市信息环境，完善智能城市的信息化基础设施建设和信息环境整体架构建设，成为智能城市信息环境建设顶层设计技术一致性的重要保障。

　　当前，智能交通系统的建设已经转变到以数据为主导的建设阶段，数据成为智能交通系统的中心。智能城市基于物联网来感知、采集城市数据，利用云服务来存储和传递数据，依赖大数据技术来整合、分析和预测数据。通过云服务和大数据技术的结合，实现基础设施智能化，在应急保障、市场监管、环境监管等社会治理领域实现社会管理精细化；通过社交网络和移动互联的融合来运营和推送有价值的数据，实现公共服务便捷化，从而形成覆盖数据全生命周期的城市智能化。

　　但是，大数据也普遍存在着错误率高、价值密度低的问题，那么如何从海量的、低密度价值的数据里面挖掘出对交通治理有价值的信息，显然就成了当前大数据应用的难点和痛点。也正是基于这一点，业界许多专家学者一直呼吁从业务角度出发，避免"垃圾进、垃圾出"的问题出现。

　　可见，大数据应用在城市交通规划和管理领域真正能够实现落地，最为核心关键的应该是数据挖掘技术的发展及其与城市交通领域相结合成熟度的提升。IT技术的不断发展会推动数据挖掘技术的发展，未来若通过大数据的挖掘分析能够发现出行者的出行规律和趋势，那么就可以有效地拓展更为个性化、多样化的出行服务模式，同时还可对交通资源进行重新优化配置，提升城市交通系统的整体服务水平，真正实现大数据的增值。目前，城市交通大数据的来源已经相当丰富，按数据形式类型划分，包括结构化数据和非结构化数据。对于结构化数据，一般存储在传统关系数据库中；非结构化数据，缺乏固定的数据结构，通常无法使用传统关系数据库存储。在对这些结构化和非结构化的数据进行数据挖掘，在数据组织成为信息的过程中，数据的复杂性就是一个不能回避的瓶颈；另外，城市交通规划和管理的许多业务往往都是讲究时效性的，以轨道交通系统为例，若无法动态把握客流数据，那么就无法真实地刻画城市轨道交通的客流趋势规律，也就无法做好运营调度和客流疏导。毫无疑问，大数据可为认知城市交通系统提供有力的支撑，但是，各信息系统的建设往往时间不同，建设阶段也不同，在建设过程中往往遵循不同的数据标准或者没有遵循数据标准，无形中加大了互联互通、整合共享的难度，这一点对于提升数据挖掘技术与城市交通治理相结合的成熟度也是当下一个难点问题。总而言之，信息时代，大数据确实为解决当前城市拥堵等热点问题提供了全新的方向，避免传统数据分析方法以有限样本数据集为分析对象力图获得精准结果的困境。当下利用大数据的关键是以城市交通规划和管理业务为前提，通过业务引领数据，构建更加"智慧"的深度学习、人工智能等数据挖掘方法，相结合形成一个科学合理的知识计算体系，从而真正提升数据挖掘技术在交通领域的应用成熟度，用以辅助支撑城市交通系统的科学治理。我们可以利用大数据分析以下内容：

1. 区域人流联系分析

利用基于位置服务（LBS）的常住人口识别以及访客人口进行统计分析，例如，对山东省 137 个区县人口联系强度、首位城市联系、访客分布等进行分析。通过分析发现，济南、青岛两地吸引力相对较强，但首位联系城市呈现指向市辖区与邻近城市的空间组织特征，表明行政区划和地理因素对城市联系方向具有重要影响；另外，例如，从青岛市对外联系看，青岛与潍坊、烟台、淄博、济南、日照、临沂等地联系紧密。

2. 区域交通流联系分析

利用 2009—2016 年山东省内铁路站旅客发送量进行客流联系强度和集聚强度分析发现，铁路网络发展变化对城市间客流联系以及城市客流集聚强度产性重要影响。基于铁路客流的城市集聚强度越来越明显，济南、潍坊、青岛的城市集聚能力远高于其他区域，胶济客运专线沿线城市连绵带的趋势进一步增强，但铁路辐射较差的日照、滨州、东营成为铁路客流城市集聚强度城市中的"洼地"。济南、淄博、聊城、泰安形成了以济南为中心的城镇密集区，青岛、潍坊形成了另一个城镇密集区，济南在山东省内铁路枢纽的位置已经确立。

在目前的技术条件和发展水平下，大数据在交通中的应用主要有以下几种方式：

1. 警戒线收费

为了降低车辆出行的需求并减少拥堵现象，对跨地区出行活动收费是经常用到的方法。方法是当驾驶员想通过或进入一个地区之前，他必须通过电话、因特网、手机或者短信预缴一定的费用。当车辆想进入或已经处在堵塞区域中时，摄像机将识别其车牌号。如果该辆车确实是预缴过费用的，则让其进入该区域，并收取费用；如果该车没有预缴费用，则将被罚款。

2. 交通控制中心及城市交通控制

传统的用于交通信号控制的控制中心已逐渐变为协调诱导车辆行驶以及发布路网数据的控制中心。道路、运输、公交、公安以及紧急事件服务可能均使用这一个控制中心，或者建立彼此间拥有数据联系的多个专门中心。这能够更好地管理路网并减少交通事故的损失，建立一个控制监管中心。如：北京、悉尼和新加坡。

3. 为出行者提供多种出行方式的计划和实施信息

为了帮助出行者做出理想的出行决策以及使公共交通更加畅通。各类公共交通系统彼此交换信息。为制定出行计划，各种交通方式共享出行时间表及路线。实时信息在各系统连接点处共享，并发布给乘客。

4. 公共交通实时信息

实时乘客信息服务是为了提高公共交通服务的可靠性，从而提高公共交通的服务水平而设计的。公交车使用 GPS 和里程表来确定他们在路线上的位置。位置信息通过无线通信设备，如 GPRS，传到控制中心的传感器上。中心控制系统将公交车实际的位置与预期位置进行对比，计算出公交车延误的时间。这些延误（提前）的时间信息将被发布到沿线的其他站点上。到达时间可以显示在站点的信息发布板上，并且可以直接通过手机短信或因特网发送给乘客。为了使晚点的公交车能够挽回时间，或许可以通过实时调整交通信号灯的时间，使其获得更长的绿灯时间。

5. 安全性及安全保障系统

安全性及安全保障系统用于在出现特殊路况时，向驾驶员发出警示信号，以减少事故的发生。该系统使用一系列路边传感器对环境进行检测，并使用无线通信设备将检测到的数据发送回中心处理系统。中心处理系统将据此决定路段的开放与关闭，以及最高时速限制和提示信息的内容，并将这些信息反馈给道路的使用者。闭路电视监控系统可用于强化对限速的监控，并且可以帮助操作人员对环境及交通状况进行确认。这些设备还可以对风、雪以及车辆行驶的情况进行检测。中心系统设置这条路上最高时速，以适应当时的环境。可变限速标志用于当前允许的最高时速，速度监测摄像也相应对所监控的最高时速进行调整。

6. 闭路电视监控系统对公交及火车站的监控

中心控制室的工作人员使用 CCTV 系统以及先进的通信设备对公共场所进行监控，并与警察局以及紧急事件服务部保持联系。控制中心的工作人员可以向乘客发布信息，也可以询问其是否需要帮助。紧急呼叫电话是一种很有代表性的工具，它可以帮助乘客发出求助请求。这对公交及火车站（或者其他公共场所）进行集中监控，并在需要的时候提供支持和紧急援助，这对于没有工作人员的站点尤其有价值。

7. 智能交通系统

智能交通系统简称 ITS，它是综合运用现代通行技术、信息技术和计算机技术、导航定位技术、图像分析技术等，将交通系统所涉及的人、车、道路，和环境有机地结合在一起，使其发挥智能作用，从而使交通系统智能化，更好地实现安全、通畅、低公害和耗能少的目的。

第三节　人工智能交通信号控制器架构设计

2017年国务院发布《"十三五"国家科技创新规划》，其中专栏9针对现代交通技术与装备提出："以提供高效便捷、可持续交通为目标，突破交通信息精准感知与可靠交互、交通系统控制优化城市交通控制功能提升与设计问题，促进交通运输业与相关产业的融合发展。"未来城市交通控制应主要经历全人工驾驶交通控制、混合驾驶交通控制、全自动驾驶交通控制3个阶段。为此，在进行智能交通信号控制器研究时，既要考虑面向全自动驾驶交通控制中交通要素全连接情况，同时又要兼顾当前全人工驾驶交通控制的传统控制形态。笔者给出以边缘计算为基础、以场景驱动为要求、以交通控制资源化为支撑、以人工智能为核心的新一代智能交通信号控制器总体架构：首先，利用检测资源实现场景驱动并以此为系统感知；其次，以信号资源作为空间方案库，以计算资源作为支撑实现基于人工智能的信号控制策略作为系统决策；最后，通过道路资源完成决策目标作为系统的执行。

边缘计算定义为在靠近物或数据源头的网络边缘侧，融合网络、计算、存储、应用核心功能的开发平台，就近提供边缘智能服务，满足行业数字化在敏捷连接、实时业务、数据优化、应用智能，安全与隐私保护等方面的关键需求。边缘计算是近年来伴随着IOT（internet of things）技术成熟及智能设备大规模部署而产生的，其作用在于弥补以云计算模型为核心的集中式大数据处理关键技术不能满足对边缘设备所产生数据的高效处理，重点解决以下4个关键问题：线性增长的集中式云计算能力无法匹配爆炸式增长的海量边缘数据；从网络边缘设备传输海量数据到云中心致使网络传输带宽的负载量急剧增加，造成较长的网络延迟；网络边缘数据涉及个人隐私，使得隐私安全问题变得尤为突出；有限电能的网络边缘设备传输数据到云中心消耗较大电能。智能交通控制器作为城市道路交通控制的关键节点设备，为交通控制提供检测数据接入与处理、控制策略计算与执行网络传输与协议转换和数据存储与数据安全等功能。但目前国内外学者和企业在智能交通控制器研究和开发上的滞后，导致其难以满足城市交通控制在实时性、计算力、网络吞吐等方面日趋提高的要求；同时，人工智能在城市交通的关键节点控制中的应用，也同样面临算力不足、存储不够等问题。边缘计算在架构设计上的优势正好契合当前及未来城市交通控制与人工智能对智能控制器的要求。为此，笔者采用边缘计算架构设计新一代人工智能交通信号控制器。

场景驱动架构为传统交叉口控制策略的实施一般将普通控制（欠饱和饱和）与特殊控制（公交优先、有轨电车、应急救援等）分开考虑。针对普通控制利用交通状态判别可以实施饱和控制或欠饱和控制；特殊控制基于部署的特殊检测手段实施有针对性的检测和控制。但在同一时空下分割的控制方法，充分考虑具有关联性的实际交通需求的构成，难以反映受控交叉口的多层次交通状态。因此，有必要提出一种能够统一表征多维度交通需求与控制策略之间映射关系的方法。

交通控制资源化架构是交通控制资源化定义为将交通控制中的各类要素进行资源化，并以资源的形式重新组合与使用。交通控制资源化的结果是可以将城市交通控制描述为一类存在不确定性时最优动态资源分配的科学问题并加以分析，且可以充分地利用控制科学、人工智能科学中的已有方法作为有力工具进行研究。

针对目前基于传统交通控制理论设计的信号控制器存在的问题，提出基于边缘计算和交通控制资源化的新一代人工智能交通信号控制器的架构和设计理念。首先，以人工智能感知、决策需求为基础，提出场景驱动、交通控制资源化的全新概念，以此实现人工智能与交通信号控制的有效结合，并通过引入边缘计算重新构建智能交通信号控制器的技术架构；其次，利用边缘计算技术和 SD（scene driven, software defined）技术，研究和设计交通信号控制器的软硬件结构；最后，针对下一步需要着力解决的理论和技术难题进行详细阐述。研究结果可为人工智能在城市交通控制领域的应用提供基础支撑支撑和研究思路。

在总体架构基础上，设计了智能网关和算力平台，其中智能网关主要考虑多类型、不同协议的外设接入要求，提供协议汇聚与标准转换功能；算力平台主要包括控制器硬件结构、控制策略框架和实时仿真，提供人工智能算法实现的基础条件。

智能网关不但为提供交通信号控制器提供强大的网络吞吐能力，还提供多种检测、控制等设备的接入协议汇聚和标准转换功能。其中，为保证网络连接需要满足传输时间确定性和数据完整性，采用 IEEE 制定的针对实时优先级、时钟等关键服务定义的统一技术标准 TSN（time-sensitivenetworking）；当前国内交通领域的检测及控制设备的接口及协议不统一等问题为设备接入、数据使用带来很大困难，为此使用 SDN（sofware-definednetworking）设计，将网络的控制平面与数据转发平面进行分离，实现多非标准协议的汇聚及转换的可编程化控制。智能网关不但为交通信号控制器提供了强大的网络吞吐能力，还提供多种检测、控制等设备的接入协议汇聚和标准转换功能。智能网关设备连接和数据交换的核心，包含 3 层结构。

1. 实时故障诊断与预测性维护

智能交通控制器运行的可靠性是城市交通控制与管理充分发挥作用的保障。目前国内外的运维多采用人工巡检、故障被动上报等手段，存在故障诊断的滞后性和高维护成本等问题。因此，考虑在边缘计算架构的硬件层、通讯层、数据层等均设计异常发现探针，对设备的全生命周期进行监测并对数据异常实现告警处置。其采用边缘与云协同的运维方式，通过本地的边缘计算融合网关提供数据分析能力，第一时间发现设备潜在故障，同时提供本地存活，一旦与云端连接故障，数据可以本地保存，连接恢复后，本地收敛数据自动同步到云端，确保云端对所有设备的完整视图。同时预测性维护还可以减少维护工作量，降低维护人员劳动强度；提高设备的可靠性，延长设备的使用寿命；提高设备的利用率，减少维修费用，从而降低维护成本。

2. 交通数据安全与防护

智能交通信号控制是连接交通参与者的重要城市道路交通关键节点设备，其不但承担控制策略的执行，同时也实时获取和传输各类型交通信息。在网联交通的背景下，以其为关键节点的输入输出数据安全必须予以重视。以信号控制器为攻击主体，可分为4类：①信号控制器作为主体直接被攻击（不通过其他扩展设备）；②扩展设备为跳板，攻击信号控制器（检测器）；③外接设备为跳板，攻击信号控制器（车联网—信号控制器）；④信号控制器为跳板，攻击外接设备（信号控制器—车联网）。为此，设计信号控制器时需要充分考虑数据安全形态与软硬件架构，有效起到防护作用。

3. 基于人工智能的感知与决策算法库

边缘计算、场景驱动和交通控制资源化是人工智能与城市交通控制结合的基础。考虑到城市交通控制涵盖感知决策执行3个层面，因此，需要研究基于监督学习算法的场景感知、基于无监督学习的交叉口空间方案选择、基于深度强化学习的信号控制策略和考虑"人在回路"的交叉口混合增强智能控制决策方法等一系列问题，建立基于人工智能的城市受控交叉口的感知与决策算法库，满足时变交通需求下具有高复杂性的交通控制要求；同时，利用FPGA的可编程逻辑门电路实现算法的硬件化，进一步提升人工智能算法的训练和运算速度，使其具备快速训练、实时仿真精准决策的能力。

第四节 车路协同环境下的交通工程

一、交通系统是人车路耦合的复杂系统

交通运输系统主要包括载运工具、基础设施、运营服务等要素，涵盖规划、设计、建设、养护、运营等内容，旨在实现高效、安全、绿色等目标。交通运输工程其所涵盖的内容越来越广泛而发散，但所有的交通技术都必须坚持交通运输工程系统性的理念。交通运输系统是人车路等交通要素组成的复杂系统，系统中的各种行为都是人车路交通要素相互作用的结果，任何目标的实现都与人车路之间的作用密切相关。因此，不能把人车路割裂开来，而应站在系统的高度谈交通工程。人车路的耦合关系首先表现在驾驶行为上。驾驶行为在表象上体现在驾驶过程中，可分为三个阶段：路径规划、轨迹规划和轨迹控制。路径规划阶段涉及驾驶人对路径选择行为、宏观的路网规划以及车路间的匹配等。驾驶人习惯于选择自己熟悉的路，或是根据路网交通状态信息选择路径，这是人与路网的耦合；不同的车需要走不同的路，受大型车辆道路条件（如限高等）的影响，大型车辆驾驶人的路径选择受到车与道路的耦合关系的限制。因此，人车路等交通要素之间的耦合关系很大程度上影响着路径规划的过程。轨迹规划及控制相比路径规划更为微观，涉及车辆在运行过程中的

具体运动过程，如换道、跟驰、超车等。车车、车路之间的耦合关系对轨迹规划存在一定的约束，人车、车路之间的关系也影响着驾驶人对于车辆的操控行为。人车路的耦合关系也体现在交通流特征上。如单车道的通行能力很大程度上取决于驾驶人对于车头时距的选择，这也是人车路相互作用的结果；换道行为影响车流的稳定性，这是车与车相互作用的结果；这些都会影响交通流特征，从而影响道路通行能力和服务水平。人车路的耦合关系还是交通设计组织的基础。比如，设计视距时需要结合人的行为特征以及车路的参数，达到相互协调的目的。坡道、弯道、桥梁的几何设计也需要考虑到车与路之间的相互作用关系。而道路交通的信号控制与交通流组织更是离不开人车路之间的耦合作用。因此，只有把人车路交互作为交通运输系统的基本要素来考量，才能在交通设计组织时更游刃有余。

二、从车路协调到车路协同

目前的交通系统主要是从人车路协调的角度去设计，而将来可能走向人车路协同的发展路线。

（一）中国交通发展进入新的阶段

目前中国的道路交通系统发展已经进入了一个新的阶段。我国的高速公路面积密度已经达到了 $1.4km/100km^2$，高于美国的 $1.1km/100km^2$，低于日本的 $2.2km/100km^2$；而高速公路每万辆车所拥有的高速公路里程数已经超过了美国和日本。那么如何才能更好地利用现有的交通资源来提升服务水平呢？利用新技术提升现有基础设施的服务能力是重要的解决手段。

（二）新技术释放交通系统能力

2030 年后，交通系统将更多地结合新技术来提升交通的体验、提供多样化的出行服务。有预测表明智能交通技术的应用能够使交通系统的能力提升 1.5 倍。目前，交通技术的发展呈现出如下趋势：载运工具智能化的快速发展；信息技术与交通深度融合；交通系统呈协同运行趋势。近年来以构建车路协同系统为目标的研究也引起了广泛重视。

1. 载运工具智能化

载运工具智能化的发展速度远超想象，无人驾驶汽车近年来一直处在行业的风口浪尖，成为高校、企业和媒体的宠儿。无人驾驶汽车作为继智能手机之后的下一个移动互联的主要终端，将是汽车产业未来发展的一个重要趋势。美国国家公路交通安全管理局（NHTSA）把汽车智能化水平分为五级。其中 0 级为人工驾驶；1 级为具有特殊功能的智能化；2 级为具有多项功能的智能化；3 级为具有限制条件的无人驾驶；4 级为全工况无人驾驶。目前许多中高级车辆已经具备了 1 级到 2 级的车辆智能化水平，而 3 级无人驾驶是正在突破的技术瓶颈，全球各地正在测试验证。然而，单独以车辆为主体的自动驾驶的实现，需要很强的人工智能技术、高昂的经济成本和较难预测的时间周期。目前其安全性和可靠性仍有较大局限，难以在短时间内大规模应用，迫切需要借助完备的车路信息交互下的联网联控实现车路各要素的智能一体化耦合与协同，以达到系统总体的最优。车路之间的发展实际上是相互促进的过程，而无人驾驶汽车出现之后，交通设施也需要做出相应的变化来适应其发展。汽车的智能化已经对交通基础设施的智能化提出了新的需求。

2. 信息技术与交通深度融合

移动互联、人工智能、大数据等信息技术对于交通工程科技的改变是革命性的，两者的深度融合催生了诸多交通行业的新业态。如移动互联技术应用在租车行业产生汽车共享服务；大数据与交通行业的融合更是对交通信息采集、分析与预测产生深远影响。随着信息技术与交通的深度融合，新的业态、新的运行模式还在不断产生。国内外专家对车路协同也给予了极大的期待。

3. 交通系统呈现协同运行趋势

传统的自动驾驶汽车在发展初期甚至目前阶段，都是考虑让车辆更智能地适应现有的交通系统。比如，利用机器视觉识别道路标线，但这在一定程度上增加了计算负荷，同时降低了可靠性。而随着移动通信的发展，车与车之间的互联，车与基础设施之间的互联得到了越来越广泛的关注。如果交通系统能够稍微做一些改变，实际效果往往可能事半功倍。如标线、标志信息电子化后能够直接发送给车辆，对于自动驾驶的设计也是革命性的变化。因此，未来的交通系统不仅仅包括车辆的智能化，同时还涵盖车与人车路等对象的互联互通及互操作。综上所述，传统的交通系统通过平、纵曲线设计，视距设计及路侧环境设计等方法来实现人车路的协调，以达到高效、安全、绿色的目标。但在未来的交通系统中，高度智能化的车辆将变成主要交通元素，车车/车路间的信息交互能力不断增强，车辆能够根据道路信息调整行为，路也能够根据车的行为调整状态。因此，未来将通过构建动态的车路协同系统使整个交通系统更高效、更安全、更环保。

三、车路协同系统带来的交通工程变化

在理想的车路协同状态下，车辆都具备高度自动驾驶能力，将传统交通系统中的人为因素弱化甚至去除，所以交通系统中的诸多模式将发生变化。感知模式从驾驶人感知变为车辆感知；决策模式由驾驶人决策变为机器决策；管控模式从交通诱导变为车辆主动控制。传统交通系统是时变、强非线性、不连续、不可控、不可测的，理论上是无解的，因为道路上的汽车都不受控。而车路协同系统却有可能通过模型解构将其变成可控可解的问题，使一切问题回归到物理领域。《交通工程手册》中将交通工程学定义为：研究道路交通中人、车、路、环境之间的关系，探讨道路交通规律，建立交通规划、设计、控制和管理的理论方法以及有关设施、装备、法律和法规等，使道路交通更加安全、高效、快捷、舒适的一门技术科学。交通工程教科书中所涵盖的内容基本为交通调查、交通流理论、通行能力、服务水平、交通规划等。那么，车路协同将给这些交通工程的内容带来什么样的变化呢？首先是交通调查的变化，获取参数方式从传统的人工观察、地磁到多传感器、全时空的自

动采集，基本解决了交通可测性问题。分析方法从问卷调查数据统计到多传感器数据融合；数据颗粒度也从断面、局部数据变为精准的全时空轨迹数据。在交通流理论方面，传统的交通流理论主要基于动力学分析，个体相对独立、被动反应，而在车路协同环境下，信息交互性强、协同性好，更多地将通过数据来驱动。

车路协同能够充分地挖掘现有交通系统的资源，在提高服务水平和通行能力的同时也使其变得更为弹性。目前成熟的电子不停车收费系统（ETC）技术能够极大地提高高速公路出入口的服务水平，车路协同的发展不但可以使收费系统得到极大的改善，而且还能够实现目前 ETC 技术无法实现的电子路票、按里程收费等更多的应用。传统的潮汐车道一般通过固定的标志标线实现控制，而车路协同环境下，可以通过实时的交通状态来调整潮汐车道的数量和方向。在交通规划上，众所周知，传统的交通规划的交通起讫点调查（OD调查）普遍存在难以解决的诸多问题。车路协同环境下的大数据技术将给城市交通规划的建模仿真带来革命性变化。交通管理与控制方面的变化涉及多源、动态数据，实时态势分析以及精细化的交通控制。主要涵盖交通信息采集的变化：从断面信息到轨迹全息；交通管理方法的变化：从现场、人工操作到远程信息化管理；交通控制方法的变化：从交通流群体控制到车辆个体控制。传统的交通安全比较关注驾驶人，着重于提高驾驶人对于车辆控制的安全性，而将来更可能以系统可靠性为重点。车车、车路的协同作用将突破传统的驾驶视距限制，达到超视距预警控制的目的。此外，驾驶过程中的控制模式由驾驶人控制转变为人机共驾，这也将带来人机交互协同的安全问题。交通设施未来将向数字化、智能化、共享化方向发展。目前的交通设施主要为适应驾驶人而设计，能适应人机共驾、适应车路协同、适应自动驾驶、适应智能车的控制是未来交通设施应着力解决的问题。

四、需要解决的科学问题

在车路协同环境下，许多交通科学上的基础理论方法都面临着重构的过程。

1. 车路协同环境下的交通系统要素运行规律。车路协同环境下交通系统要素的运行规律明显区别于有驾驶人控制车辆的交通系统，主要包括车路协同环境下的车 / 车路耦合机理以及群体车辆与道路设施的协同运行机理等。

2. 个体服务与群体控制的平衡机理。在理想的完全无人驾驶情况下，理论上可以精确控制到每一辆车、服务到每一个人。如此一来，在面临个体最优与系统最优的矛盾时，平衡精准服务与群体优化显得至关重要。

3. 面向车路协同的新型智能基础设施构建理论与方法。一方面，在智能车辆、无人驾驶成熟之后，道路需要做出变化来适应车辆的变化；另一方面，优化车辆感知的数字化道路系统，使其在环境感知方面更可靠、更精准。

4. 不同智能等级车辆混行条件下的交通设计。无人驾驶的目标并不是一蹴而就的，其发展过程必定要经历不同智能等级混行的阶段，而交通系统也将长时间处于人机共驾的状态。因此，在这种情况下进行交通设计以让系统最优，也是亟待解决的问题。

5.智能网联交通系统与外部环境的耦合关系。交通本身并不是一个孤立的系统，而车路协同技术的发展将不断加强未来交通与外部环境的耦合关系。比如，智能网联交通与能源网、信息网、支付网、交通网等的耦合，主要包括电子收费、环境污染、城市拥堵等方面。

第五章 智能交通的主要功能

第一节 交通信息管理系统

公共交通信息管理系统是运营调度和乘客出行服务的基础，为提升公交通管理水平和出行服务质量提供支持，当前公交信息化已经成为一种发展趋势。

一、公共交通信息分类

根据城市公共交通数字化的需求，公共交通信息分类应考虑以下原则：

（一）规范化原则

公共交通信息的规范化是推行公共交通系统信息化的基础，公交信息的规范化应从专业词汇、专业术语、信息分类和编码做起，逐步地延伸到图形输出、数据交换、数据结构等，以保证城市公共交通的基础信息具有通用性。

（二）系统性原则

为便于对公共交通信息进行实时收集、处理及查询、检索，要将信息进行系统化，即将其按照一定的顺序进行排列，使其形成一个比较合理的分类体系，每一个分类在这个体系中占有一个唯一的位置，既反映出它们之间的区别，同时又反映出彼此之间的联系。

（三）可延性原则

为满足智能公共交通系统调整和升级的需要，要求在建立信息分类体系时留有足够的空间，以便安置新出现的信息，而不至于打乱已建立的公交数字化分类体系。与此同时，还应考虑到底层级子系统延拓、细化的可能性。

此外，还应注意信息分类的完整性、实用性和服务性等因素。

从公交出行者的角度来说，公共交通出行信息需求分为出行前、出行中和个性化信息需求 3 类，如表 5-1 所示。

表 5-1 系统所需提供的信息分类

系统所需信息分类		信息内容
出行前信息需求	票务信息	票价、购票地点、检查方式
	时刻、班次信息	班次时刻表、首末班的时间
	站点信息	所经站名、路网衔接状态、主要换乘点等
出行中信息需求	引导乘车信息	站点布局引导、乘车方向引导、地图引导、警告性引导等
	车辆运行信息	车辆到离站信息、间隔信息、运行正点信息、实时位置信息、行程时间信息等
	服务信息	车内拥挤程度、高峰时段信息、是否有座位等
	换乘信息	前往政府机关事业单位的乘车及转乘信息等
	紧急信息	当出现事故及特殊事件相关疏散信息等
个性化信息需求	公共服务设施信息	前往政府机关事业单位的乘车及转乘信息等
	沿途景观信息	城市旅游景点的乘车及转乘信息等
	天气、新闻信息	天气信息、新闻信息、休闲娱乐信息等

二、城市公交信息管理系统

城市公交信息管理系统是对各种公交信息（包括常规公交、地铁、轻轨、BRT 等）进行采集、存储、管理、分析、展示、应用和决策等操作，能够提供公交信息查询，对公交线网进行优化；对公交资源进行组合和优化配置；对公交业务信息进行综合管理的应用软件系统。该系统往往以 GIS 为基础平台。

（一）系统功能需求

1. 用户需求

公交信息管理系统的用户群主要包含以下几类：

（1）公交出行者。公交出行者希望得到更多的信息和服务，从而使出行更为舒适、快速、安全、高效和可计划。

（2）相关职能部门的管理者。相关部门的管理者（如城市公交规划部门、建设交通管理部门、公安交警部门、市政部门及其他相关部门等）希望能够降低管理成本，提高管理效率和城市公共交通资源的利用效率。

（3）公交企业。公交企业希望通过公交信息管理系统，加强公交行业管理，改善公交运行安全。

2. 功能需求

公交信息管理系统的发展主要有以下功能需求：公交信息采集、公交信息管理、公交信息发布、信息交换与共享、公交换乘优化、公交线网优化、交通信号优化控制、突发事件快速反应、交通诱导、综合交通枢纽优化和公交监控调度管理等。

3. 信息需求

为公众、企业和管理部门提供准确、及时、完整的信息服务是公交信息管理系统的主要目标之一。公交信息需求主要包括三大类：动态信息、静态信息和历史信息，其中，动态信息包括客流信息、交通流信息、公交运行信息、交通诱导信息、综合调度信息、车辆基本信息、交通违章信息、车辆定位信息、交通管制信息、客货运行信息、交通事件信息和相关动态信息等；静态信息包括土地规划利用信息、小区及人口信息、道路信息、公交线路信息、交路网信息、公交场站信息、交通管理法规制度信息、政府管理部门配套服务设施和交通附属设施信息、城市交通地理信息等；历史信息主要是按照一定周期对实时采集的信息进行处理、统计和记录的公交信息。

4. 应用接口需求

城市公交信息管理系统是城市综合交通信息管理系统重要的基础应用子系统，需要接入和集成到城市综合交通信息管理系统平台。应用接口集成的目标是从根本上解决不同平台之间的信息数据交互，需要提供有效的技术手段解决应用系统之间交互的复杂性，从而可以快速地构建网络应用，大幅降低应用接口集成的开发成本，全面提升系统接入和集成能力。

（二）总体结构设计

1. 体系结构

城市公交信息管理系统是为城市公交管理部定制的专业应用型信息管理系统，即在公交 GIS 平台基础上，根据公交行业需求和公交网络的特点，应用专门技术而设计的一种解决公交专门问题的信息管理系统。它具有地理空间信息实体和解决空间信息分布规律、空间分布特征及空间信息相互依赖的应用模型和方法。在体系结构上，城市公交信息管理系统由基于公交 GIS 的 3 个主体部分组成，即：城市公交 GIS 基础平台、城市公交信息数据库和城市公交信息管理应用系统。

城市公交 GIS 平台为城市公交信息管理系统提供 GIS 基本功能和开发应用环境，主要包括数据查询、空间数据编辑、空间数据分析、公交专题地图制图、公交信息数据发布和空间数据维护管理等内容。

城市公交信息数据库是城市公交信息管理系统运行的数据支持，由公交信息数据获取、存储、管理等部分组成，其数据由公交地理空间数据和公交专题数据两大类组成。公交地理空间数据库由城市公交管理部门统一制作并提供给城区公交管理部门，城市公交管理部门可通过公交电子地图导入或数字化扫描输入。公交专题数据有静态公交数据、动态公交数据和历史公交数据三大类。城市和城区范围的静态公交数据由城市或城区公交信息化管理部门通过交通运输部有关数据库直接导入，也可自行通过数字化方式采集。动态公交数据可通过公交 GPS、PDA、各种传感器和路面、路侧检测器进行采集，一般要通过外部专用设备接口进行数据的通信传输。历史公交数据主要由城市公交信息化管理部门按照一定周期对实时采集的公交信息数据进行记录处理、分类统计入库。

城市公交信息管理应用系统是结合公交专业模型、业务流程等设计和开发的专门服务于城市公交规划、设计、管理和对社会公众提供服务的应用软件系统。

三、交通数据的特征

ITS 数据着重表达道路及其属性信息，以及 GIS、移动终端服务应用所需的其他相关信息，如地址系统信息、地图显示背景信息、用户所关注的公共机构及服务信息等，其主要内容是以道路网为骨架的地理框架信息，叠加上社会经济信息（如商业服务单位、设施等）及交通信息，包括静态交通信息（如道路条件、交通规则）及动态交通信息（如实时路况信息）。ITS 数据库是一个综合的数据集，主要包括空间要素的几何信息、要素的基本属性、要素的增强属性、交通导航信息等。与一般的地理信息数据相比，ITS 数据有一些专有的特征。

（一）信息内容表达特征

通常的基础地理信息数据库着重于表达各类要素的位置、形状和基本属性。ITS 数据库需要详细描述构成道路网本身的各类要素，尤为重要的是，不但要描述道路网及相关空间要素的地理位置及形状，同时还要表达它们的空间关系及其在交通网络中的交通关系。

（二）信息时空特征

交通信息不但具有空间位置特征，同时某些交通信息还具有时态特征。也就是说，这些交通信息随着时间的改变而改变，这种改变或连续或跳跃。

（三）空间对象的多尺度性

在交通系统中，空间数据模型所描述的对象的尺度大至整个道路网络，小至立交桥的结构和车道。在 GIS 中则表现为地图的多种比例尺。

四、交通数据所涉及的内容

（一）社会经济基础资料

1. 数据结构

数据结构分为人口资料、国民经济、运输量、交通工具 4 类数据表。年份信息体现在数据表的字段上，即记录年份作为标识。

主要内容人口资料：城市人口总量及各分区人口分布量，城市人口年龄结构、性别结构、职业结构、出生率、死亡率、自然增长率。

国民经济指标：国民收入、各行业产值、人均收入、产业结构等。

运输量：历年运输量、各运输方式比重等。

交通工具：各方式、各车种的交通拥有量。

2. 机动车出行资料

（1）数据结构

包括小汽车出行数据、公交车出行数据、出租车营运调查数据、其他出行数据及它们的出行 OD 共 5 类数据表格。基础调查数据表格均以车辆的一次出行作为一个记录，OD 数据表格则以小区编号作为记录。

（2）主要内容

小汽车、公交车、出租车和其他机动车出行数据：车辆牌照、车辆种类、起讫地点、行车路线、行车时间、载客载货情况等。小汽车、公交车、出租车和其他机动车出行 OD。

3. 道路交通调查数据资料

（1）数据结构

由于道路交通调查的数据量巨大，因此以分向道路交通调查分别建立数据库，在每个数据库中以每一个调查对象建立数据表格，同时在每个数据库中建立汇总数据表格。

（2）主要内容

路段交通：包括道路分车型、分时段的机动车交通流量及汇总数据。交叉口交通流量包括主要交叉口各个进口方向分流向、分车型、分时段的机动车和非机动车交通流量及汇总数据。交叉口延误数据包括主要交叉口各个方向的延误基础数据和汇总数据。车速数据包括主要路段的行车车速及车速汇总数据。停车调查数据包括所有停车特征调查数据、配建停车场调查数据及路内停车调查数据。

4. 道路交通基础设施资料

（1）数据结构

包括道路路段、道路交叉口和停车场基本信息 3 类数据表格。每个表格以调查对象为记录标识。

（2）主要内容

道路路段：调查内容包括对各道路路段的等级、机动车道及非机动车道路面宽度、机动车与非机动车分隔方式、长度、坡度等。

道路交叉口：各交叉口类型、坐标、控制（管制）方式等。

停车场：停车场位置、形式、停车容量等。

5. 道路交通管理数据资料

主要包括交通安全设施、标志标线、管理方式、信号控制、管理装备、警力配备等资料。可采用 TRANSCAD 等交通规划的专业软件，来统一管理城市道路交通基础数据和交通管理数据的空间属性与特征属性。

6. 公共交通调查数据资料

（1）数据结构

主要包括公交公司信息、公交路线基本信息和乘客问询调查信息 3 类数据表格。其中，公交公司信息以每个公司作为记录，公交线路基本信息以每条线路作为记录，乘客问询调查信息以每个被调查人作为记录。

（2）主要内容

公交公司信息：公司名称、拥有各类公交车辆数、运营状况、客运量、客运周转量、线路状况、场站状况等。

公交线路信息：线路长度、站点布置、客运量、客运周转量等。

乘客问询调查信息：对公交的满意度、建议等问卷调查内容。

7. 道路交通环境资料

（1）数据结构

分别建立路段和交叉口数据表，以调查对象作为记录的标识。

（2）主要内容

环境污染严重的路段、交叉口的交通噪声等基本状况。总之，交通信息绝大多数既拥有特征属性（如 OD 交通量、标志种类），同时又拥有空间属性（如 OD 小区的位置、某种标志的所在），可以利用微软的 Access 编制的数据库表现数据的主要特征，再建立特征属性和空间属性相统一的数据管理体系。

（二）交通数据管理系统功能

根据需要，城市道路交通信息数据库的功能可分为以下四大类：

1. 数据基本处理功能

通过对记录的增加、修改、删除等实现对数据的基本处理。

2. 数据查询功能

用户可以使用查询报告发生器，询问数据库中的数据。

用户可以形成各种报表和图形文件，并具有打印功能。这些功能要求用户不需进行程序设计，只要掌握一些简单的命令，就能容易地实现。

3. 数据库的维护和运行管理功能

数据库的维护和运行管理需要注意以下问题：

（1）数据的安全性。是指保护数据以防止不合法的使用造成的数据泄密和破坏，使每个用户只能按规定对某些数据以某些方式进行使用和处理。

（2）数据的完整性。是指数据的正确性、有效性和相容性。完整性检查将数据控制在有效的范围内，或保证数据之间满足一定的关系。

（3）数据的并发控制。当多个用户的并发进程同时地存取、修改数据库时，可能会发生相互干扰而得到错误的结果或使数据库的完整性遭到破坏，因此必须对多个用户的并发操作加以控制和协调。

（4）数据库的恢复。计算机系统的硬件故障、软件故障、操作员失误会影响数据库中数据的正确性，甚至造成数据库部分或全部数据的丢失。因此，必须具有将数据库从错误状态恢复到某一已知的正确状态的功能。

4. 数据库的应用开发功能

交通信息数据库的信息量巨大，为了更为方便地使用数据，数据库进行应用开发，便捷地使用数据。

（三）交通数据管理系统结构

1. 逻辑结构

从宏观层面上来看，交通数据管理系统逻辑结构分为 3 个层次：数据抽取、数据处理及显示、数据发布接口。

（1）数据抽取

外部的数据源系统（交通调查子系统、交通事件报送子系统、微波检测子系统、浮动车数据采集子系统等）将交通信息数据（包含粗粒及细粒数据），经过基础校验和业务校验后，抽取到交通数据中心。

（2）数据处理

对原始的细粒度的交通信息运用智能交通中的一些算法进行处理，形成普通用户可以理解的、可以对外发布的交通信息，并将具有统计管理意义的数据保存进交通数据中心。

（3）数据显示

将加工处理完的数据通过各种形式展示出来，其中包括报表、地图专题图等，以反映路况的动态和静态发展过程。

（4）数据发布接口

提供服务接口，定期或不定期地将更新的交通信息发送给相关的外部服务系统。

2. 层次结构

交通数据管理系统一般采用 3 层结构即数据层、支撑层、业务层。第一层是数据层，即各类数据库。第二层是支撑层，是应用支撑环境，即基础构件、高层构件等，包括 GIS 平台、EAI 数据抽取工具等。第三层是业务层。第三层又分为四个部分：一部分是数据操作业务，它提取交通数据中心中存储的各类数据源数据，并将处理完的粗粒度数据保存进交通数据中心；一部分为数据处理业务，包括浮动车数据处理、交通状况分析及评价、交通量估计与预测、数据融合等；部一部分为数据显示业务，包括路段运行路况和路网运行路况的显示；一部分为数据发布接口业务，它向各外部系统提供数据进行发布。

（1）数据层

在数据层中主要是交通数据中心，主要包括交通分析数据库和 GIS 空间 / 属性数据库。交通分析数据库中包括各种粒度、各类历史的和实时的交通信息数据，同时还有一些软件系统运行必需的数据，如用户资料、权限设置等。GIS 空间 / 属性数据库就是将 GIS 的空间数据和属性也保存在关系型数据库中，这样可以充分地利用企业版的数据库产品的快速存取能力和并发控制能力。数据库系统应具备对海量数据处理的支持，支持国际互连协议和局域网协议，支持 SQL 标准及多种开发语言。另外，要能够提供高效、可靠、安全的数据管理，并提供有效的备份与恢复机制。

（2）支撑层

支撑层中包含商业中间件、CIS 中间件和基础构件。

①中间件。中间件平台应能够运行于多种硬件和操作系统平台，支持分布计算，提供跨网络、硬件和操作系统平台的透明性的应用或服务的交互，支持标准的协议。同时应支持标准的接口，使业务逻辑容易划分，隔离应用构件与复杂系统资源，并支持软件重用，提供对应用构件的管理。如消息中间件、交易中间件、安全中间件、Web 中间件、协同工作流、基于内容管理、跨异质数据库访问、业务工作流等。中间件由交通数据中心项目提供。

②基础构件。此处的基础构件指专用的基础构件，需进行具体的开发。基础构件可以分为数据操作类、业务逻辑类等。

其中，数据操作类主要实现对业务相关的基础数据的描述或计算，如空间坐标转换、数据抽取、数据访问等。业务逻辑类构件实现对基础数据有关业务逻辑部分的操作，如拓扑关系更新、数据融合等。

③ GIS-T 支持软件。GIS-T 支持软件包括 GIS 平台、GIS 引擎及为开发各种基于 GIS 的可视化应用支持。

GIS 平台、GIS 引擎等由其他项目提供，本系统只开发基于 GIS 的可视化应用，包括地图匹配、交通状况空间分布显示等。

（3）业务层

业务层的软件主要包括以下几种。

①数据操作软件。它利用数据抽取中间件，从路网综合运行分析数据库中提取各类交通信息，当数据处理软件处理完后，将粗粒度的数据再保存进路网综合运行分析数据库。

②数据处理软件。它使用各种交通量预测算法、数据融合算法和最优路径算法，综合当前的历史的交通量信息，处理成适于业务统计及面向公众发布的实时或未来的交通信息形式。

③数据显示软件。它将处理完的数据通过各种方式显示出来，包括图表和电子地图专题图等形式。显示的数据包括路段运行状况数据、路网运行状况数据。

④交通信息发布接口软件。它利用数据处理软件将处理完的交通信息，通过标准的接口提供给外部交通信息发布渠道。信息发布手段包括呼叫中心、交通电台、网站、短信等。

（四）交通数据管理系统的应用

下面以深圳市综合交通信息平台为例，说明交通数据管理系统的应用。通过路面交通信息采集系统（主要是道路状况基础数据流量、占有率、速度、车辆类型等）及各 ITS 信息系统（包括 ATC 区域控制系统、122 接处警系统、违章处理系统等），将相关交通数据以规定的格式和标准传到平台内部，在中心对数据进行分类、抽取、挖掘和融合等处理，在数据存储的同时，根据不同用户主体的信息需求情况制定发布机制，将相应的信息按照规范的协议发布给相应用户，或者提供多种静态和动态交通信息查询接口，满足用户的交通信息需求。

深圳市综合交通信息平台共有 9 个平台功能模块。

1. 外部信息自动接入及传输模块

该模块主要通过接口标准，对分散的 ITS 系统级别或交通管理部门级别的信息进行规范化处理，汇集接入平台内部历史数据库。对于不从属于任何一个系统的交通单点设备，如果其能向平台提供有价值的数据信息，也可以通过该模块接入平台。

2. 外部信息手动导入模块

该模块主要针对一些无法或者不方便自动接入平台的数据，如 CCTV 主观观测的交通事件数据，或一些偶尔会出现的交通状况表征量等。整个平台主要以自动接入信息为主，该模块是对建立完整统一的外部信息的必要补充。

3. 数据库管理模块

该模块主要对交通信息存储的历史数据库、实时数据库、融合信息数据库、发布数据库进行数据组织、存储、检索、更新和维护等管理。

4. 综合交通信息平台管理模块

该模块是整个平台的控制核心，由运行控制模块和一系列管理子模块构成，负责监控平台内部各重要硬件设备、软件进程、系统资源的运行使用状况和相关的环境状态，收集管理平台各种设备、进程的故障信息，并对平台的整体运行状况进行评估分析。

5. 交通信息融合模块

该模块是平台信息处理的主要功能模块之一，它主要对平台接入并在历史数据库中存储的交通原始数据进行融合分析。由于平台的输入信息来源各异，大多从某一个角度、某一个小区域来反映交通状况，因此需要进行数据融合，在一定准则下按照融合算法自动分析，得到能够合理反映整个交通的全局交通参数，提供给交通状态评估、仿真并做辅助决策使用。

6. 交通辅助决策模块

该模块主要在融合交通数据基础上，采用行程时间预测算法、事件检测算法等，为动态路径导航提供基础数据，也可以直接送到发布数据库中，提供到可变信息板上。该模块也包含基本的交通信息在线或脱机式分析、趋势走向分析、报表统计、图表分析、宏观交通建模和策略生成等，向不同部门的交通管理者（交通管理、交通运输、国土规划等）提供交通基础设施的规划、决策、建设、管理维护及交通系统的统一调度等宏观辅助决策信息。

7. 交通状态仿真模块

该模块采用交通仿真软件，根据融合交通信息和辅助决策信息，建立分布式并行仿真的数据结构，对交通现象和交通特征进行仿真，推断与实际交通相关的运行特征，通过分析车辆、驾驶员和行人、道路及交通流的交通特征，对整个交通运行状态进行评估，测试并评价新的交通控制、交通规划、交通组织等。

8. 平台信息综合查询模块

该模块面向桌面用户提供公用信息综合查询服务，支持 CPS 模式和 BPS 模式的多用户访问，提供 VIP 用户权限和普通用户权限，可在线定制用户权限，为深圳市交通管理的部门用户和个体出行者提供全面的信息查询服务。

9. 公用信息定向发布模块

该模块主要发布数据库中的公用交通信息，建立简单、可调控的公用信息发布通道，针对不同用户和发布对象的个性化需求，通过标准的通信接口和一定的协议，在 Intermet、广播电视、可变信息板或车载设备上显示。

10. 网络结构

城市公交信息管理系统的软件架构通常采用 C/S 结构和 B/S 结构相结合的方式实现。在系统设计实现时，要考虑系统的安全性、实用性和可操作性，根据用户需求特点，既要考虑在空间分布上相对集中的用户，也要考虑相对分散的用户；既要考虑进行图形编辑、系统管理的需要，也要考虑一般用户网上浏览查询的需要。

一般来讲，在相对固定的用户群体中，内部局域网采用 C/S 模式，用户可以通过系统业务层直接访问数据库服务器，以便进行内部管理，提高工作效率和系统安全性。在局域网外部，系统与其他系统进行数据交互共享或为社会公众提供服务时，应采用 B/S 结构模式，这样外部用户或社会公众就可通过 Internet 进行远程访问，完成数据信息的交互或查询分析应用。

系统网络结构模型采用数据层、业务层和用户层的 3 层结构模型。在 3 层结构中，业务层处于核心地位，位于用户层的应用开发全部要以它为基础来进行，业务层将用户层的应用与位于数据层的核心数据库完全隔离开来，使得中间业务层成为面向用户层的各种应用的统一数据平台。在 C/S 结构模式下，用户通过业务层直接对数据服务器进行操作；在 B/S 结构模式下，客户端经由 Web 服务器向应用服务器提出请求，应用服务器通过业务层从数据服务器中获得数据，应用服务器将数据计算结果通过 Web 服务器返回并呈现给外部用户。

11. 内外接口

城市公交信息管理系统是城市综合交通信息管理系统的子系统，其内外接口可依托城市综合交通信息管理系统建立相应链路。其内部接口可直接使用城市、城区和城区职能部门综合交通信息管理系统 3 级平台的通信链路。城市和城区的公交信息管理系统在平台架构内，构建一条直接通达的链路，进行市、区公交管理信息的交互。对外接口，如对社会公众的服务，可通过互联网向外部用户提供城市公交信息的网络、短信、信息发布屏、电话热线等各类服务。

12. 系统组成

城市公交信息管理系统由基础设施层、接入整合层、数据层、组件层、应用层、表现层、用户层和相应的管理体系、安全体系等部分组成。

基础设施层包括 GIS 基础平台、计算机软硬件系统、网络通信系统和信息采集系统等。

接入整合层由数据整合模型和数据交换模型组成。接入整合层包括各类具有公交信息数据系统的接入、信息交换和访问、数据抽取、数据格式转换、数据检验和数据迁移等内容。

数据层由基础库、业务库、资源库组成。基础库包括基础空间地理库、地理元数据库和行业标准库等；业务库包括公交基础信息库、公交运营库、公交行业元数据库等；资源库包括人口信息库、公交信息库、应急救援库、法律法规库等。

组件层包括 Web Service 组件、GIS 组件、统计分析组件、认证授权组件和数据访问组件等。

应用层由城市公交信息管理系统的主要应用系统组成，包括公交基础数据管理子系统、公交规划管理子系统、公交优化调整子系统、公交信息查询统计子系统、公交换乘应用子系统和系统管理子系统等，这些子系统的核心技术是城市公交系统各类模型的研究和实现，城市公交管理部门和科研部门的应用主要在应用层。

表现层是公交信息管理系统成果的重要体现，也是公交信息系统为公交企业和社会公众服务的层面，包括城市公交信息管理网站、公交手机短信查询系统、公交服务电话热线等。用户层是公交信息管理系统用户群的组合，包括政府管理部门、公交企业、社会公众和系统管理人员。

第二节　交通管理系统

先进的交通管理系统（Advanced Traffie Management System，ATMS）是 ITS 的重要子系统之一。该系统将交通信息采集技术、数据通信传输技术、电子控制技术和计算机处理技术等综合应用到交通管理系统和车辆，以提高现有路网的利用率，减轻道路交通拥挤程度、降低交通事故的发生率及缩短因交通拥挤、事故等造成的出行时间延长，并降低油耗、减少尾气排放等。从系统结构上来说，先进的交通管理系统 ATMS 一般由以下部分通过通信网络连接而成。

1. 信息收集装置

利用直升机、警车或警务人员，以及环形线圈检测器、超声波式车辆检测器、微波式车辆检测器、光信标、图像型车辆检测器、自动车辆识别（AVI）终端、交通流量监视摄像机等装置及车载传感器、车载导航器收集交通信息，也通过气象检测器、能见度检测器收集交通环境信息。

2.（总）交通管理／控制中心

利用大型计算机系统、中小型计算机系统、大型显示板等信息分析装置完成以下工作：

（1）收集、处理和存储交通信息，生成交通管理／控制策略，以便进行信号控制和提供信息；

（2）在交通状况显示板、数据显示板上显示交通信息；

（3）系统装置的监视显示；

（4）收集因交通事故和公路工程等对交通进行限制的信息；

（5）制作提供给外部机关的信息，并接受咨询。

3. 控制信号机

通过交通信号机、行人用信号机（附带显示等待时间的装置）、匝道入口控制机等实施通行控制。

4. 信息提供装置

利用自由式交通信息板、半自由式交通信息板、小型交通信息板、专用交通信息板、多样式交通信息板等可变交通信息标志、路旁通信装置、停车诱导系统、车载装置和广播、电视、Internet 等向公众发布交通信息。

5. 其他中心

（1）城市中心和子中心；

（2）邻近地区交通管理中心；

（3）城市中的高速公路及城市间的高速公路等的其他中心。

它们均要和总交通管理中心联合起来，共同运作。通信网络主要是通过光缆、电缆、微波等传输媒介，在上述各部分和交通管理／控制中心之间传输数据、语音和图像等信息。

从功能系统划分来说，先进的交通管理系统包括交通信号控制系统、交通需求管理系统、交通事件管理系统、高速公路交通监控系统、电子警务与办公自动化系统、停车场管理系统、多模式交通衔接系统和道路基础设施管理系统。以下分别加以介绍。

一、交通信号控制系统

城市交通信号控制系统从 20 世纪初交通信号灯的发明到现在，已有一百多年的发展历史。就控制方式而言，它从定时控制发展到感应控制；就控制范围而言，它从单交叉口信号控制逐渐发展到目前应用广泛的区域信号控制。

20 世纪 80 年代以来，该类系统出现了明显的计算机网络化的趋势，使城市交通管理／控制方式发生了变革，实现了实时自适应信号控制。中央控制计算机对交通数据进行处理分析，并执行对路网交通信号的控制。它既不需要事先存储任何既定的配时方案，也不需要事先确定一套配时参数与交通量的对应选择关系。实时模拟系统依靠存储于中央计算机中的交通模型，对反馈回来的交通数据进行分析，从而对配时参数做优化调整。配时参数的优化以综合目标函数，如延误时间、停车次数、拥挤程度及油耗等预测值的最小化为依据。

智能控制是近年来随着智能控制理论的发展而兴起的新的信号灯控制方法。总而言之，智能控制主要是对模糊控制方法进行改进，或者是把模糊控制和其他的方法（如神经网络、遗传算法等）结合起来的优化方法，包括采用遗传算法优化的两级模糊控制方法和ANN自校正预测控制方法等。

传统的城市交通管理控制系统只能通过交叉口的信号控制缓解堵塞，计算机控制系统的优化目标是单一的某指标平均值的最大化或最小化。而ITS的城市交通管理和控制期待的是多目标优化：消除堵塞，特别是非常规的堵塞；快速响应事故和突发事件；充分利用以往很难得到而现在可以得到的信息（如OD信息），更有效地控制城市交通和集成各种管理控制技术（如VMS、诱导系统、环境保护技术）。为了得到满足这些目标的"最优解"，在ATMS中，用于城市交通控制的计算机系统除了SCOOT、SCATS、TRANSYT等的改良版外，也出现了一些基于人工智能技术应用的体系结构。例如，德国汉堡的交通管理系统采用了双层结构，其核心是利用知识源（Knowledge Source，KS）。该方法中数据完成KS将传感器收集的实时数据转换为交通量、道路占有率等交通管理用数据，对于没有传感器的路段的交通状态进行推断，并检测传感器故障和误操作；数据分析KS对网络中的阻塞地点和阻塞状态进行判定；交通控制KS利用LISP语言编写的规则库生成信号控制方案，包括评价当前的信号控制模式、局部改善发生问题的交叉点、推测该改善对于周边交叉点的影响、综合考虑网络全体且能改善有问题的交叉点的控制策略。利用当地实际数据、使用微仿真器、采用与TRANSYT相同的评价指数进行评价的结果表明，与固定式信号控制方案相比，阻塞有3%~15%的改善、早高峰阻塞时平均速度有10%的提高可能性。

又如，英国Leicester市在现有的交通控制系统的基础上加上利用管制人员知识的知识库，构成CLAIRE控制系统。用微仿真器对该市数据的仿真评价结果表明，AI的应用对控制效果有较大的改进可能性。

ATMS的信号控制装置，通过与交通管理中心的计算机进行信息接收和发送，交替显示"绿灯""黄灯"和"红灯"。当接到来自车辆检测器或路旁按钮箱的信号时，还可延长或缩短绿灯信号时间。ITS中信号控制的功能越来越多样化。

1. 右（左）转弯感应控制：通过由车辆检测器感知交叉口的右（左）转弯专用车道上的车辆，延长其右（左）转弯箭头信号的显示时间，可有效地对交叉口的右（左）转弯车辆进行通行控制。

2. 公交信号优先控制：在交叉口前面通过专用感知器件检测出公共汽车的存在，延长绿灯信号的显示时间，或缩短红灯信号的显示时间，可减少公共汽车等公交车辆的等待时间。通过此优先控制信号功能，可确保公共汽车准点运行。

3. 踌躇感应控制：为避免进入交叉口的车辆的司机在该区域里犹豫不知该停车还是该

开过去的情况，显示黄灯，由此可减少冲撞和迎头碰撞事故的发生。

4. 老弱病残专用控制：老年人、有视觉缺陷的人等交通方面的弱者可通过操作专用的按钮装置和随身携带的专用的信号发生器发出信号，将行人用的绿灯信号延长，以确保其安全地横过马路。

二、交通需求管理系统

交通需求管理（Transporation Demand Management，TDM）从广义上说是指通过交通政策等的导向作用，促进交通参与者的交通选择行动的变更，以减少机动车出行量，减轻或消除交通拥挤。从狭义上说是指为削减高峰期间一人乘车的小汽车通勤交通量而采取的综合性交通政策。交通需求管理的内容主要包括通过实施时差出勤等对策，在时间上分散交通需求；通过向驾驶员提供道路交通状况和拥挤、事故信息，促使交通需求在空间上均匀化；通过提高公共交通的服务水平促进人们对公共交通的利用；实施各种综合对策，提高小轿车的利用效率，以及通过城市规划、交通规划等对交通发生源进行调整，创造交通负荷小的城市结构。

相对于传统的使供给适应于需求的被动式管理，TDM是一种主动式管理，它在适度的运输供给规模下，控制运输需求总量、削减不合理的运输需求、分散和调整运输需求，使整个运输系统供需平衡，保证系统有效运行，使铁路、公路等运输方式的客、货出行迅速、安全，并节约资源，改善环境。

（一）TDM 的内容

从交通出行的几个阶段来看，TDM 的内容包括以下几个方面。

1. 在出行产生阶段，尽量减少出行的产生。如以电信代替出行（电信会亲访友、网上购物、电视电话会议等）；通过政策与宣传力量动员人们减少出行；在城市规划中应用既能保证正常的社会经济活动又能产生较少交通出行的土地利用模式。

2. 在出行分布阶段，将出行由交通拥挤的终点向非拥挤的终点转移。如实行出行约束措施，优化辅助活动设施的空间配置。

3. 在出行方式选择阶段，将出行方式由拥挤的方式向非拥挤的方式转移。如对某些交通方式实行刺激或抑制措施（如停车费、通行费、乘车费的调整，公交优先），以促进人们利用大容量快速公共交通，从而保持各种运输方式宏观上的供需平衡。

4. 在空间路线选择阶段，将出行由交通拥挤的路线向非拥挤的路线转移。如采用先进的信息技术、向出行者提供实时交通信息，或通过强制收费或价格优惠，使出行者避开拥挤地段；通过城市规划、交通政策等对交通发生源进行调整。

5. 在时间段选择阶段，将出行由交通拥挤的时间段向非拥挤的时间段转移。如采用先进的信息技术，向出行者提供实时交通信息，或通过强制政策或价格策略，使出行者避开拥挤时段；倡导实施错时出勤。

（二）TDM 策略

TDM 典型策略包括合乘管理策略、HOV（High Occupancy Vehicles）车道策略、HOT 车道策略、可变收费策略、实时路径诱导策略、机动性管理、响应需求的公共交通策略、购车指标限制策略、机动车限行策略等。

1. 合乘（Car Pooling）管理策略

合乘管理为在家、在办公室或在其他场所的用户提供实时搭乘匹配服务和出行经纪人服务，提供了一种可行的多人合乘方式代替单独驾车，特别适于出行。这种管理系统需要提供交通状况、事故、公交服务、停车位和可供合乘的车辆（如私家车、出租车、单位接送职工的客车）信息。

2.HOV 车道策略

HOV（高乘载率）车道是在高速公路上专门（或部分时间内专门）为多人乘用的车辆提供通行权的车道，一般路面设置菱形标记。HOV 车道可以大大提高道路的利用率，减少出行时间，保证公共交通车辆的正点运行。在美国，HOV 车道上一般承载相当于 2~5 条常规车道的客运量。一个典型的例子是美国位于新泽西州高速公路收费站和进入纽约市的林肯隧道之间的 1-495 号公路上的一个逆向车道（高峰时段内在与高峰车流方向相反的车道中用作 HOV 专用的车道），早高峰期最高可 1 h 通过 750 辆公共汽车、运送 35000 人次，高峰期 3 h 内承载 1650 辆公共汽车、运送 70 000 人次。如果用常规的高速车道，相同的时间和运量需要 15 条车道。乘员 2 人以上还是 3 人以上视作高乘载率，要视当地 HOV 车道的能力和流量而定。

3.HOT 车道策略

HOT（高乘载率收费）车道是指在低乘载车辆付费的情况下也允许其通行的车道，该策略可以通过激励高峰时段交通方式的转移来充分利用 HOV 车道富余的通行能力。作为解决交通拥挤的一种方法，HOT 车道是 HOV 车道和收费车道的一种折中，美国的圣地亚哥的 1-15 和休斯敦的 1-10 道路的 HOT 车道就是由 HOV 车道转变过来的。

4. 可变收费策略

实行可变价格或浮动价格，对于拥挤时段、拥挤路段多收通行费。通过事先向驾驶员提供实时交通信息和价格信息，引导驾驶员避开拥挤，从而起到疏导交通流的作用。对于单人乘车和多人合乘收费不同，鼓励合乘。对于不同地点的停车场、收费道路，收费差别很大，鼓励在城市中心区选择公共交通。

5. 实时路径诱导策略

实时路径诱导策略是更高级的交通运输需求管理手段。通过它可以使交通流更加平稳，实现交通系统的整体优化。

6. 机动性管理（Mobility Management）策略

机动性管理策略是一种旨在通过鼓励部分团体或个人的行为改变而减少道路交通量的

战略。机动性管理策略的主要内容包括：为出行者和货运公司提供有效的信息；影响交通方式的选择，使居民倾向于选择可持续的交通方式；鼓励将土地利用和交通规划整合考虑。

7. 响应需求的公共交通策略

对于个体出行者提供门到门的公共交通服务。只要用户事先告知他们地址、出行时间、出行目的地及其他要求，在指定时间就有一辆公共汽车或出租车（或需运送货物时是货车）被派往用户处。

8. 购车指标限制策略

为了缓解城市机动车保有量过高而带来的拥堵问题而采取通过限制购买机动车以控制城市机动车总量。我国北京、贵阳、广州市相继实施汽车限购政策，未在限购前购车的消费者若买车，则需要通过摇号及车牌竞拍购车。获得购车指标，首先要满足一定的条件，然后在网上或是窗口报名参加购车摇号，通过审核后进入摇号池，最后随机获得购车指标。若城市允许车牌竞拍，则通过网上竞价方式获得购车指标。

9. 机动车限行策略

机动车限行策略是指为公共交通发展赢得时间和空间，保持道路交通基本顺畅，政府及交通管理部门推出的机动车按车牌尾号在某些区域、某个时段限行通行的交通管理措施。通过限制机动车的出行，从根源上控制交通需求，达到缓解交通问题的目的。

（三）TDM 的应用

为了有效缓解北京市交通拥堵的状况，对交通需求进行合理管理，自 2010 年 12 月 23 日起北京市实施小客车数量调控政策，并于 2011 年 1 月 1 日正式启动北京市小客车指标调控管理信息系统，北京市民登录该网站可以 24h 提出申请。

北京市小客车指标调控管理信息系统整体色调为蓝绿色的网页，申报流程通过图片和文字的形式呈现。申请人阅读完申请说明，再进行申请填写，通过短信确认后，完成申请。申请人登录后需要填写基本信息，包括申请人姓名、性别、机动车驾驶证档案编号、准驾车型及联系电子邮箱和地址等，共计 14 项，并进行确认，申请者将得到有效的申请编码，参加随机摇号。在北京摇号策略实施后的 2011 年，北京市至少减少了 60 万辆新车的增加，新车增速降低有利于治堵。再加上机动车牌号限行、停车费上调等系列措施，北京市的交通拥堵有所缓解。据交通部门统计，小客车指标调控管理信息系统启用之后的 2011 年 1 月至 10 月，五环路内工作日高峰平均路网运行速度为 25.3km/h，与 2010 年同期相比提高 11.5%，处于"轻度拥堵"等级。由此可见，合理的交通需求管理策略对缓解城市交通问题效果显著。

三、交通事件管理系统

自机动车出现以来，由交通事件引发的交通安全和城市偶发性拥堵的问题成为一个不可忽视的重要方面，并随着机动车保有量的增加而变得日益突出。为了对交通事件实施相应的救援并缓解其引发的交通拥堵情况，从 20 世纪 60 年代以来，国内外许多研究机构及专家学者开始对如何快速、及时地检测和响应交通事件展开研究，促进了交通事件自动检测技术和交通事件管理系统的开发。近年来，各国政府、研究机构无论是在交通拥堵评价领域还是对交通事件自动检测、事件管理等方面，都开展了大量的工作研究，其主要目的都是及时采取缓解交通拥堵的措施、降低交通拥堵对经济造成的负面影响、提高城市道路的畅通性。交通事件管理系统（Traffic Incidents Management System，TIMS）是智能交通系统（lelligent Transportation Systems，ITS）的子系统。TIMS 可以改善道路的安全性，提高相关管理机构的运行效率，有效地利用现有的人力和物力，扩大信息的发布范围和渠道，减少延误，减少事故反应时间，加快处理事件的速度，加快清理道路的速度，降低对环境的影响，降低运行成本，以及改善事件当事人、事件处理人员和其他道路使用者的安全程度。

（一）事件检测子系统

交通事件能否及时检测是事件管理中首要解决的问题，事件检测子系统就是用来实现检测并确定事件性质的功能。事件检测技术是事件检测子系统的理论基础，它不仅关系到监控系统（硬件部分）的作用能否充分发挥，而且对事故的处理也具有极重要的意义。为了保证操作机构对交通流和安全设施的正常响应，通常使用的事件检测设施有：

1. 司乘人员的移动电话呼叫；

2. 通过操作员观测的闭路电视监视系统；

3. 基于检测软件的自动车辆识别系统；

4. 电子车辆检测装置（如录像机图像、检测线圈或雷达发射器）和交通反常检测运算法则；

5. 司乘人员的帮助电话或呼叫盒子；

6. 警察巡逻；

7. 空中监视系统；

8. 运输部门或公众的双频道电台工作组员报告；

9. 基于路车间信息系统的异常交通信息采集；

10. 交通报道服务；

11. 路过的车辆（路过或跟踪）；

12. 漫游服务巡逻。

通过这些设施采集的信息包括道路环境（气象等）和交通状态（交通流量、密度、速度、排队长度、异常交通现象等）信息，其中异常交通现象类型的判断、确认是在信息采集的基础上，由交通管理中心的人员来实现的。异常交通状态，则可以运用状态模型加以预测。

（二）事件分析子系统

在事件分析子系统中，事件分析首先是事件确认的过程，因为在事件检测过程中会有一定的误报率，同时事件检测所提供的事件的属性数据可能很不全面，因此事件分析首先要对事件的有无进行判断，而后需要借助各种预先设计的模型、预案及专用的数学算法对事件进行归类分析，最终得出事件的特征信息、严重程度、影响指数等重要参数。当检测子系统提供的数据不够完善或有残缺时，还需要运用数据挖掘技术和数据融合技术对事件的属性数据进行进一步的处理。

本子系统研究重点包括：对各种交通事件的分类研究、建立各种交通事件的模型、事件程度的判断标准、事件造成的延误分析、事件持续时间预测等。

（三）对策决策子系统

决策分析是交通事件管理的难点，它负责生成救援方案并通知相关救援部门派遣救援资源。该模块利用交通检测子系统采集的信息及分析子系统的初步结果生成救援策略，包括车道控制策略、匝道控制策略等。这些策略生成时，应考虑相关路网的通行能力、各路段通行能力之间的匹配、各路段的预测行驶时间，同时应通知相关救援部门实施事故救援方案。

对策决策子系统的主要功能是生成针对具体事件的应急方案集，并能找出最理想的应急方案，最理想的应急方案应该是在最短的时间内以最低的成本解决交通事件及消除事件对路网造成的影响。方案是根据所获得的相关信息通过具体的决策算法和优化算法最终由人工做出的。当然，方案并不是一成不变的，在具体的响应实施中，要根据事件的发展变化进行适当的调整。

应急方案的内容应该包括事发路段的交通管理、出救资源种类的选择、出救资源点的选择、应急资源的配置、最优救援路径的选择、上游流入交通的迂回诱导与控制管理方案、关联平面道路的紧急管理方案、信息发布方案等多个方面。本子系统研究重点包括：出救对策生成的算法、最优解的探讨（包括最优时间、最优出救点、最优资源携带、最优出救路线等）。

（四）救援执行子系统

响应执行是将应急方案付诸实施的过程，交通事件中的救援过程可能会涉及各个具体部门，包括交通管理部门、监控部门、拖运部门、信息发布部门、城市消防部门、医疗救助部门、交警部门、环卫部门等。因为救援过程所涉及的部门可能比较多，所以尽管在对策决策子系统中对各个救援部门的出救点、资源配置和行车路线都进行了决策，但在具体的执行过程中还是需要一个统一的指挥中心，对各个救援部门进行统一管理和协调，从整体上提高应急的效率。

下面举例说明本系统两个重要的功能：交通管理和信息发布功能。

1. 交通管理功能

交通管理功能就是将各种交通控制与管理方法应用在事件处理现场，主要内容包括：

（1）现场交通控制点的设立；

（2）车道关闭与开放；

（3）红绿灯控制；

（4）使用可替代道路；

（5）管理车道空间；

（6）设计、研究引导交互的路径。

2. 信息发布功能

信息发布功能是通过各种信息发布渠道和方式将事件信息传播给道路使用者及公众的过程。信息发布内容一般包括：异常交通现象的发生地点和事故类别的信息、流入和流出诱导信息、车道或行驶速度限制信息、替代路径推荐信息等。

常用的发布信息的仪器设备包括：

（1）道路交通咨询电台；

（2）可变信息情报板；

（3）商业电台广播；

（4）车内路线导行装置；

（5）有线电视交通报道；

（6）互联网；

（7）电话情报系统；

（8）路径引导系统等。

（五）评估子系统

评估子系统的主要功能是对交通事件解决的效果进行评估，通过救援执行过程的实施，发生的交通事件或者被及时地解决，或者没有获得有效的解决，或者根本没有达到减少事件损失的效果，这些都需要评估子系统进行具体的评价。评价的内容包括对事件本身的评价和对事发路段交通状况的评价，如果没有达到规定的要求，则将具体不符合要求的信息反馈给相应的子系统（包括事件分析子系统、对策决策子系统和救援执行子系统），进行重新分析、决策和救援。如果评价结果达到要求，则对此交通事件进行结案处理，将整个事件的相关信息（包括事件发生时间、地点、类型、严重程度、应急方案、延续时间、消耗的应急资源、应急效果等）录入城市交通事件的档案管理子系统中，形成历史案例数据库，为以后的交通事件管理提供有用的参考。

对事件管理效果的评估可采用的指标包括检测率（Detection Rate）、误检率（FalseDetection Rate）、平均检测时间（Mean Detection Time）和预防管制措施下与未实施管制下车速平均值的相对误差、车速方差相对误差、占有率平均值相对误差、占有率方差相对误差等 7 项指标。前 3 项指标可反映检测算法性能的优劣：检测率和误检率反映了检测算法的准确性，检测率越高、误检率越低，则检测的准确性就越高；平均检测时间则反映了检测算法对交通流异常的敏感性，算法越敏感，则平均检测时间越短。后 4 项指标表示了响应措施的作用：采取一定的交通控制措施后，车流运行趋向稳定，其行驶速度提高，车速波动较小，即平均车速提高但其方差减小，占有率将降低，而且其波动范围也有限，即占有率降低且方差也减小，此4项指标即反映了这一规律。

（六）档案管理子系统

档案管理子系统是城市交通事件管理系统的智力仓库，包括交通事件管理的模型库、知识库、历史数据库，这些数据库对交通事件的管理具有切实有效的参考价值，建立和完善交通事件的档案管理子系统对于交通事件管理有着重要的意义。当然，理想的数据库并不是一开始就能建立的，需要在日常的事件管理过程中逐步地改进和完善。档案管理子系统主要负责异常事件的基本信息和整个救援过程信息的整理、归档，对异常事件成因进行分析，对救援效果进行评价，生成救援报告，为未来的事件管理提供历史依据。

四、高速公路交通监控系统

高速公路交通监控是对高速公路交通流运行状态、交通设施、交通环境的监测和对交通流行为的控制。本节将从监控目的、监控系统功能、监控系统的组成和监控过程四个方面对高速公路交通监控系统进行介绍。

（一）监控目的

高速公路应用交通监控系统对高速公路进行全面的监视和控制，对高速公路的正常运行和效益发挥起着极为重要的作用。因此，高速公路监控系统设计的主要目的是通过对高速公路全线的交通流量检测、交通状况的监测、环境气象检测、运行状况的监视，产生控制方案，从而达到控制交通流量、改善交通环境、减少事故等目的，具体来说，可以实现以下目的：

（1）通过对过量进入的车辆进行控制来解除拥挤；

（2）减少延误；

（3）减少高速公路的事故；

（4）保证高速公路的服务水平；

（5）发挥其经济效益和社会效益。

通过高速公路监控系统能预先知道交通运行的状况、尽早发现问题、尽快解决问题、避免交通堵塞、保证交通安全，维持道路运行在某个特定的服务水平上。通过对高速公路的监视和控制来对其进行管理，特别是在保证交通安全和道路畅通等方面，维持一个较高的服务水平。

（二）监控系统功能

监控系统需实现如下功能：

（1）准确及时采集交通流、交通环境和主要交通设施状态的各种信息；

（2）应能对高速公路实现全程、实时、不间断的监控；

（3）根据已掌握的信息，迅速做出有针对性的处理和优化控制方案，并立即执行；

（4）建立多种信息发布渠道，为用户提供信息服务，通过驾驶员调整行驶行为，达到交通流动态平衡；

（5）专项监控，如探测和确认交通事件、隧道火情监控、冬季路面使用状态检测等；

（6）对交通事故能做出快速响应，迅速排除事故根源并提供救援服务；

（7）建立道路交通数据库，用以支持道路运行状况，为改善道路经营和交通管理的决策提供数据分析；

（8）应具有自我诊断功能；

（9）系统设备应具有一定的冗余设置，以确保系统的可靠、安全。

（三）监控系统的组成

为了完成监控系统的监视控制功能，高速公路监控系统由交通信息采集系统、中央控制系统和信息发布系统组成。

1. 交通信息采集系统

高速公路监控系统的信息采集方式，有人工的，也有自动的，主要包含以下几种。

（1）车辆检测装置：在高速公路主线上及入口匝道和出口匝道等处设置车辆检测装置，用来收集监控所需的数据，作为监控中心分析判断、做出控制方案的主要依据。

（2）气象检测装置：高速公路的高速、安全、舒适等功能与气候条件密切相关，而作为控制方案制定的依据必须考虑公路沿线的气候条件和有关参数。因此，气象检测装置在信息采集子系统中起着很重要的作用。

（3）闭路电视（CCTV）：在车流量比较大、车辆密度比较高的区域，重点的监控地点和事故易发区等地区安装 CCTV 摄像机，通过视觉的方式掌握有关区段的交通情况。一旦出现故障或发生交通事故，控制中心可以及时地掌握事故发生地点、时间和严重程度，以便迅速做出反应，采取相应措施，排除故障或妥善地处理事故。

（4）紧急电话：在高速公路上下行线上每隔一定距离安装一部紧急电话，当车辆发生故障或出现交通事故时，驾驶员可及时向监控中心通报，同时在监控中心的紧急电话计算机上可以显示发信电话所在的地点和编号，以便采取相应的应急措施。

（5）无线电设备：用于高速公路上的日夜巡逻车上的无线电台和控制中心联络。

2. 中央控制系统

中央控制系统是介于信息采集系统和信息发布系统之间的中间环节，是监控系统的核心部分，其主要功能有：

（1）对信息采集系统传来的数据进行实时的运算、处理和分析；

（2）根据分析结果，决定控制方案，发出相应的控制命令，指挥事件处理；

（3）通过闭路电视系统监视各主要路段的交通情况；

（4）负责管辖区域内的通信联络；

（5）全系统组成设备工作状态的监控；

中央控制系统通常由计算机系统、室内显示设备和监控系统控制台组成。

3. 信息发布系统

信息发布系统是高速公路上设置的用来向道路使用者提供道路交通信息和诱导控制指令的设备，以及向管理、救助部门和社会提供求助指令或道路交通信息的设施，其主要设备包括可变情报和可变限速标志、车道控制标志、指令电话和交通广播系统等。该系统主要功能包括以下几个方面：

（1）向道路使用者提供信息，如前方道路的交通堵塞情况、事故报警、气象情况、道路施工情况等；

（2）向道路使用者提供建议或控制命令，如最佳行驶路线、最佳限速、车道控制信号、匝道控制信号等；

（3）向管理和救助部门提供信息；

（4）向社会提供信息。

（四）监控过程

受控对象为交通流，道路、交通和气象环境等各种影响交通流的因素为系统的干扰输入。表征交通流状态特征的信息历经采集、处理、决策和执行各个环节，遵循反馈控制原理，按预定指标完成控制任务。

五、电子警务与办公自动化系统

（一）电子警务系统

所谓电子警务，简而言之就是警务电子化、网络化。其基本内涵是：利用电子信息网络组织，开展和实施警务工作和警务管理，借助于网络的强大功能，提高警务工作和警务管理的效率和质量，进而提高公安机关新形势下履行职能的能力。它包括内部管理运作信息子系统、执法信息子系统和对外服务信息子系统。

1. 内部管理运作信息子系统

（1）办公自动化系统：办公自动化即公安日常业务管理，是电子警务对公安工作最基本的要求。办公自动化系统利用先进的科学技术将办公人员和先进设备（计算机、网络、现代化办公用品）结合起来构成人机信息处理系统。

（2）档案管理系统：包括人口管理系统和基础管理系统。人口管理系统是公安机关的一项重要工作。我国人口多，迁移流动性大，传统的卡片式管理显然无法满足现代化管理的需要。人口管理系统通过计算机录入每个自然人的情况，并利用网络进行共享而充分实现了公安行政管理的职能。基础管理系统是对公安内部的各类台账进行管理，台账包括工作制度、规章、办法、工作情况和民警思想状态等，基础管理系统对公安机关内部情况的实时掌握和情况沟通起到重要作用。

（3）管理决策系统：包括信息统计系统、信息分析系统和信息维护系统。统计系统实现对信息和数据进行收集并按不同类别存储的功能。分析系统实现对信息和数据进行分析比较判断而提取其特点的功能。维护系统实现保全信息和数据，确保统计系统和分析系统发挥作用的功能。如果管理决策系统信息和数据全面，分析正确，将会对领导决策提供有效的参考作用。

2. 执法信息子系统

（1）电子巡警系统：电子巡警系统是利用计算机网络对各个监控点进行网络监控来代替传统的人工巡查，它的优势是控制面广，及时准确，节省了大量的警力，增强了公安机关的处警能力，是电子警务应用的一个重要方面。目前电子巡警系统在道路交通管理中有着成功的应用，车辆的违章和肇事情况，交通警察在监控中心就可以一目了然。

（2）应用信息管理系统：包括CCIC系统、指纹自动识别系统和情报资料系统。CCIC系统即中国犯罪信息中心系统，包括在逃人员管理、被盗和丢失车辆管理、被盗和丢失枪支管理、打拐DNA鉴定等系统；指纹自动识别系统能够实现指纹的比对，确定犯罪嫌疑人，为侦查破案提供强有力的技术保证；情报资料系统是将受到刑事处罚的犯罪分子的自然情况和案件信息录入计算机，经过不断积累成为一个案件信息库，通过查询的方式，掌握犯罪嫌疑人的前科，为破案提供线索的信息系统。

（3）对外服务信息子系统

①宣传信息系统：公安机关的对外宣传是必不可少的。传统的宣传是通过报刊来宣传的，而宣传信息系统是通过互联网的电子报刊来实现的。

②警务公开信息系统：能够通过网络更好、更快、更直接地听取人民群众的意见，从而提高公安机关的处警能力和服务水平。

③电子警政系统：电子警政系统是通过计算机网络系统进行政务处理的系统，目前利用该系统办理身份证和边境证已投入使用并取得了很好的效果，公民可在专门的窗口进行办理，大大提高了工作效率，增强了透明度。

3. "122"接处警系统

"122"接处警系统是融合了现代通信、计算机网络、计算机电话集成（CTI）、数据库管理和地理信息系统（GIS）等先进技术，实现122交通事故报警电话的接警、处警和指挥调度过程自动化的一种高新技术产品。"122"接处警系统在公安智能交通综合指挥系统中扮演了重要角色，是集中监视、统一调动、协调接处警目标建设的主要组成部分。"122"接处警系统基本功能包括：

①提供"122"报警接受及处理的常规功能，即接警功能、决策调度、警情回复、放音等；

②与GIS电子地图配合，图形化显示报警电话号码、地理位置等信息；

③运用GPS技术和GIS电子地图，实时显示交警车辆的动态定位；

④强插、监听功能、数字录音/录时功能，强化对接警席监督管理；

⑤提供处警命令和措施的发布功能，并能实现单个处警和协同处警的功能；

⑥提供常规情况的处警预案库，以提高接处警反应速度；

⑦拥有日常事务处理功能，提供定时整理处警数据及分析功能；

⑧实现处警事件的记录、相关信息处理和事故查询统计等功能。"122"接处警系统的体系结构包括通信调度平台、接处警台、数字录音台、数据管理系统、电子地图系统、通信网络系统等。

4.公安交警移动警务系统

公安交警移动警务系统借助先进的无线通信技术，实现移动警务终端与公安网的安全接入，将公安网内部信息资源实时便捷地提供给路面执勤交警，为基层民警处理交通违法等业务提供了准确依据，极大地提高了基层交警的工作效率。移动警务系统的主要功能包括以下几个方面。

（1）数据查询功能：移动警务系统通过对常住人口、车辆、驾驶员、交通违法、全国在逃库、盗抢机动车、协查通报等数据库的综合整理与应用，实现各种交管业务数据的统一高效查询。执法交警借助移动终端，可以查询交通参与者的各种相关信息。

（2）业务处理功能：交警现场业务处理主要包括违法简易流程处理、违法一般流程处理、非现场取证、银行联网对账等部分。路面执勤民警可以利用本地系统实现各类公安业务的自动化处理及各种一线信息的采集，包括一线交警路面违法的处罚、打印及各种违法信息的照片、文字信息的采集，并将相关违法信息及采集的多媒体信息实时传递到公安网内部的业务数据库中，同时还可以利用微型打印机现场快速打印出交通管理处罚通知书，从而大大提高违法处理的速度和效率。

（3）位置显示功能：移动终端设备能够将警员的位置信息发送到交警指挥中心GPS服务器，以便指挥中心及时了解警员位置，合理调配警力。

（4）移动办公功能：终端可以接收中心应用系统以一对一、一对多、一对某个特定区域基于地理信息系统确定的形式发布的各种信息。

（5）后台管理及统计分析功能：包括后台数据信息查询、后台数据统计分析、权限管理、日志管理、后台终端用户及设备管理、系统管理、字典管理和工作考核督察功能。

移动无线警务系统由移动终端、移动通信网络、移动接入网、网络安全隔离层、公安信息网等五大模块组成。移动终端包括智能手机、具备无线功能的PDA、便携机、车载移动设备等可移动的智能终端；移动通信网指各种公共移动通信网或公安专用移动通信网；移动接入网实现移动请求接入；公安信息网为移动应用提供信息和服务支持；网络安全隔离层采用经国家保密部门认证并由公安部有关部门同意使用的安全隔离产品。

（二）停车场管理系统

停车场作为城市交通的重要设施，已经成为城市交通设施管理和交通管理的重要内容，并且城市停车问题也是我国各个大中城市交通中不可忽视的方面。此外，目前快速发展的城市停车诱导系统的建立需要大量的基础数据和先进的停车场数据信息管理系统。为提高停车场管理的科学水平，便于目前停车场数据信息的管理和后续停车诱导系统的建立，十分有必要采用先进的软件开发技术，开发城市停车场管理系统，这关系到城市停车场管理能否健康发展。本书所介绍的停车场管理系统从停车场管理的功能入手，综合分析停车场管理系统的基本数据库类型和功能设计，分析软件系统的基本特点和数据管理方法，设计停车场管理系统功能界面，并介绍系统设计的基本方法和步骤。停车场管理系统为城市停车场的规划、建设和管理提供技术支撑，以 GIS 为底层支持，重点进行计算机信息管理系统的设计。

1. 停车场数据库信息管理系统功能分析

城市停车场管理是交通设施管理部门的重要工作内容之一，主要涉及停车场管理信息、管理人员信息及审查报告信息等。因此，在城市停车场管理系统中采用的数据库主要有：停车场、停车场管理人员和停车场年审记录。城市停车场信息管理系统主要实现对各种数据信息的添加录入、删除修改、组合查询等各种数据操作功能，以完成城市停车场数据库的实时、动态维护管理。

2. 数据库设计

城市停车场管理系统涉及的数据库可采用 Microsoft Access 进行数据的基本底层管理，而 Access 设计数据库与 VB 的 ADONET 有方便的接口支持。城市停车场管理系统数据库主要由停车场数据表、停车场管理人员数据表、停车场年审记录表等构成。

3. 功能设计与实现

城市停车场管理系统实现的主要功能体现在以下几个方面。

（1）数据的增添录入：对停车场、管理人员、年审记录的属性信息的添加录入。

（2）查询、修改、删除：通过对管理人员、年审记录信息表按停车场名称进行模糊查询，在系统功能窗体中的数据绑定控件里实现信息的查询、修改、删除功能。

（3）组合查询：可以选择按停车场名称进行模糊查询，也可以选择按停车场表中的泊位性质、收费方式、车库类型等属性字段的各种组合进行查询，并精确地显示查询结果。在数据表格控件（或其他表格控件）中，既可以浏览停车场的属性信息，又可以浏览对应的管理人员、年审记录的主要属性信息。此外，还可以将该控件中的显示内容打印输出。

在 Windows2000 平台、VBNET 环境下的城市停车场管理系统的功能可达到用户的要求，并已经在实际工作中得到应用，方便了有关部门对交通资源的管理，同时也规范了各种停车场的日常管理。为满足更高要求的用户需求，系统还可采用 SQL ServerNET DataProvider 的方式访问数据源。如果与 GIS 结合，城市停车场管理系统可以实现停车场空间分布的描述。随着城市智能交通技术的不断发展，城市停车场管理的智能化、信息化建设模式将日趋成熟。

（三）多模式交通衔接系统

多模式交通衔接系统和公共交通系统一样，是城市综合交通体系的重要组成部分。它是城市集聚辐射功能的基础性设施，是城市内部各交通方式间及城市与周围地区之间联系的重要纽带，是对城市内外与城市内部交通的整合。良好的交通衔接系统，有利于提高城市客货运输系统的整体效率，更好地为乘客出行提供便捷、快速和安全的运输条件，并且保证城市货物流通的连续性、快速性和安全性。本节将从内外交通衔接和市内交通衔接两部分介绍多模式交通衔接系统。

1. 内外交通衔接

内外交通衔接是指城市内部交通与对外交通的衔接，是城市对外交通的门户，代表了城市交通的形象。要实现对外交通与市内交通的无缝衔接，在规划布局及运营管理上应做到：保证市内交通设施与对外交通出入口之间具有较短的换乘距离；通过合理的运营组织，市内交通与对外交通时间上保持紧密联系，减少换乘等候时间；在内外交通衔接点提供动态和及时的服务信息。城市内外客运衔接包括铁路客运站、公路长途客运站、港口码头和机场等。本书只对铁路客运站、公路长途客运站与市内交通的衔接进行介绍。

（1）铁路客运站与市内交通的衔接

铁路客运站和站前广场是城市不可缺少的一部分，汇集了从城市外部进入城市的客流及城市内部通过各种交通方式到达铁路客站的客流。铁路客运站一般位于城市中心区，一般是城市大型客运交通枢纽，不仅要处理好市内交通与对外交通的衔接，还要处理好市内交通的换乘衔接。

地面公交枢纽站是铁路客运站内外交通衔接的重点。中小城市铁路客运站到发客流大部分是通过地面公共交通来输送的，地面公交线路包括终点站线路与过境站线路。为减少市内交通与对外交通的干扰，不能过多地将城市的公交线路引入铁路客运站并设置公交终点站。轨道交通是大城市铁路客运站重要的衔接方式。国外城市铁路车站往往集多条城市轨道交通于一体，形成大型轨道交通枢纽。由于铁路客流集中到达，需要快速疏散，因此位于铁路客运站的轨道交通车站最好设置折返线路，以便于开行区间折返列车，及时输送铁路到达客流。出租车是铁路客运站另一种重要的换乘方式。铁路客运站应设置出租车下客区和候客区，下客区靠近进站口，候客区靠近出站口。

（2）公路长途客运站与市内交通的衔接

长途客运站是城市对外公路客流与市内交通的衔接点，长途客运站及相关设施的布置，应保证向市内各种停车站换乘的方便，并直接在客运站附近设置社会车辆停车场。我国公路长途客运站与市内交通的公共交通衔接方式主要是公共汽（电）车，经过长途客运站的公交线路应多设置过境站，少量设置终点站，以减少公共交通车辆进出长途汽车站与长途汽车车辆进出站的干扰。

2.市内交通衔接

市内交通衔接是指市内各种交通方式之间的衔接换乘，它直接影响城市交通的整体运行效率。市内交通衔接要实现不同方式之间的无缝衔接，需要在换乘设施、运营时间、服务信息、交通票制等各方面进行整合，减少换乘时间和换乘费用。

（1）公共客运枢纽

枢纽内交通方式之间的衔接换乘方式，分为平面换乘、立体换乘及混合换乘。平面换乘是指所有交通方式在同一平面上，乘客只需要通过地面步行道、人行天桥或地道来进行换乘，因此，占地面积较大，步行换乘距离较小。立体换乘是指不同交通方式布置在不同立体层面上，乘客通过垂直换乘通道来实现换乘。与平面换乘相比，垂直换乘占用土地面积较小，不同层面之间可以通过自动扶梯或垂直电梯来连接，为乘客换乘提供方便。垂直换乘将不同的交通方式在不同的层面分开，通过交通分流消除了不同交通方式间的相互干扰，尤其是行人活动空间与车辆的干扰，增加安全性并提高换乘效率，但垂直换乘投资一般较大。垂直换乘一般用于有轨道交通线路的车站。混合换乘是指平面换乘加立体换乘。

（2）停车换乘

停车换乘（Park and Ride）是个体交通与公共交通之间的一种换乘形式，即通过乘小汽车等个体交通至停车换乘点换乘轨道交通进入中心区。停车换乘，沿轨道交通线路布设，对小汽车交通进行截断，减少进入城市中心区的机动车交通量，鼓励乘用公共交通，提高公共交通出行比重，这是减少交通拥挤的一种战略性交通规划设计。停车换乘使人们在市中心区的出行由便利的公共交通来完成，并不增加步行距离，国外许多城市沿轨道交通线路布设了停车设施，甚至有些快速公交线路沿线也布设了停车换乘设施。

六、道路基础设施管理系统

道路基础设施包括与道路相关的所有物理设施，除道路本身以外，还包括道路所有的附属设施，如标志、标牌、护坡、排水系统、桥梁、涵洞、附属建筑物等。这些基础设施由于受到自然环境及交通荷载的影响，再加上材料本身的自然老化，使得这些基础设施随着时间的变化逐渐破坏而失去其结构上和使用上的功能。随着我国公路建设的快速发展，道路设施管理工作日益成为保障道路提供优质、快速的交通服务的重点。同时，对公路管理信息化的建设，为提高我国公路管理工作的水平提供了技术支持和高科技手段。有针对性地建设道路管理系统，采取切实可行的技术手段，是加强公路管理信息化建设的关键。本节将从道路设施管理系统的功能、道路设施管理系统的标准组成、组件的选择、管理系统建设的一般步骤对道路基础设施管理系统进行简要介绍。

（一）道路设施管理系统的功能

道路设施管理系统的功能对于所有的路网来说可以分为以下3个基本功能；

（1）计划功能（包括编制预算、编制实施方案、进行方案选择）；

（2）实施功能（包括工作准备、工作委派、工作实施）；

（3）监督、成效检验功能（包括工作实施过程监督、控制、工作成果的汇总和报告）。

这3种基本功能可以描述成一个管理环。这个管理环通常一年循环一次，进行计划的时期在3个环节中是最长的阶段，也是管理工作实施的关键过程。在建设道路管理系统初期，需要对道路及其附属设施的现状、使用情况（如交通流）等基础数据资料进行确定，然后需要确定管理实施的目标标准，此目标标准应处于道路管理的政策水平，是在经济预算范围内可实现的最优化的目标。在此基础上，可以确定完成管理计划所需投资额的数量。这些计划通过成本优化分解成为实施项目，然后根据计划进行道路建设或养护项目的实施。项目实施的结果通过第二年度的数据收集进行监测，包括可以反映出道路状况的改善或道路现有设施的损坏程度的数据变化。道路设施管理系统基于对以上数据进行分析、统计、模型计算，以工作流的管理方式提出详细的优化方案，供道路管理者决策参考。

（二）道路设施管理系统的标准组成

道路设施管理系统分成不同的管理模块，每个模块负责某一方面的数据处理和方案管理，主要由以下子系统组成。

1. 道路监测子系统

该系统用来收集道路设施数据，包括道路详细状况和条件、道路结构状况和条件、道路交通使用状况及道路运营情况。这些数据的收集主要通过车载自动设备和可视采集手段进行。

2. 数据存储子系统

道路设施管理系统的核心是数据存储子系统或称为道路信息管理子系统，所有收集的数据都通过该系统保存并传送至分析子系统。在一套自动化程度较高的系统中，分析后的数据又传回数据存储子系统。数据存储子系统中保存了道路设施现状的最初始收集的数据，也是分析系统通过数据分析得出结论后数据的物理存储地。数据存储系统一般包括地理信息系统（GIS、GPS）等基础数据库。

3. 数据分析子系统

数据分析子系统或称为决策支持子系统：主要根据道路收集的数据和管理者预先确定的道路管理方案对道路管理决策进行预测。基础数据包括道路类型、管理模式、交通状况和预算情况。系统通过道路使用状况模型和交通状况模型，根据预计的道路运营成本和使用成本提出优选的道路管理维护方案，供道路管理者在进行计划管理、实施管理中使用。数据分析子系统的主要功能是保证所有工作的计划方案都是基于对道路寿命周期成本最优化后做出的。任何一个方案的执行对道路使用状况的改善情况都是可以通过模型模拟计算而预测到的，因此对管理者所做的任一决策都能迅速反馈可能的结果，大大提高管理者决策的科学性。

4.结构管理子系统

结构管理主要包括桥梁管理系统，隧道、涵洞管理系统及建筑物管理系统等。这些结构管理系统一般都是自维护的，包括桥梁、隧道等主要结构的基本数据。这些系统的分析模式主要基于一些概率模型，它们主要通过对不确定因素的分析而得出这些主要设施发生危害的可能性。

5.作业管理子系统

作业管理子系统也称为维护管理子系统，但此系统包括对所有新建设施的管理。此系统用于对其他系统提出的方案实施时进行有效的管理，包括日常维护作业的检查管理和作业程序管理，对特定设施进行维护施工时的工程管理等。

6.财务信息管理子系统

财务信息管理子系统是对道路管理所有发生的费用等进行统计、详细界定、记录并汇总。这些需要管理的费用不但包括道路设施（路面、桥梁、隧道等）的建设与维护费用，还包括道路运营费用、附属建筑的维护费用、车辆租赁费用和其他费用。对所有这些费用的统计管理是确定道路维护水平和实施道路维护方案的关键。

除以上介绍的主要功能子系统组成外，还有以下管理系统，包括用户客户管理、绿化管理和环境管理等，所有系统都是为了使道路提供更加快捷、高效的服务。

（三）组件的选择

当评估选择哪些系统组成道路管理系统时，需要考虑以下因素。

1.需要管理的道路规模

不同规模道路的管理系统所需的管理功能均有其特殊性。一条 50km 长的道路和 500km 长的道路所需的管理功能组件和复杂程度是不相同的，需要通过根据道路的实际工作需要来确定该道路管理系统需要采用何种功能模块。

2.道路设施的组成情况

在不同的路网中，其拥有的设施情况不尽相同，有的路网中有许多桥梁、隧道等其他设施，而有的路网中只有少数此类设施。需要根据实际情况，如果附属设施可以通过主要管理系统组件进行管理，则可以取消专门的附属设施管理系统。还有许多其他因素需要纳入考虑的范围，在进行道路管理系统建设时有必要对项目进行全面的经济分析，来保证系统既能对道路进行全面管理又能节省不必要的开支。

（四）系统建设的一般步骤

若想成功进行道路管理系统的建设并获得良好的经济效益和社会效益，在系统建设实施时有必要按以下步骤进行论证和考虑。

1.进行可行性分析和经济评估

可行性分析和经济评估对于预备进行道路管理系统建设的管理部门来说十分重要。它通过对道路管理功能进行全面的分析，确定系统所必须具有的功能和所需功能模块的结构状态，并且确定为满足道路管理职能所需的组件和功能模式。

2. 进行功能界定和系统参数设定

一旦可行性分析和经济评价完成确定需要建设，那么就需要对拟建项目进行详细的功能界定，明确该道路管理系统所具有的功能应达到何种水平，以及达到如此水平所应有的具体功能模块配置和系统参数。

3. 进行系统采购

在完成功能详细分析和确定系统需求后，管理部门可以对系统进行市场采购。虽然采购的主要对象是完成系统功能的软件，但同样需要确定应采取何种硬件以保证软件系统功能准确高效地实现。

4. 系统安装启用

合适的系统采购完成后，系统就可以进行安装和启用了。这时管理者还需要做以下工作：首先，将所有已有的数据移至系统中；其次，确定将要输入系统的各方面数据；最后，进行系统试运行，同时对所有相关人员进行系统使用培训。

第三节　智能交通信号控制系统的介绍

一、概况

智慧交通信号控制系统是基于交通大数据的人工智能应用系统。系统在挖掘海量实时交通大数据的基础上，对道路运行态势进行判断，利用人工智能的方法优化交通信号区域协调控制方案。这里所说的交通大数据指的是 GPS 数据、手机信令数据、App 和未来很快就可能出现的车联网数据。智慧交通信号控制系统也可以实时接入其他交通检测数据，如流量检测器、排队长度检测器、速度检测器等，对系统配时方案进行校正和验算。

目前我国地市级以上城市基本完成了主要路口的信号灯控制的全面覆盖，并建设了相应交通信号灯控制中心系统，部分城市实现了信号控制设备的中心联网、远程控制。然而，现在的信号灯控制系统控制策略主要依赖于环形线圈、地磁、视频流量检测等前端感知流量采集设备，这些传统的检测手段存在仅能采集道路断面车流量数据，不能对实时交通状态进行准确判断，同时环形线圈易损坏、覆盖率不足、缺乏宏观数据等缺点，因此，基于现有交通流参数采集设备难以形成对信号控制效果有效的评价机制。

我们现在使用的常规交通信号灯有着定时的预编程序，这种程序是长期未变的。通常优先考虑那些可能会拥堵的道路，而道路中的人、车流量及路况是随时发生变化的。比如，每次绿灯亮的时间，在小路十字路口仅为 30 秒，而在双行道十字路口长达几分钟。但信号控制配时方案优化主要依靠经验丰富的交通工程师、警员根据现场交通流情况进行经验性调整，虽然可以达到一定的效果，但工作效率较低、耗费大量人力，考虑区域受限且不可长时间持续，对信号控制路口的运行评价监测也缺少有效手段，使得城市道路交叉口通行能力没有得到充分发挥，应引入可行稳定的交通信号控制效果评价科技手段和可持续的信号控制优化策略。

信号灯评估优化系统利用互联网交通数据（互联网实时路况、互联网底层轨迹数据、互联网交通事件数据）、交管多源融合路况、采集设备流量采集数据、卡口电警流量采集数据、交通事件信息、信号控制系统采集数据、多源路况历史数据、行人过街等其他外部数据、交叉口几何渠化数据、基础路网模型、其他交通管理业务数据。利用路况拥堵失衡算法、上游路口溢出算法、行车方向延误均衡度算法、交叉口事件发生率算法，进行交叉口信号评估，得出信号调控有问题的交叉口列表。通过问题分析，掌握更精确、更全面的交通流参数，建立信号控制优化模型和优化策略，形成优化建议。

当前我国各地市交管部门已基本形成较全面交通管理业务应用子系统，但存在业务应用独立。数据分散等问题，在重大事件、研判决策、专项行动时无法全面和精细化的进行研判和分析，难以形成对交通管控决策研判的有力支持。通过对接交管部门各业务系统、互联网平台（高德地图、百度地图），搭建交通大数据中心，借助多源交通数据进行分析计算，建设一套以路网为核心的交通管理信息精细化研判分析服务平台，为交通管理工作提供全范围的交通信息支持。

（一）信号控制的基本概念

1. 信号相位。信号机在一个周期有若干个控制状态，每一种控制状态对某些方向的车辆或行人配给通行权，对各进口道不同方向所显示的不同灯色的组合，称为一个信号相位。我国目前普遍采用的是两相位控制和多相位控制。

2. 信号周期。是指信号灯各种灯色显示一个循环所用的时间，单位为秒。信号周期又可分为最佳周期时间和最小周期时间。

3. 绿信比。是指在一个周期内，有效绿灯时间与周期之比。周期相同，各相位的绿信比可以不同。

4. 相位差。是指系统控制中联动信号的一个参数。它分为相对相位差和绝对相位差。相对相位差是指在各交叉口的周期时间均相同的联动信号系统中，相邻两交叉口同相位的绿灯起始时间之差，用秒表示。此相位差与周期时间之比，称为相对相位差比，用百分比表示。在联动信号系统中选定一个标准路口，规定该路口的相位差为零，其他路口相对于标准路口的相位差，称为绝对相位差。

5. 绿灯间隔时间。从失去通行权的上一个相位绿灯结束到得到通行权的下一个相位另一方向绿灯开始的时间，称为绿灯间隔时间。在我国，绿灯间隔时间为黄灯加红灯或全红灯时间。当自行车和行人流量较大时，由于自行车和行人速度较慢，为保证安全，需进行有效调整，可以适当增加绿灯间隔时间。此外，信号控制的基本参数还有饱和流率、有效绿灯时间、信号损失时间、黄灯时间、交叉口的通行能力与饱和度等。

信号灯的分类：

（1）交通信号灯，按用途可分为车辆交通信号灯、行人交通信号灯、方向交通信号灯和车道交通信号灯等。

（2）交通信号灯，按操作方式可分为定周期控制信号灯和感应式控制信号灯。感应式控制信号灯又分为半感应控制和全感应控制两种。

（3）交通信号灯，按控制范围可分为单个交叉路口的交通控制、干道交通信号联动控制和区域交通信号控制系统，即"点控""线控""面控"三种。

此外，有点信号灯可以设计成信号灯色倒计时显示屏，或者黄灯闪烁屏以提高绿灯时间的利用率。还要一种太阳能信号灯，在交通量小、位置偏远的地方使用比较方便。

（二）传统信号控制系统的局限性

目前国内主要应用的交通信号控制系统（其中包括 SCOOT 和 SCATS）都依赖于交叉口铺设的检测器，使用经典的交通信号控制理论和算法进行区域协调配时计算和优化。但在实际应用中，由于检测器工作环境较差，加上经常性的道路施工，使得检测器完好状态较差，没有检测器提供数据的信号控制系统只能降级使用，运行单个信号机的定周期的配时方案。此外，现有系统大多是封闭的系统，无法接受其他检测手段提供的交通流检测信息；现有系统信号优化算法没有很好地结合智慧交通的最新研究成果；现状交通控制系统评价没有很好地利用大数据分析手段等。

（三）国产信号控制系统现状

目前国内能够生产成套交通信号灯控制系统的主要的厂家有中控、海信、大华、易华录等。此外还有许多小的信号机生产厂家，这些厂家不提供控制系统平台。即使生产成套设备的厂家，其信号控制系统（平台）一般也停留在远程监视和远程控制上，没有面控的优化算法，部分控制系统可以实现干线绿波带（即线控）和单个路口优化配时（点控）的方案。目前没有成熟的使用交通大数据进行优化区域配时方案的技术。据悉中控和阿里巴巴正在合作进行大数据用于面控的开发。

（四）交通大数据

1.GPS 点有三个字段组成：时间、经度、纬度。

2. 数据分为两个大类：

（1）公众数据，也就是我们从用户身上拿到的数据，这里面分为两个来源：

①手机地图 App 导航时的位置信息回传；

②车载导航设备给我们传回的 GPS 点。

（2）行业数据，行业数据通过置换和购买的方式主要是出租车数据。

二、总体框架

智慧交通信号灯控制系统总体构架主要包括数据采集及处理、协调控制方案生成，和实时态势评价三部分。

1. 数据采集及处理，重点处理交通大数据；

2. 协调控制方案，引进入工智能技术，识别交通运行规律，预测交通趋势；

3. 实时态势评价，反馈给第二步，及时调整方案（会下围棋的阿尔法狗基本构架是计算下棋落子模块和态势研判模块两个部分），

（一）实时控制方案

1. 控制分级

（1）控制按控制区域的不同分为中心控制、小区控制和单点优化三个级别。

（2）中心控制需要协调各个小区的信号周期。

（3）小区内各个交叉口使用相同的信号周期或半周期，上下游交叉口配置合适的相位差，根据旅行速度和距离计算旅行时间。

（4）交叉口绿信比按整体交通拥堵评价方向整体分配。

（5）对配置交通检测器的交叉口绿灯尾和红灯头可根据车辆到达情况进行优化。

（6）对联网的有 GPS 的公交车可以采用同样的优化方法。

2. 控制策略

（1）区域整体优化控制。

（2）主线路优先控制（绿波带）。

（3）拥堵区域延缓驶入控制（红波带）。

（4）重要路口保证控制（控制四个方向进入流量）。

（5）交叉口交通锁死情况消散。

3. 交通信号单点信号控制，又称"点控"，用于单个信号的路口，属于孤立交叉口的信号控制。根据交叉口的流量和流向，确定最佳配时方案，可保证最大通行能力或最小延误。

（1）定时控制。定时信号控制也称周期控制，定时周期控制属于自动控制。配时参数的各种组合，构成不同的信号配时方案。

①单点定时周期控制。预先调整信号机的控制相位、周期长度和绿信比，根据设计好的程序轮流给各方向的车辆和行人分配通行权，控制不同方向的交通流。

②多段定时周期控制。若一天当中各时间段的交通量相差较大，则应采用多套配时方案。根据一天内不同时段交通量的变化，选择相应的配时方案，以适应交通流变化的需要。定时控制方式适用于那些交通量不大、变化较稳定、相隔距离较远的交叉口。

（2）感应式信号控制。根据车辆感应器提供的信息调整周期长度和绿灯时间。它可更

好地适应交通量的变化，减少延误，提高交叉口的通行能力。特别适用于各方向交通量明显随时间变化较大且无规律的交叉路口。它的主要形式有以下两种：

①半感应式信号控制。在部分进口道上设置车辆感应器，通常设在次要路口。平时主干道维持长绿信号，只有当支路上有车辆到达交叉口时，才给以通行权。这种控制适用于主干道上交通量特别大，而支路上流量较小的交叉口。

②全感应式信号控制。所有进口道上都安装车辆感应器。当主干道和支道的交通量都比较小时，主、支道入口的信号均维持最短绿灯时间，此时它相当于定时周期控制，当交通量较大时，可自动延长绿灯时间。这种控制方式适用于相交道路的交通流量都比较大且都不稳定的情况。

（3）按钮式信号控制。按钮式信号控制，属于人工控制，它适用于支线路口或非交叉口的人行横道处，平时主干道路是绿灯信号，支线路口来车或有行人横穿道路时，可按一下路旁与信号机相连的开关（有的设计为遥控开关），则绿灯变为红灯。这种控制方式，适用于支线路口车辆或行人较少的道路。

（二）数据采集处理（重点关注交通大数据）

1.GPS 大数据的主要形态：时间、经度、纬度。

2. 如果采样间隔短，可以计算较为精确的区间速度。

3. 可以根据导航数据，获知交通流向，根据流向比例，确定信号控制方案，因为导航数据都是有未来路径的。导航路径就是流向，大流向和路口流向都有。

（三）实时态势评价

1. 评价指标：速度、排队长、拥堵指数。

2. 算法。

3. 评价结果的可视化。

三、主要应用

（一）日常情况协调控制优化

1. 交通大数据路段区间速度计算，速度为基础的区域信号协调控制方案优化。

2. 严重拥堵区域进入交通流量控制，设置红波带，利用道路分段存储车辆，避免拥堵区域交通瘫痪动态干线优先绿波带控制，利用交通大数据动态推算车速和相位差，比静态绿波带明显合理。

3. 重点交叉口信号配时优化。

4. GPS 公交车优先信号控制，根据到达公交车辆情况，决定绿灯时间延后和红灯时间提前结束，此项功能目前已经证实很有效。

（二）应急交通控制

1.特种车辆（消防车、救护车、工程抢险车等，最好带 GPS）紧急通道。

2.特勤路线事前预处理、事中支路控制及事后拥堵车辆消散。

3.交通事件封路。

4.信号灯故障周边交叉口信号自动适应。

（三）实时运行状态评价

1.利用交通大数据实时评价交通运行状态。

2.评价是多指标的，包括平均速度、延误、排队长，后两个根据速度推算评价可分区域、路段，重点区域优先。

3.系统根据实时评价结果，调整、协调配时方案。

（四）利用大数据进行交通事件检测

1.交通事故检测。

2.交叉口叉车堵塞检测。

3.意外事件阻塞（爆炸、塌陷、失火、故障车、积水）检测。

4.高速收费口迟滞检测区域交通瘫痪检测。

（五）可提供的服务

既可以提供系统平台，也可以在云上提供优化方案服务。除此之外，服务还可以包括现场交通组织和交通配时方案优化服务。

四、系统硬件总电路构成及原理

实现本设计要求的具体功能，可以选用 AT89S52 单片机及外围器件构成最小控制系统，12 个发光二极管分成 4 组红绿黄三色灯构成信号灯指示模块，8 个 LED 东西南北各两个构成倒计时显示模块，车流量检测传感器采集流量数据。

如何判断两路口车辆的状况呢？我们要设计一套科学检测车流量而自动调整绿灯放行时间（需设定上、下限）的控制系统，这样无疑会大大提高车辆通过率，有效缓解交通压力。我们在每车道车辆等待线的前方都安装一个霍尔车辆检测传感器，当有一辆车通过时就会使霍尔开关型传感器的磁场发生变化，而产生一个脉冲电平，脉冲电平送给单片机的计数器处理，给单片机的计数器定一个初值，用来判断各方向车辆状况。比如：20 秒内可以通过的车辆为 20 辆，当 20 秒内南往北方向车辆通过车辆达不到 20 辆时，判断该方向为少车，当 20 秒内北往南方向车辆通过车辆也达不到 20 辆时，判断该方向也为少车，下一次通行仍为 20 秒，当 20 秒时间内南往北或北往南任意一个方向通过的车辆达 20 辆时证明该状态车辆较多，下一次该方向绿灯放行时间改为 40 秒，当 40 秒内通过的车辆数达 45 辆时车辆判断为拥挤，下一次绿灯放行时间改仍为 40 秒，当 40 秒车辆上通过车辆达不到

45 辆时，判断为少车，下次绿灯放行时间改为 20 秒，依此类推。绿灯下限时间为 20 秒，上限值为 40 秒，初始时间为 20 秒。如此检测，某次可能不准确，但下次肯定能弥补回来，累积计算是很准确的，这就是人们常说的模糊控制。因为路上的车不可能突然增多，塞车都有一个累积过程。这样控制可以把不断增多的车辆一步一步消化，虽然最后由于每个路口的绿灯放行时间延长而使等候的时间变长，但比塞车等候的时间短得多。本系统的特点是成本低，控制准确。

十字路口车辆通行顺序由于南往北，北往南时间显示相同，所以只要一个方向多车，下次时间就要加长，东往西，西往东也一样。

A1104 开关型霍尔的工作原理：

霍尔传感器的外形图和与磁场的作用关系。磁钢用来提供霍尔能感应的磁场，当霍尔元件以切割磁力线的方式相对磁钢运动时，在霍尔输出端口就会有电压输出，所以霍尔传感器和磁钢需要配对使用。在非磁材料的圆盘边上粘贴一块磁钢，霍尔传感器固定在圆盘外缘附近。圆盘每转动一圈，霍尔传感器便输出一个脉冲。通过单片机测量产生脉冲的频率，就可以得出圆盘的转速。同理，根据圆盘（车轮）的转速，再结合圆盘的周长就是计算出物体的位移。如果要增加测量位移的精度，可以在圆盘（车轮）上多增加几个磁钢。

五、技术难点

1. 交通大数据精度不如检测器高，数据有延迟。
2. 交通大数据处理量大，算法需要很好地设计，以保证数据的实时性。
3. 交通大数据无法得到流量信息，因此以往控制模型都不适用，需要创新算法。
4. 各种应用场景下的控制策略和方案。
5. 信号灯区域协调控制的理论、方法和算法。
6. 控制效果评价体系、指标。

第四节 收费管理系统

一、高速公路电子收费系统

作为现代化交通基础设施，高速公路以其通行能力大、行车速度高的显著特点，成为适应现代产业结构发展需要的骨干运输方式和重要运输通道。基于我国高速公路建设任务重、资金短缺、矛盾十分突出的基本国情及收费路融资的特点，国家制定了"贷款修路、收费还贷、有偿使用、滚动发展"的公路发展策略。一条现代化的高速公路建成以后，收费管理是非常重要的日常工作内容之一，它关系到高速公路社会效益的发挥，还在客观上要求通过建立合理的高速公路管理系统来进行科学和有效的收费管理。

目前，高速公路收费管理系统主要有 3 种：人工收费管理系统、半自动收费管理系统和全自动电子收费管理系统。

1. 人工收费管理系统

人工收费管理系统是指对进入高速公路网络的车辆进行的征收、验证费用等，程序全部用手工操作完成的收费管理系统。在这种收费管理系统中，还可以辅以人工稽查、监督及各种规章制度，达到强化管理的目的。

2. 半自动收费管理系统

半自动收费管理系统是指由人工完成收费和找零工作，由计算机或人工完成车型判别，由计算机完成计算费额、打印票据和数据及积累汇总等工作的收费管理系统。半自动收费管理系统是在人工收费管理系统基础上发展起来的，是向全自动收费管理系统发展过程中的一个阶段。半自动收费管理系统是目前我国广泛采用的一种收费管理系统。

3. 全自动电子收费管理系统

全自动电子收费管理系统利用车辆自动识别（Automatic Vehicle Identifcation，AVI）技术完成车辆与收费站之间的无线数据通信，进行车辆自动识别和有关收费数据的交换，通过计算机网路进行收费数据的处理，实现不停车自动收费功能的全电子收费系统。这种高度自动化和高效率的收费管理系统能杜绝人工收费过程中的各种不良现象。传统的人工收费和半自动收费方式越来越难以满足收费公路运营和管理的要求，伴随而来的也给道路的发展带来了新的阻碍，停车收费造成的交通堵塞成为制约提高道路通行能力和使用效率的新的"瓶颈"。电子收费系统（Electronice Toll Collection System，ETC 系统）是智能交通系统框架的一个重要组成部分，它不仅仅为车主用户、高速公路运营商提供快捷的路桥收费的交易服务，还为 ITS 领域智能化的信息服务提供了技术支持，因此许多国家都将电子收费系统作为 ITS 领域最先投入应用的系统来开发，电子收费系统也是当今世界唯一得到大规模产业化运用的智能交通系统的子系统。电子收费系统是利用当代各种先进的短程通信技术（Dedicated Short Range Communication，DSRC）、自动车辆识别（Automatic Vehicle Identification，AVI）技术、自动车辆分型技术系统（Automatic Vehicle Classification System，AVC）、视频稽查系统（Video EnforcementSystem，VES）等先进的技术手段，加上用来进行数据处理的计算机软硬件及收费管理中心实现的不停车自动收取道路通行费的系统。

（一）系统构成

电子收费系统主要包括车载单元、路侧单元和收费管理中心三个部分。

1. 车载单元

车载单元（On-Board Unit，OBU）是一个装载在车辆上的电子标签，用来携带出行车辆身份证明用的识别码、授权证明、账户资料或其他方面的资料数据，这些数据用来与收发单元（Transceiver Unit）做通信使用。作为车载单元的电子标签可分为只读型与读写型，只读型车载单元仅仅存储使用者与车辆的识别码，其收费动作在收费单元的计算机设备上进行；而读写型车载单元除了存储使用者与车辆的识别码外，还可存储包括金额、日期、时间等多项资料，扣费动作由车载单元（电子标签）自动完成。

2. 路侧单元

路侧单元（Road-side Unit，RSU）用于与车上电子标签进行通信，并做好进一步的校验工作，依据与车载单元间信息的传输功能，可分为单项式（One Way）与双向式（Two Way）。单向式路侧单元在车辆通过通信区域时，识读单元即读取并辨别车载单元（电子标签）内使用者与车辆的识别码，再传输到计算机中心。处理记录的使用情况与账户金额，如收费方式采用事后付费的方式，则收费单位定期向用户寄发通行费账单。双向式路侧单元则是识读单元与车载单元需要进行无线通信，并经历一个双向沟通确认的过程，由识读单元发送扣除通行费（金额或者次数）回传车载单元。也有一些厂商的产品由车载单元扣除通行费后，由识读单元做确认而完成收费的自动处理，同时也要经过车载单元与识读单元的双向沟通与确认。路侧单元涉及的主要设备有以下几种。

（1）车辆探测器：能够正确探测车辆进出收费站。

（2）车辆自动识别系统：能够自动识别通过收费站车辆的类型。

（3）数据处理器：计算通过收费站的车辆所应收取的费用，并注明该次交易发生的时间、地点、金额等资料。

（4）信号灯：收费过程是否合法的显示灯，通常绿色信号表示收费过程顺利完成，红色信号表示收费没有成功。

（5）闭路电视设备：对未正常完成的收费过程的车辆进行录像摄影，所得资料用于催交欠款。

（6）照明：摄像亮度不够时，自动开启照明设备。

3. 收费管理中心

用来存储和处理交易记录资料的计算机数据库操作系统，作为账目稽查、转账、制作财务报表与账单用，并且所有电子标签管理是用登记资料或者账户资料。除了前面所讲的自动收费设备与功能外，下面的设备也是整个系统不可缺少的，包括：现场通知通行费收取标准与账户余额、响应使用者信息、补充余额或缴付账款、违规取缔及处罚稽查等设备。

（二）系统关键技术

不停车收费系统是多个科学领域综合性技术的研究成果，其涉及的技术广而复杂，大致可以分为3种：自动识别技术、通信技术、自动车型分类识别技术。

1. 自动识别技术

（1）自动识别技术是应用一定的识别装置，通过被识别物品和识别装置之间的感应，自动地获取被识别物品的相关信息，并提供给后台的计算机处理系统来完成相关后续处理的一种技术。自动识别技术是以计算机技术和通信技术的发展为基础的综合性科学技术，它是信息数据自动识读、自动输入计算机的重要方法和手段，归根结底，自动识别技术是一种高度自动化的信息或者数据采集技术。自动识别技术在不停车收费系统中的应用主要是车辆自动识别系统和车牌自动识别系统。

①车辆自动识别系统。车辆自动识别技术在不停车收费系统中占据着非常重要的地位。它是系统能迅速采集车辆数据信息的有效方法，给后面系统的进一步工作打好基础。随着该技术的发展，出现了多种车辆自动识别技术，如图像识别技术、条码识别技术、射频识别技术等。但目前最常用的还是射频识别技术。

车辆自动识别系统使用安装在路侧的射频天线读取电子标签内存储的信息，如车主姓名、车牌号码等，并以此为依据来决定该车辆是否可以通过。通常情况下，电子标签在设计的时候就设定为可读写的。当装置有电子标签的车辆进入高速公路时，放置于高速公路旁的读写器会在电子标签内写入进站信息，当车辆抵达出站口的时候，放置于收费站内的读写器读取电子标签内的进站信息，以便系统能正确地收取通行费用。车辆自动识别系统是不停车收费系统的基本系统，主要采用射频识别技术，因此它的组成通常为车载电子标签、读写器、射频天线等。

②车牌自动识别系统。车牌自动识别系统是不停车收费系统当中非常重要的一部分，它与车辆自动识别系统一同为不停车收费系统的正常工作提供保证。将先进的图像处理技术、模式识别技术、通信技术综合起来的智能识别系统就是车牌自动识别系统。车牌识别系统通过摄像机对过往车辆的车牌号码进行图像采集、处理、识别，在不停车的基础上，完成对车牌号码的识别。车牌识别系统按照其工作的流程可以分为 4 个模块：图像采集模块、目标定位模块、字符分割模块、识别模块。图像采集模块主要实现两个功能，分别是车辆的检测和图像的采集。目标定位模块主要是对车辆的车牌定位，为下一步系统对车牌的识别做好准备。通过上面两个模块的工作，系统已经获得了车牌的图像信息，将图像信息传送到字符分割模块和识别模块，再经过相应的算法处理后，完成对车牌的识别。

2. 通信技术

由于目前高速公路的需求，大多数的不停车收费系统都处于联网状态，每条高速公路的不停车收费系统都必须建立连接进行通信，这也就对不停车收费系统的通信技术提出要求。目前应用到不停车收费系统的通信技术主要有：移动通信技术、短程光通信技术和专用短程通信技术。

（1）移动通信技术。仅仅依赖局部的通信，要想实现先进的不停车收费系统是远远不够的。智能交通管理中，系统与驾驶中的车辆互相交换信息，随即将一些信息下发到不停车收费车站。将先进的移动通信技术与移动车辆结合起来，组成一个完整的智能交通道路系统。

（2）短程光通信技术。短程光通信技术是基于红外短距通信协议，以光为载体，以空气或者光纤为载体的从厘米到百米不等的短距离传输技术。短程光通信不受频率资源的限制，不必申请频率就可以立即使用，此外短程光通信技术还有许多优点。然而，由于短程光通信技术是基于红外短程通信协议的，所以先天上有很多不足，例如，在有雾或者雨的环境下，红外线的穿透能力较差，存在噪声等。

（3）专用短程通信技术。专用短程通信技术是 ITS 智能交通领域中专门用于机动车辆在高速公路等收费站实现不停车自动收费的技术。专用短程通信技术是一种短距离传输的新型通信技术，它通过微波传输信息将车辆与道路连接起来，组成一个完整的系统。专用短程通信技术支持点对单点与点对多点的通信，具有传输速率高、抗干扰能力好等特点。专用短程通信系统主要分为三个部分：车载设备（On-Board Unit，OBU）、路边设备（Road-Side Unit，RSU）和专用短程通信协议。现今国际上有许多不同种类的车载设备，其中的差异主要表现在通信式和频率方面。车载单元一般应用于不停车收费系统，主要由车载电子标签组成，其内存储着车主姓名、车牌号码、车型信息、银行账号等相关数据。路边设备主要是指放置于路旁的天线和读写器，主要完成对车载设备数据信息的读取。专用短程通信协议是基础，各个设备的正常工作都是建立在其之上的。通过路边设备 RSU 和车载设备 OBU 之间的通信建立，使得机动车辆在不停车的情况下通过放置有 RSU 天线的收费站时完成数据交换，实现不停车收费。

3. 自动车型分类识别技术

自动车型分类识别技术是智能交通中非常重要的技术，在交通领域、高速公路收费等方面有着广泛的应用。自动车型分类识别技术是不停车收费系统的重要组成部分，通过与车辆自动识别系统和车牌自动识别系统的联合工作，完成对车辆身份的识别，防止车主在车辆身份和车型方面的造假。自动车型分类技术主要是利用不停车收费车道内或者车道周围的一些装置来对车辆的类型进行分类，以便系统能够按照正确的车辆类型来收费。随着技术的发展，对自动车型分类技术的研究也逐渐增多，目前自动车型分类技术主要分为 4种：地感线圈车辆检测法、超声波车辆检测法、动态称重法和基于视频图像的检测方法。

二、公共交通收费系统

公交收费系统很多是采用接触式 IC 卡，卡在读写器上经常拔插造成的磨损导致接触不良，从而引起数据传输错误，并且卡与读写器之间的磨损也大大缩短了卡和读写器的使用寿命。随着技术迅猛发展，公交收费系统逐渐被射频技术取代，即使用非接触式 IC 卡。读写器以射频识别技术为核心，当射频卡靠近读写器时，受读写器发射的电磁波激励，卡片内的 LC 谐振电路产生共振并且接收电磁波能量。当射频卡接收到足够的能量时，就将卡内存储的识别资料及其他数据以无线电波的方式传输到读写器并且接受读写器对卡内数据的进一步操作。在环境复杂的公交车上，这种收费系统将会有很大前景。

（一）IC 卡部分

1. 非接触式 IC 卡读写器结构

非接触式 IC 卡读写器结构示意图如图 5-13 所示。目前在 IC 卡上应用最多的存储器芯片是 EEPROM。微控制器采用低功耗微处理器。一个典型的射频识别系统由两部分组成：一是被称为射频识别标志的应答器，二是寻呼器。对于此 IC 卡系统而言，读写器即为寻呼器，外接天线对外发射无线激励信号；卡内的 RF 接口电路即为应答器，装有感应线圈，被读写器信号激励。读写器与非接触式 IC 卡的信息交换是通过 RF 方式完成的。

读写器包括射频半双工电路、申行接口电路、编码器（Encoder）、解码器（Deceder）、存储器和控制器等几个部分。串行接口完成接收上位机命令和向上位机传送命令的执行结果。解码器输出由非接触 IC 卡发出的信息，编码器将读写器对非接触 IC 卡的命令转换后由射频接口电路完成数据信号交换。

2. IC 卡分类

IC 卡分为乘客卡和控制卡两大类。乘客卡即乘客储值卡，根据不同的需求，乘客卡又分为普通卡、月票卡、学生卡等，为了适应各种情况，系统预留了多种不同类型的乘客卡，以方便在应用中进行安排。这些乘客卡类型可以由公交公司按照需要自己定义。系统同时提供按照需要设置每条公共汽车线路对同类型的乘客卡采取不同的收费标准，可以设置某条线路不能使用某种卡（如月票卡）。

控制卡用于对有关设备（车载收费机、充值机、初始化机等）和人员的操作进行控制。结算中心子系统结算中心子系统是整个收费系统自动处理、运行的关键，该子系统具有如下八个方面的功能。

（1）账户管理：IC 卡账户的注册、维护和注销，账户交易记录和修改，账户资料的查询，同时负责系统黑名单管理。

（2）数据传输管理：在结算中心与汇总传输点和发卡充值点之间进行数据传输。

（3）结算管理：通过对汇总传输点和发卡充值点汇总上来的数据进行计算分析，产生结算数据；根据结算数据给出相应报警；提供修改结算算法功能，以适应不同情况和不同时期的结算要求；承担车费收费部分的财务管理。

（4）报表模块：产生和输出各种报表，通过报表生成器为用户提供自定义报表功能。

（5）设备管理：对公交车辆、车载系统、手持系统、IC 卡读写系统等设备进行管理，记录设备的维护和保养，提高管理水平。

（6）线路管理：制定、修改公交线路方案及其票价。

（7）系统管理：维护结算中心计算机、数据库和应用软件系统。

（8）决策支持系统：通过对历史数据的分析和统计，制定相应的政策和方案，从而提高管理水平。

3. 汇总传输点子系统

除不具备账户、线路和决策支持模块之外，与结算中心子系统其他模块基本一致。

4. 车载收费数据采集子系统

（1）对乘客卡进行验证和扣款；

（2）将扣款信息传输到车载收费机记录设备中；

（3）将数据转载到汇总传输点系统中；

（4）将管理中心发布的黑名单下载到车载收费机中，并对乘客 IC 卡进行验证。

（二）IC 卡管理子系统

此系统主要应用于发卡充值点对乘客 IC 卡账户进行管理，包括以下 3 个模块。

1. 初始发卡模块

初始化卡时，操作人员必须持有中心授权的初始化专用卡，在通过口令字验证及内部验证后，才能具有真正初始化发卡的权利。初始发卡工作是整个系统的安全关键点，应该在管理中给予高度重视。

2. 充值模块

乘客经初始化 IC 卡设定基本参数后，可以在各个充值点进行充值。充值时，工作人员必须持有中心授权的充值专用卡，在通过口令字验证及内部验证后，才能具有充值 IC 卡的权利。每次执行充值时，系统均先检查充值员的充值金额是否已经超过规定的充值限额，防止出现越权充值的现象。同时，结算中心要将充值金额记录与用户实际消费金额进行比较，防止出现车费遗失现象。

3. 控制卡发行模块

对控制卡发行、领用和归还等情况进行跟踪和管理，防止出现重大责任事故。

（三）系统工作流程

1. 数据采集

乘客在发卡充值点购买 IC 卡，乘车时在车上的 IC 卡读写器（车载收费机）前刷过，车载收费机即可对该卡进行相应类别（普通卡、老人卡、学生卡、特别卡）的扣款操作；扣款类型除在车载收费机上有显示外，还用不同声响通知司机以便检查。正确的扣款信息（简称乘客信息，含日期、时间、扣款类型、扣款数、IC 卡号）存于车载收费机上，车载收费机经规定的运行时间后回到汇总传输点，由管理员用手持式数据采集器连通车载收费机，把乘客信息下载到手持式数据采集器上，再把该数据转存入汇总传输点数据库中。

2. 数据传输

汇总传输点按规定的通信时间通过公共电话网与总公司结算中心数据库服务器建立通信连接，通过 Sybase SQL Remote 的复制技术把数据复制到结算中心数据库中。此外，当线路出现故障时，也可以通过磁盘、光盘形式将数据上报到结算中心。

3. 数据处理

结算中心通过对汇总传输点传来的数据进行计算、汇总，形成公司营运、财务核算等方面的报表，用来与分公司进行财务结算。

（四）基于 Wi-Fi 技术的公交收费系统数据采集设计及应用

随着非接触式 IC 卡技术在城市公交自动收费系统中的应用，车载 POS 机大量应用到公交收费系统中。近年来顾客持卡消费的比例越来越大，公交机载 POS 机数量也持续增长，增长的同时对公交收费系统提出了更高的要求。当前，我国各地公交公司基本已建立起传统的借助有线接入的 POS 机系统，以及部分 GPRS Zigbee 无线方案试点，但随着技术的发展，现有公交 POS 机系统数据采集的缺点进一步显现出来。

公交 POS 机有线接入需要工作人员在公交车回到总站后，通过数据采集器将车载 POS 机的数据读取并转存到数据采集中心。人员的参与使采集过程低效且易出错，同时维护也更为复杂。

另一方面，由于公交车存在量大，网络交互频繁，难以承受高昂的运营费用，如 GPRS，CDMA 等付费的通信服务，更多的只能作为远距离的骨干网络连接服务，而不可能作为全面覆盖的公交收费网络，Wi-Fi 所承载的无线通信及网络技术正好完美地弥补了这个空缺。正在兴起的 Wi-Fi 网络建设热潮使得 Wi-Fi 已经成为无线网络的主流方向。从安全性、技术成熟度、与现有网络连接、节点管理、设备互操作性方面，Wi-Fi 在短距离无线技术中都有不可替代的优势，可最大限度地满足公交收费系统数据采集的需求。

基于 Wi-Fi 技术的 POS 机无线接入方式可解决传统公交有线 POS 及现有无线数据传输的不足。采用 Wi-Fi 无线接入技术，当公交车进入总站后，车载 POS 机自动关联到架设在总站的无线 AP/Router，该 AP 可通过 Ethermet 连接到数据采集中心。关联完成后，车载 POS 机将本次 POS 机上存储数据自动上传至数据采集中心，并将黑名单及其他需下载内容通过无线下载到车载 POS 机上，此过程不需要数据采集器中转数据，也无需人员参与。多台 Wi-Fi 车载或手持 POS 机可通过 AP 以共享的方式接入公交收费系统，与数据采集中心进行通信。客户可根据总站实际情况，灵活选择 AP 架设位置及数量，调整覆盖范围。Wi-Fi 无线接入技术的使用，使公交收费系统数据采集更加智能化，维护也更加容易。

三、停车场收费系统

停车收费对交通需求结构的影响是政府运用价格杠杆来缓解中心区停车问题时要考虑的主要因素，停车费率的变化对交通需求结构的影响大小是制定停车收费价格水平的一个基本依据。停车收费是指对接受停车场提供的产品或服务的受益者收取的费用。图 5-19 所示为一停车场的收费系统。停车收费对交通需求结构的影响是政府运用价格杠杆来缓解中心区停车问题时要考虑的主要因素，停车费率的变化对交通需求结构的影响大小是制定停车收费价格水平的个基本依据。停车收费是指对接受停车场提供的产品或服务的受益者收取的费用。

非接触式 IC 卡停车场收费系统是目前国际上最先进的计算机收费管理系统之一，具有方便快捷、收费准确可靠、保密性好、灵敏度高、使用寿命长、形式灵活、功能强大等众多优点，是磁卡、接触式IC卡所不能比拟的，它将取代磁卡、接触式IC卡而成为新一代的主流。系统以非接触式IC卡为信息载体，通过IC卡刷卡记录车辆进出信息，利用计算机管理手段确定停车计费金额，结合工业自动化控制技术控制机电一体化外围设备，从而控制进出停车场的各种车辆。

（一）进口、出口集中控制结构

智能停车场管理系统的设计以安全防护和自动化为主。一般的停车场管理系统重点均放在计费管理功能上，关注的是各个车辆进出的时间以便于收费，采用的识别方式是磁卡的条形码，这样的管理实际上只是对磁卡所记录的内容管理，并没对车辆的安全进行管理，一旦窃贼获得磁卡，就可以把任何一辆好车盗走，这样会给车主带来极大的损失，也给车辆管理带来了无法克服的安全隐患。该停车管理系统既保留了原停车场管理系统的所有功能，又增加了计算机视觉技术的安全防盗系统，提高了停车场的安全性。用户可以不停车进出停车场，提高了停车场的自动化程度。进出停车场工作过程如下。

在入口处，用户用非接触式远程IC卡输入密码，远程IC卡系统接受密码，并把卡号和密码传给入口终端。智能车辆检测模块检测到车辆，提取合适的车辆图像并把它传给停车场车辆安全信息模块，停车场车辆安全信息模块自动识别车牌号、编码车牌图像特征和车辆图像特征，并传给入口终端。

入口终端通过用户卡号连到服务器中的数据库，调出用户信息，核对用户的密码、车牌号码，并进行车辆图像匹配检测，若拒绝识别车牌号，则通过车牌图像匹配检测。这样是为了检查该用户是否是合法用户，以防非法用户获得合法用户的IC卡后，盗用该用户账号。车辆图像、车牌号及IC卡密码都符合时才放行。若用户是第一次使用，则并不核对用户的车牌号、车牌图像特征和车辆图像特征，而是把该信息存入数据库中。

在出口处，用户用非接触式远程IC卡输入密码，远程IC卡系统接受密码，并把卡号和密码传给出口终端。智能车辆检测模块检测到车辆，把信号传给停车场车辆安全信息模块，停车场车辆安全信息模块自动识别车牌号、编码车牌图像特征和车辆图像特征，并传给出口终端。出口终端通过用户卡号连到服务器中的数据库，调出用户信息，得知用户类型是固定用户，核对用户的密码、车牌号码资料，并进行车辆图像匹配检测，若拒绝识别车牌号，则通过车牌图像匹配检测。核对密码是为了检测该用户是否是合法用户；核对车牌号是为了防止该用户通过更换车辆达到破车换好车的目的；核对车辆图像特征是为了防止该用户通过更换车牌照达到破车换好车的目的。车辆图像、车牌号及IC卡密码都匹配且用户账号金额充足时才放行。

（二）车辆检测系统及图像识别原理

1.车辆检测系统

车辆检测是进出口终端分析、判断、发出信息和提出控制方案的主要依据。只有当智能车辆检测模块检测到车辆后，车辆安全信息模块才开始工作，终端也相应地发出各种控制信息。目前具有代表性的是按检测器的工作方式及工作时的电磁波波长范围，将检测器划分为三大类：磁频车辆检测器、波频车辆检测器和视频车辆检测器，它们各有自己的优缺点。由于考虑到车辆检测模块和车辆安全信息模块可共享 CCD、视频采集卡及计算机，这样可以减少费用，而且停车场车辆速度并不太快，因此我们选择了视频车辆检测的方法。

视频车辆检测方法有多种。一种是利用对路面和车辆的灰度直方图的特征变化判断是否存在车辆。这种方法对车辆颜色、环境和光线变化较敏感。为了避免这些影响，有人提出基于直方图收缩方差法，但并没取得突破性进展。另一种车辆检测方法是计算视频流中连续帧间差值。当 CCD 区域内有运动目标时，帧间差值反映出运动目标区域的灰度差值不为零。车辆颜色、环境和光线变化对该方法并没有太大的影响。缺点是该方法无法检测静止的车辆，对车速变化敏感，车速过慢和过快都有可能影响检测的准确性。

在停车场进出口处的车辆检测的难点是可能会出现速度过慢的情况，针对这种情况，提出了隔帧帧间差法，这样相当于提高了车速。利用隔帧帧间差的方法可以提高车辆检测的准确率。

2. 智能图像识别系统

智能图像识别系统是将世界上最新一代的车辆综合识别技术引人停车场智能管理系统，并形成以计算机网络管理与控制为核心的机电一体化高科技产品，具有高效、准确、安全、可靠的技术性，有效地杜绝了偷车、盗车现象，使停车场管理者和使用者得到最大的安全保障。

（1）系统构成

本图像识别系统配合感应式 IC 卡停车场计算机管理系统，形成一套完整的停车场管理体系，全套系统采用计算机网络控制，包括两台计算机、两个 CCD 摄像头、两张图像处理网络卡和两台聚光灯。

CCD 摄像头摄入进场车辆，经计算机和图像处理网络卡加以编制，并传输到管理中心主系统存储起来；车辆出场时，读出 IC 卡的编号，在显示器上调出人场车辆的图像与出口 CCD 摄入的图像进行对比，经判断一致时，则给予放行。

（2）系统性能及特点

图像识别系统的运用，减少了车型及车牌的识别和读写的时间，加快了 IC 卡信息与车辆之间确认、判断的时间，提高了出、人车辆的车流速度。图像识别与 IC 卡配合使用，能准确判断出 IC 卡和车牌是否一致，杜绝了偷车者的盗车途径。

使用本系统可杜绝人为资金的流失，计算机及图像存档令停车场拥有者的每一投资都得到最高的回报，那些谎报免费车辆的现象将被杜绝。

常光照（100~80 流明）条件下，对车辆的综合识别概率不低于 99.5%。系统工作环境温度 -20℃ ~+50℃ 条件下，能在小雾、小雨、小雪（能见度 50m 外）及 7 级以下大风中可靠工作。

3.车牌照识别原理和基本方法

汽车牌照识别（License Plate Recognition，LPR）技术是车辆自动识别技术的重要组成部分，其任务是处理、分析摄取的车辆图像，以自动识别汽车牌照号。一个典型的LPR系统由车辆检测、图像采集、车牌照识别等系统构成。

LPR关键技术是汽车牌照区域定位技术、字符的分割和字符识别。

（1）汽车牌照区域定位技术

汽车牌照区域定位技术是从自然背景中准确可靠地分割出汽车牌照的技术，它是车牌识别需解决的关键性技术。由于背景复杂且光照不均匀等原因，会出现字符断裂或低对比度的图像，这给汽车牌照定位带来了很大的困难。为此，人们进行了很多研究，通常采用的汽车牌照定位流程为：图像采集、预处理、定位分割、输出。预处理的作用是突出图像中的有用信息；定位分割就是从包含车辆的图像中找到汽车牌照区域的位置。汽车牌照定位技术，也可以归结于模式识别问题，车牌的定位过程是对一模式集（车牌集与非车牌集组成）进行预处理，提取特征，然后按照特征进行非监督学习，自适应分类。

（2）车辆图像匹配

为防止通过更换车牌照达到破车换好车的目的，在汽车牌号核对后，进行车辆图像检测。在停车场出口处，通过CCD取得的车辆图像与数据库中的该用户车辆图像进行匹配检查，核对是否是同一辆车。不同的车辆，其挡车器附近的信息有较大的差异。鉴于此特点，可以以车辆挡车器附近的特征代替整个车辆图像特征，进行车辆匹配检测。这样，图像匹配检测的首要工作是车辆头部信息的提取和标准化。在车牌识别过程中，已经得到了车牌位置信息和几何尺寸。在此基础上，可以粗略地以车牌照位置为参考点、车牌照几何尺寸与这个车辆尺寸的比例大致相同的特点，提取整个车辆头部信息并进行尺寸标准化。标准化后的图像具有相同大小的尺寸，基本包含整个车辆图像信息。该方法的缺陷是对同一商标同一型号的新旧车辆区分无能为力。

（三）基于手机支付的停车场智能收费系统

当汽车进入停车场后，摄像头受红外线检测器或者地面电磁感应线圈的触发而拍摄到汽车图像，如果停车场入口处的照明条件和拍照角度较好，完全可以得到便于车牌识别的汽车图像，这在实际应用中也是易于实现的。汽车图像可以通过人工智能技术实现车牌识别，而识别失败时可以辅助以人工识别的方法。车牌识别得到的车牌号将发送到手机支付子系统，以获取有关能否通过手机支付的信息。该信息回传到停车场后将作为判断能否进行不停车收费的依据。不能进行手机支付的汽车必须进行停车交费，否则挡杆在出口处不会弹起。

在出口处，识别出的车牌号得到能手机付费的确认后，挡杆在汽车到达前弹起，汽车被放行，无须车主或司机的任何参与。同时，通过出口处识别得到的车牌号信息调用停车时间和收费单价来计算停车费用。然后，停车费用、车牌号或者手机号等计费信息会被发送到手机支付子系统,在车牌号所绑定的手机预付费账户或者后付费账户上扣除停车费用。移动通信运营商代收费完成后,还要通过其短消息中心向车主或司机发送交费成功确认短消息。后续工作就是运营商进行网内网间结算,最后还要与停车场结算。

第五节　公共交通管理系统

先进的公共交通管理系统(Advanced Public Transportation Systems, APTS)主要以出行者和公交车辆为服务对象。对于出行者而言,APTS通过采集与处理动态交通信息(如客流量、交通流量、车辆位置、紧急事件的地点等)和静态交通信息(如发车时刻表、换乘路线、出行最佳路径等),从而达到规划出行、最优线路选择、避免交通拥挤、节约出行时间的目的。对于公交车辆而言,APTS主要是实现对其动态监控、实时调度、科学管理等功能,从而达到提高公交服务水平的目的。

一、APTS的功能

美国国家ITS体系框架明确提出了对APTS的功能要求,包括以下9点:

1. 运用车载数据采集技术实现对运营车辆的监视;

2. 运用有效策略使晚点车辆恢复正常运营;

3. 运用当前的操作数据及其他数据来源编制运营管理计划;

4. 要求应答系统为乘客提供个人出行服务;

5. 提供安全协调监控与紧急救援服务系统的接口;

6. 综合运用历史数据及其他因素规定司售人员的活动;

7. 编制运营车辆的维修计划并为修理人员进行工作分配;

8. 可实现车内收费或路边收费;

9. 为乘客提供车辆运营信息及可达车辆信息。

同时,美国国家ITS体系框架提出了对APTS的逻辑结构要求,逻辑结构要求包括公交系统中所有与ITS有关的运营管理的领域,共7个逻辑模块,图5-23表明了模块之间的信息交流。

(1)模块1——运营车辆与设备管理

此功能模块提供运营车辆的当前状态信息,以及车辆运营状况与时刻表的对照。该模块使车辆按照时刻表运行并及时对发现的差错予以校正,可以以单个车辆或多个车辆为对象,对车辆驾驶者发布指令。同时采集运营车辆的状态信息提供给其他的模块。

(2)模块2——线路网规划与时刻表管理

此功能模块提供线路网规划管理及常规运营服务和应答服务。新的线路网和时刻表根据运营车队管理者的要求来制定，综合考虑车辆运营数据及其他多种因素。新的时刻表可以脱离线路网规划，根据停车场的变化或公交服务的要求重新制定。这部分服务信息既可以提供给其他的 ITS 功能模块，也可以提供给外部单位。同时可以根据要求提供个性化的乘客信息服务或在可能的情况下提供常规的公交信息服务。

（3）模块 3——车辆维修计划编制

此功能模块根据模块 1 提供的运营数据及各种车辆的详细维修指标，编制运营车辆的维修计划并为修理人员进行任务分配。工作日志记录了所有的维修活动，可帮助车队管理者追踪或监控当前的维修活动及修理人员的工作。

（4）模块 4——维护运营安全与协调

此功能模块用于处理运营车辆或设备的紧急故障。紧急救援信息由司机通过紧急呼叫按钮或车站的监控设备或由数据传输网络上的其他部分发送。根据预案对每一种紧急情况进行处理，并与紧急救援服务联系以协调救援活动。同时与调度和管理人员联系，以得到他们对采取对策的认可，并可在没有预案的情况下进行直接指挥救援工作。还可以为传播媒介自动提供信息输出。

（5）模块 5——司售人员配班

此功能模块用于管理司售人员的活动，司售人员的分配根据一定的标准，包括先前的经验、在以前任务分配下的表现、个人的优先权等，所有活动由管理者监控并及时更新。

（6）模块 6——车载收费管理

此功能模块实现在车内对乘客收费，用于当前的公交服务、将来的公交服务或其他服务等。这种收费可以在车辆运行过程中交错进行，或在车辆到达方便的地点时进行批处理。收费支持欠付或信用卡方式，包括由公交部门或金融机构发行的有价卡证。如果发现了非法使用支付方式，违法的乘客信息将由车辆传输至有关的法律执行机构。

（7）模块 7——乘客信息服务

此功能模块设在路边的某个位置如车站，为乘客提供信息或付费服务。提供的信息包括车辆的正常运行时间、下一辆车的到达时间及将要到达的车辆所发出的有关信息，如满载率情况、是否有空座等。在路边对乘客收费，用于当前和将来的公交服务等。收费支持欠付或信用卡方式，包括由公交部] 或金融机构发行的有价卡证。如果发现了非法使用支付方式，违法的乘客信息将由车辆传输至有关的法律执行机构。

以上就是美国国家 ITS 体系框架要求的公交 ITS 的 7 个模块。对以上 7 个一级模块进一步细化，共有 40 个二级模块，每个二级模块又有若干个三级模块，递阶式模块组成了庞大复杂的 APTS 管理软件的逻辑结构。

二、国内外公交 ITS 系统的共性与特性

美国、欧盟、日本和新加坡等发达国家相继投巨资研究开发 ITS 技术，其中也包括对

公交 ITS 项目进行的研究与开发，同时公交部门通过应用 ITS 技术获得了巨大的效益。我国一些地区的公交部门也开始应用 ITS 技术来改造传统的运营管理方式。下面简单介绍国内外公交 ITS 建设情况，其中国外主要参照的城市有法国巴黎、日本横滨、美国亚特兰大和新加坡，国内是北京、杭州和上海。

国外四城市的公交系统均进入了公交系统的综合管理时代，这个时代的特点是十分强调公交信息的采集、信息的处理和信息的输出服务。其中，公交信息采集的手法日益成熟完善，各类传感器、摄像设备、GPS 接收设备等得到广泛应用，信息处理的功能变得日益强大，高性能的计算机、大型数据库技术、知识工程等得到了普遍使用，同时尽可能地利用各种媒体传播公交信息服务信息，车站 LED 站牌、车内的 LCD 显示板、Kiosk 终端、Internet 等都是传播公交信息的载体。传统公交管理存在的道路车辆状况不清、靠经验调度指挥、缺乏乘客信息服务等问题在新一代的公交 ITS 系统中已得到了根本的解决。在国内，北京、杭州和上海的公交部门也积极应用 ITS 改变公交的调度管理体制，进行大胆尝试，取得了良好的效果。

1. 车辆定位技术和车载设备。目前巴黎、横滨、亚特兰大和新加坡公交 ITS 系统主要采用差分 GPS 解决公共汽车定位问题，以里程表为辅助。亚特兰大装备了 250 辆公共汽车，巴黎公交公司装备了 200 辆公共汽车，新加坡示范项目 25 辆。杭州和上海采用无差分的 GPS 定位，杭州装备了 10 辆公共汽车，上海装备了 700 辆出租汽车。杭州的车载设备仅有 GPS 接收机和通信电台，造价在 1 万元左右，上海另加了一个车载显示屏。

2. 通信网络和通信体制。针对公交需要数据通信和语音通话调度的要求，各城市主要采用集群通信网。巴黎、杭州、上海为 450MHz，也有采用 800MH2。通信体制一般采用事件驱动和轮询方式两种无线数据传输相结合的方案，以新加坡公交为例，轮询方式产生 70% 的信息量，事件驱动产生 30% 的信息量。但也有完全依赖事件驱动的，如上海大众出租汽车公司。

3. 计算机网络和数据库。亚特兰大公交控制中心计算机网采用 100Mbps 高速以太网，数据库为 SQL Sever，新加坡公交调度中心由于有分控中心，所以计算机网采用 FDDI，数据库为 Oracle，上海出租汽车公司控制中心的计算机网为 10Mbps 共享以太网，数据库为 DBASE。杭州公交计算机网为 100Mbps 高速以太网。

4. 运营调度管理。国内外基本实现的调度功能包括车辆实时监控和车辆主动报警等。国外一些城市还实现了公交时刻表和车辆维修计划的自动编制等含有"智能"因素的公交运营调度功能。国内杭州和上海公交的 ITS 系统从信息流程的角度看，仅完成了"信息采集"功能，并部分完成"信息输出"功能（电子站牌），却缺乏最能体现"智能"特点的"信息处理"部分，信息处理工作还是完全由调度员靠经验人工完成的，没有一个类似辅助调度决策系统（DSS）或专家系统（ES）为调度员提供辅助决策信息，所以它们还不是完全意义上的智能调度系统。

5. 乘客信息服务。横滨、亚特兰大、巴黎和杭州在公交车站均有乘客站牌服务显示设施，乘客可以随时掌握有关候车时间、下一个车次的位置及各个车次所停靠的车站等情况。在国外四城市，乘客可以通过电话、Kiosk 终端和 Internet 等媒体在办公室或家中了解公交运营计划，并可为乘客提供旅行路线规划。

（一）城市常规公共交通运营管理系统

城市常规公共交通运营管理系统作为城市 ITS 最重要的子系统之一，其建设和运营涉及信息领域、数学优化领域、管理领域及资源调度领域等多学科的知识，并需要应用通信、控制、计算机网络 GPS/GIS 等现代高新技术。它的系统结构体系是作为 ITS 的系统结构体系的重要组成部分而存在的，因此本节将主要通过介绍城市公共交通管理系统的结构体系来介绍城市公共交通运营管理系统。

1. 公交运营管理系统结构框架

智能公共交通系统可具体描述为：采用全球定位系统（GPS）进行数据采集，结合公交出行调查，以地理信息系统（GIS）为操作平台，在对公交线网布局、线路公交方式配置、站点布置、发车间隔确定及票价的制定等进行优化和设计的基础上，实现公交车辆的自动调度和指挥，保证车辆的准点运行，并使出行者能够通过电子站牌了解车辆的到达时刻，从而节约乘客的出行时间。同时，公交出行者可以通过媒体（可变信息牌、信息台、电话、互联网等）方便地获得公交信息（出行路线、换乘点、票价、车型等），使更多出行者采用公交出行的方式。最后，对智能公交系统的社会效益、经济效益和服务水平进行评价。对国内城市的公交企业而言，将公交运行系统与公交企业管理系统有机地结合在一起，能够充分实现公交信息资源的共享和应用。此时，上述两个系统之间将通过公交通信子系统和数据中心实现数据的共享及其他相关业务的操作。

城市常规公交运营管理系统由运行系统和公交企业管理系统两部分构成，两个系统之间将通过公交通信子系统和数据中心实现数据的共享及其他相关业务的操作。通过把管理信息系统（MIS）集成到智能公交管理系统中，城市智能公交管理系统不但实现了对原有各智能公交子系统设备、信息和资源的集成，同时实现了公交企业管理和决策的整合。因此，通过对城市公交企业车辆、人员、场站设施、公交专用道、信息技术、通信技术、管理技术及控制手段等相关要素的有效系统集成，城市智能公交管理系统将发挥巨大的整体能量。

公交运营管理系统将采用先进的地理信息技术 GIS 平台上的电子地图为载体，通过对公交车辆、客流的采集、传输和处理，实现了对公交运营车辆的实时监控和调度，使得公交企业能够迅速调整公交车辆的运营状况，提高运用车辆的效率，使公交部门实现资源最佳分配和使用，达到运营的高效化。同时，系统通过与外部系统的接口来提高安全协调、监控和紧急救援等服务。实现了公交运营调度的智能化和运营管理的现代化，大大提高公交车的服务水平和公交企业的现代化管理水平。

公交运行系统由八部分组成：数据中心、公交 GIS 平台、公交通信子系统、公交调度子系统、公交评价子系统、公交信息采集子系统、公交信息服务子系统及公交收费子系统。公交企业管理系统是公交企业自身的管理系统，包括 MIS 系统和 0A 系统的功能，主要实现公交企业的自动化管理和无纸化办公。其主要功能模块包括线路运营评价、公司票务管理、日常事务管理、车辆维护管理、车队及公交场站管理、司乘人员管理及财务评估分析。

2. 物理结构体系（Physical Architecture，P/A）

基于功能相似性原则和功能实现的位置，把由逻辑结构定义的各种功能分类为系统。在实际的 APTS 中，P/A 包括以下 3 个层次。

（1）移动层（Transportation Layer），由出行者子系统（出行者公共交通信息获取）、中心子系统（提供公共交通信息服务和公共交通管理）、路侧子系统和车辆子系统（公交车辆）四部分组成。

（2）通信层（Communication Layer），由广域无线通信（Wide Area Wireless Communication）、有线通信（Wireline Communication）、车车通信（Vehicle-to-Vehicle Communication）和短程漫游无线通信（Short Range Wireless Communication）4 个要素组成。必须明确以下内容：必要的通信方式和信息种类、子系统的数据共享和使用方式、实现数据共享所必要的标准。

（3）制度层（Istition Layer），对公共交通系统所涉及诸多部门间的政策、费用负担加以制度化。

3. 智能公交运营管理系统网络拓扑结构

智能公交管理系统从技术上落实公共交通优先发展的战略，提高公共交通系统的服务水平和管理水平，以实现在城市客运交通中占有较大的运量分摊比例，达到城市土地空间资源、能源的高效利用，保证系统的安全运行，提供高品质的客运服务，创造更大的社会、经济效益。

整个公交智能调度系统的网络拓扑结构由出行者服务、公交车辆、前端无线通信网络、后端的有线通信网络、总调度管理中心、公司级调度系统、线路/站调度点、无线远程维护系统及信息发布系统等部分组成。系统工作原理是：首先取得车载终端传输过来的数据，对数据进行存储、解析，为前台提供可视化显示的数据支持，此时智能调度子系统通过对客流量、车辆行程状况的预测确定未来公交车辆的调度。同时，可以从终端传输过来的信息中解析出考核司乘人员、统计运效的功能。终端定位信息传输系统将车载终端发送的信息传输到中央服务器，服务器将数据存储到基本信息库管理系统，同时将调度信息传输到可视化调度系统，供可视化调度系统应用。可视化调度系统将调度指令通过终端定位信息传输系统传输到车载终端，同时将调度指令传输到基本信息库管理系统进行存储。可视化调度系统在进行现场调度时要参照配车排班管理系统的信息，而配车排班管理系统的生成又取决于行车计划编制系统。配车排班管理系统、基本信息库系统、可视化调度系统又为营业统计与信息查询管理系统提供了参考的依据。

（1）公交车辆：公交车辆是整个智能调度子系统的最原始的数据来源，同时也是车载终端面向驾驶员和乘客服务的一种方式。通过安装在车内的车载信息终端，把GPS部分获取的信息包括位置、时间、速度、里程和高度等，通过无线通信方式GPRS或CDMA向调度及调度中心发送。同时，调度及调度中心也可以向车辆发送一些调度指令和相关的信息；驾驶员可以通过车内的专用按键，把车辆的行驶情况及时向调度中心反映。

（2）前端无线通信网络：无线网络是整个系统最为关键的部分，无线数据通信质量的好坏，直接关系到调度指令的执行情况，所以必须采用一种安全可靠的GPRS模式和数据接入模式。根据目前无线通信的情况，GPRS和CDMA1X数据通信方式逐渐在系统的应用中被采用。CDMA1X数据通信方式由于是刚刚应用，其数据的通信稳定性和可靠性还有待于进一步验证。GPRS通信由于是中国移动新开通的一种数据业务，其实用性被广泛认可。

目前，无线数据通信有两种接入方式，一是采用虚拟数据专网（VPN）接入方式，另一种是申请专用的APN。

（3）后端有线通信网络：有线数据通信网络是总公司、分公司、调度之间及各单位内部之间数据通信的网络。目前有线通信可采用的方式很多，包括光纤、DDN、ISDN和ADSL等方式。以上几种通信方式的采用，主要视数据通信要求而定。有线网络可以按下面方式组建：调度与分公司或总公司通信采用ADSL方式；分公司与总公司采用DDN专线的方式；移动端（车载机、电子站牌等）的后端与移动公司条件好的可采用移动公司提供或中国电信提供的光纤的接入方式，条件达不到的，也可采用DDN专线方式。

（4）总调度管理中心、公司级调度系统、线路/站调度点：根据目前业务发展的需要，数据集中方式越来越得到业界的认可。采用数据集中管理的模式，所有的原始数据都保留在调度管理中心，公司级调度系统、线路/站调度点的原始数据都从这里获取。这样的处理方式，有利于系统扩容和系统的维护，通过不同权限的处理和分配，可以很方便地使用系统，无需再更新程序。

（5）无线远程维护系统：可以通过无线方式，远程对系统进行维护和监控。

（6）信息发布系统：信息发布系统主要是通过有线方式或无线方式向分公司、线路/站调度、电子站牌及车内LED/LCD屏发布信息，包括调度、道路、广告等信息，通过权限的设置，也可以把发布系统向广告商授权。

4.城市公共交通管理系统应用案例

（1）东京公共汽车运营管理系统

①系统概要

建立公共汽车运营管理系统的目的是实现精确平稳的公共汽车运营服务，公共汽车运营管理系统基本上可以定义为在运营中的公共汽车和控制室之间建立信息交换，利用诱导通信的方法，通过计算机处理在公交线路上的户外设备收集的信息和数据。计算机处理的数据包括公共汽车运营情况、乘客情况等记录数据。经过改进之后的公共汽车服务是受精确监控的，服务信息被提供给公共汽车运营和驾驶人员，同时这些信息也以进站汽车指示系统、公交和铁路系统等形式被提供给乘客服务系统。

大城市的公共汽车服务和地铁一样，作为城市公共交通设施为公众服务。公共汽车服务被认为是和市民日常生活关系最密切的运输系统。但是，受到机动车数量增长和严重交通拥挤的影响，要保持正常的行车速度是十分困难的。由此引起的公共交通的不便性和不可靠性，导致了乘客数量的急剧减少。因此，东京都交通局规划开发了城市公共汽车综合运输控制系统（CTCS），旨在改进公共汽车服务，重新赢得乘客。在上述系统中，公共汽车运营管理系统在整体系统中是一个基本的框架，其目的是通过掌握运行情况及积累乘客数据实现精确平稳的公共汽车运营服务。

（2）系统功能

①积累运营数据。公共汽车运营管理系统自动积累运营中的公共汽车从出发到返回车库全过程中的运营结果数据。收集的数据包括车辆编号、目的地路线编号、驾驶员 ID 号等。这些数据首先在区域中心设备上进行处理，然后被传送到中央总部。运营结果数据处理后成为运营记录。

②积累乘客数据。该系统自动统计每个车站上下车乘客的数量。乘客数量被记录的同时，还记录了辅助数据用来识别特定的车站，如车辆入门的开 / 关状态、行驶距离数据等。这些数据在公共汽车一天的运营期间存储在车载设备内，然后通过路边设备传送到区域中心设备，进而传送到中央总部。运营数据和乘客数据在中央总部进行处理，然后作为改进公共汽车服务时间表和制定业务规划的支持数据。

③监视和控制公共汽车运营

运营监视器（CRT 显示器）显示了运营中公共汽车的当前位置、离开 / 返回车库状态等信息。以这些信息为基础，指引公共汽车驾驶员继续服务通过或等候车辆指示器由手动或自动指示出发，以保持或调整车辆间距，改善运营服务，提高效率。

④乘客服务。通过集中从运营中的公共汽车传送来的最新信息，基于以上功能，建立了各种乘客服务体系。以下的服务目前正在运作中：进站公共汽车指示系统通知乘客在车站等候即将进站的公共汽车；公交和铁路系统控制公共汽车在火车站的终点站的出发时间以配合火车的到站；新城市公共汽车系统介绍了大城市公交车辆、车站的设施和进站汽车显示设备的安装情况；公共汽车信息查询系统在公共汽车终点站向乘客提供运营服务信息。

（3）系统开发和简介

① CTCS 简介。东京都交通局最初规划了城市公共汽车综合运输控制系统（CTCS），将公共汽车定位系统用于各种目的。这个系统以公共汽车定位系统为基础，由以精确公共汽车服务为目标的公共汽车运营管理系统和以提高业务效率为目标的办公管理系统构成。1981 年，该系统开始作为一个试验系统在早稻田公共汽车运营中心使用。

② CTCS 初始运行。试验系统经过讨论和分析之后，于 1982 年被引入南部地区，于 1983 年被引入东部和北部地区。1984 年，该系统和办公管理系统连接起来，在所有的公交路线上开始运行。

③引导系统进入全面运行。1990 年中央总部被设置在新宿的新市政厅，它控制着 3 个区域的中心设备。这就是 CTCS 全面运行的开始。

④设备梗概。中央总部：总部设置在新宿市新市政厅，对连接 3 个区域中心设备的公共汽车运营管理系统整体进行控制。它累积和收集运营和乘客数据，然后进行高速处理，还在总体上监督和控制系统。利用它强大的文件处理功能，可对文件数据进行集中处理。区域中心设备由微型计算机组成，将东京分成 3 个区域，安装在区域办公室内。每个区域由它自己的区域中心设备控制，运营数据、乘客数据和系统监控数据由此传送到中央总部。

车库设备：每个公共汽车运营中心的实时处理器控制包括进站汽车指示系统和信息查询系统在内的乘客服务系统。通信处理器控制数据传递，它和每个区域中心设备、路边设备和小型商业计算机相连。

路边设备：在需要收集数据的地点，安装了 R 型道路收发机和（或）发射机。T 型道路收发机安装在公共汽车站，为汽车进站显示服务。每个公共汽车运营中心的大门处都安装了车库收发机，确认车辆进 / 出并检查车载设备的性能。SDCS 型收发机安装在车库中，用以处理汇集在 B 型车载收发机中的乘客数据。

车载设备：A 型车载收发机和 ID 卡读卡机相连采集公共汽车驾驶员信息，与目的地显示设备相连收集汽车行车路线和目的地数据，并将数据传到路边设备。同时，它接收运营数据，并在车辆指示器中显示。B 型车载收发机可与乘客传感器相连来计数上下车乘客数量，也可和里程传感器等相连。此外，它也可以和 A 型车载收发机相连。

⑤乘客服务系统

进站汽车指示系统：在公共汽车终点站和公共汽车站，它向乘客提供运营中汽车的进站信息。T 型道路收发机显示以公共汽车运营管理系统收集的数据为基础的信息。除了汽车进站显示之外，还显示了行车期间的交通状况。

新城市公共汽车系统：这个系统的开发是为了实现乘客服务功能，包括介绍新公共汽车和公共汽车运营管理系统、公共汽车优先车道及改进公共汽车终点站、汽车站的解决方案。信息查询系统：安装在主要公共汽车终点站，它显示了乘客所需的各种信息，包括到某目的地的路线和行车期间的交通状况。

公交和铁路系统：为了向乘客提供从火车转乘公共汽车的服务信息，安装在火车站前面的信息显示牌显示进站汽车的出发时间。在晚上 8 点以后，当公共汽车服务开始减少时，汽车的出发时间根据乘客需要转乘火车的到站时间进行调整。

④法国巴黎智能公交管理系统

欧盟国家十分重视 ITS 技术在公共运输中的应用，资助了一系列公交 ITS 项目，如法国巴黎公交的 PATP 项目、意大利 GORIZIA 的 ExBus 项目、爱尔兰都柏林的"旅客多式联运与公共运输"项目、比利时布鲁塞尔的 CAPIAIS 项目等，下面重点介绍法国巴黎公交的情况。法国巴黎公交认为公共运输的发展经历了 3 个时代，第一个时代是电气化时代（运输载客为主），第二个时代是电子技术时代（做时间的主人），第三个时代是电信与信息时代（为公众提供更多的服务），巴黎公交总公司根据第三代城市交通服务体系的要求，对它的公共汽车的指挥调度、信息服务全面进行改进提高。

（4）巴黎公交概况

巴黎公交公司有 4000 部公共汽车，进行 24 h 不间断服务。为保证运营服务，指挥信息非常重要。指挥中心可随机接收来自有轨电车和公共汽车线路网上的运营信息（受到袭击、车内有事故、交通事故、车辆故障、运行困难等）。指挥中心可马上采取措施，尽快恢复正常运营。晚上 8：30 之后，司机运营中发生问题可与指挥中心联系，驾驶室装有报警装置。巴黎公交总公司可以随时满足政府机关及巴黎公交内部的通信联系，以便随时获得运营中所发生的各种信息，并马上与保养中心联系，确定采取的相应措施。指挥中心工作人员有无线电调度台、电话指挥台和计算机信息终端，同时有发送信息的各种系统和电话自动记录信息装置，以便及时将信息发送出去。

（5）公共汽车运营定位系统

公共汽车运营定位系统是调度人员所需要的重要条件，巴黎公交总公司对此很感兴趣。

①对车辆的不间断定位。目前采用 GPS 解决了公共汽车定位问题。它可以解决在市区对公共汽车进行 100m 的定位，但在城镇地区，由于狭窄街道与隧道等对卫星信号的遮挡作用，其运行受到限制。巴黎公交公司在此基础上发展了该系统，通过技术改进已能将公共汽车的定位控制在 10m 范围内。这项措施是必要的并且满足了调度的需要，还可以向乘客随时提供信息并保证乘客安全。该系统可以了解所有车辆的方位，显示处于示警状态的车辆，为公众提供等候下一车次可能所需的时间，提供关于公共汽车调度管理的信息。

②在车辆与中心安全控制台之间建立同步的声像联系。在发生事故的情况下，驾驶员可将车辆置于"示警"状态并通过开启一台隐蔽的摄像机，使中心安全控制台直接观察到车内的情况。如果必要，中心安全控制台可以调动装备有同样定位系统的救援力量，使其迅速赶到现场。

③在站台或通过电话为乘客提供信息服务。所有车站都装备着独特的终端系统，它们被安装在现有的多面信息显示牌上，各自独立运行。中心安全控制台将信息通过无线电以类似寻呼的方式进行传送，并将其显示在液晶屏幕上，这样，乘客就可以随时掌握有关候车时间、下两个车次的终点站及各个车次所停靠的车站等情况。此外，乘客还可以通过电话，借助音响服务系统得到同样的信息。在该系统中，各个车站都用数字加以编号，以便查询。

④为乘客提供旅途中的信息服务。在公共汽车上，通过显示屏，以醒目的方式标明到达沿线各站所需的时间。

⑤交通调度管理。对车辆所处方位与交通流量的准确了解，将大大方便对交通的调度管理。无线定位系统的网络导航设备（与地铁集中调度指挥系统的功能相当）也可为车辆运行提供导航服务。

（6）地面无线电通信调度网络

巴黎公交总公司建立的无线电调度中心可实现指挥中心与各有关部门的联络功能；与70个地区分中心联络功能；与 4 000 部公共汽车联络的功能；与 500 部技术服务、事故处理、车辆调度和抢修车辆联络的功能；与 500 部手持移动无线电话联络，便于工作人员在线路上调度车辆和检查安全等功能。

该无线电调度指挥中心可以完成每 15 min 通话 700 次，覆盖巴黎中心周围半径 35km 的范围，属于租用频道。调度中心共有 55 条无线电通信频道，频率为 450 MHz，根据实际情况设有 9 个无线电发射塔，频道辐射功率达 10 W。发射塔天线最高处为 200 m，使用 20 个无线电通信频道。其他 8 个发射塔使用 3~8 个频道，它们的塔高离地面为 100 m 左右。主发射塔装有集中控制设备和网络转接设备。

（7）自动检票系统

巴黎现行的一次性磁性票卡将被标准规格的"微型集成电路信息卡"所取代。乘客可以在自己选择的任意时刻重新购买、更换票卡，新型的"非接触"通行票卡可以同时满足各种日、周、月票及零售散票的买主的不同需要。该检票系统使得监控的范围由乘客的整体转为集中针对逃票者，当乘客从检票机前通过时，其所应支付的票款金额就会由检票机从票卡上自动扣除。"非接触式检票系统"可与现行检票系统并行安装。该系统可使设备投资降低 50%，其运行成本也只有现行磁性检票系统的 1/3。

（二）城市轨道交通运营管理系统

城市轨道交通运营管理与城市智能交通密切相关，以下介绍城市轨道交通智能化综合监控系统和列车运行自动控制（ATC）系统，它们是城市轨道交通运营管理智能化的典型子系统。

1.智能化综合监控系统

智能化综合监控系统是指将彼此孤立的各类设备控制系统通过网络有机地连接在一起，监控和协调各相关子系统设备的工作，充分提高各类设备的运行效率、降低城市轨道交通运营成本、提高综合决策水平，为乘客提供一个便利、快捷、舒适的乘车环境，并在灾害发生的情况下最大限度地保护人身和财产安全，实现"高安全、高效率、高品质服务"的智能型城市轨道交通。

（1）智能化综合监控系统结构

智能化综合监控系统在保留各子系统的数据采集、控制设备和各自的操作员、调度员工作站的基础上，将远程通信、实时数据、历史数据服务器和大屏幕显示设备合并成为统一的系统，这使得各个子系统可以共享骨干网的带宽，所有的实时、历史数据也实现了共享。与此同时，大屏幕在集成系统中被合并为一个超大屏幕，使得每个专业的操作员、调度员的观察视野更加开阔，他们不仅可以通过超大屏幕了解到本专业所关心的系统状态，还可以同时了解其他专业的相关系统状态，这为操作员、调度员全面了解情况，及时做出正确的判断提供了有力的手段。

从信息流的角度出发，智能化综合监控系统的结构大体可分为3层：监控数据接入层、监控数据共享层、决策层。底层为监控数据接入层，包括列车运行自动监控、电力监控、环境及附属设备监控、售/检票监控系统、通信设备监控等，其中既包括城市轨道交通运输调度、机车车辆、线路、电力、通信信号等各业务系统的静态数据，又包括上述各业务系统的实时动态数据。监控数据共享层包括数据共享平台和通信平台，用于实现不同通信制式、不同数据格式的数据源的统一传输和共享。智能化综合监控系统信息流分层结构如图5-25所示。

（2）智能化综合监控系统的关键技术

智能化综合监控系统涉及的关键技术包括共享平台数据安全技术、信息源接口与信息标准技术、信息融合技术、中间件技术、数据挖掘技术、智能组态技术等。

①共享平台数据安全技术。研究平台数据库的安全、保密、完整和可用性问题，主要包括数据的提取安全技术、数据的存储安全技术、数据的组织安全技术和数据的使用安全技术。从分析保障网络安全途径入手，将网络安全分区、分层、分级，针对其对网络安全要求的不同，规划所要采取的安全防护措施。

②信息源接口与信息标准技术。智能化综合监控系统要从现有信息系统或现场提取大量的信息和数据，必须按一定规则将上述来源不同、位置不同、类型不同、数量庞大的数据发送给数据共享平台，由平台进行规范化处理后进行存储，根据需要以规范格式将数据发送出去，因此建立统一的接口标准和数据规范是智能化综合监控系统能否正常运行的关键之一。

③信息融合技术。对多模态、多来源数据进行智能分析、综合，以完成所需的决策和评估。信息融合的综合分析能力是决定数据共享平台运行效率的主要因素之一。

④中间件技术。智能化综合监控系统中集成了不同类型、不同操作平台、不同协议的数据库和应用，如何在数据共享平台中实现跨平台、透明的数据库共享和通信，是智能化综合监控系统建成的关键，而实现上述问题的关键是采用中间件技术。中间件是泛指能够屏蔽操作系统和网络协议的差异，为异构系统之间提供通信服务的软件。中间件位于硬件、操作系统平台和应用程序之间，能满足大量应用需要，运行于多种硬件和操作系统平台，支持分布计算，提供跨网络、硬件和操作系统平台透明性的应用和服务的交互，支持标准的接口和协议。

⑤数据挖掘技术。基于智能化综合监控系统数据共享平台，从多维角度进行分析比较，实现面向数据和面向模型分析方法的统一，充分利用智能技术提取隐藏在数据中的信息，发现数据背后的规律和知识，预测未来的行为，为行车调度、综合维修等业务提供决策支持服务。

⑥智能组态技术。包括智能化综合监控系统各业务信息系统的各类数据的组态接入，数据存储层次模型、结构的组态，城市轨道交通业务重构涉及的各类数据组态。

2.列车运行自动控制（ATC）系统

现代列车运行控制系统以安全为核心，以保证和提高列车运行效率为目标，调节列车运行间隔和运行时间，保证列车和乘客的安全，实现列车运行控制和行车指挥自动化。信号系统的核心是列车运行自动控制（ATC）系统。ATC系统取消了传统的地面信号，将车载信号作为主体信号，信号的含义发生了质的变化，传递给列车的是具体的速度或距离信息，根据与先行列车之间的距离和进路条件，在车内连续地显示出容许的速度信息，或按设定的运行条件容许列车前行的距离信息，根据上述信息，列车自动地控制运行速度，进行超速防护，以达到自动调整行车间隔的目的，并实现列车在车站的程序控制下定位停车。

（1）ATC系统的结构

列车运行自动控制（ATC）系统，包括列车自动监控（Automatic Train Supervision，ATS）、列车自动防护（Automatic Train Protection，ATP）、列车自动运行（Automatic Train Operation，ATO）3个子系统，它是一套完整的管理、控制、监督系统。位于管理级的ATS子系统，较多地采用软件方法实施联网、通信及指挥列车安全运行；发送和接收各种行车命令的ATP子系统，确保列车的运行安全，完成列车运行进路控制、速度控制和实现列车间隔控制；车载ATP子系统，接收轨旁ATP设备传递的指令信息，进行列车运行超速防护，相关信息经校验后，送至车载ATP子系统，车载ATP子系统和ATO子系统配合，实现列车运行速度的自动调整控制和列车在车站的程序定位停车控制。3个子系统既相对独立，又相互联系，以保证列车安全、高效、短间隔地有序运行。

ATC系统的设备分布于控制中心、车站信号设备室、轨旁及车上。指挥列车运行的控制中心，设有作为ATC系统中枢的系统控制服务器及其用于调度控制的工作站；数据传输系统，包括通信前置服务器、路由器及数据通信网等，实现控制中心与全线车站信号设备室之间的实时数据信息交换；调度员通过调度员工作站下达行车控制命令。现场的列车在线信息、车次号信息及道岔、信号机的状态信息等，由壁式大屏幕显示屏及调度员工作站的CRT显示。

设于连锁集中站设备室的服务器，接收调度员的控制指令，通过连锁装置，排列进路、开放信号，并将列车在线信息、信号设备的状态信息等传送给控制中心。通过ATP子系统的轨旁设备，发送列车检测信息，以检查轨道区段内有、无列车占用，并向列车发送限速命令或允许运行的目标距离信息、门控命令、定位停车指令等。

车上ATC设备，接收并解释地面送来的调度指令和ATP速度命令或距离信息，完成速度自动调整和车站程序定位停车，实现列车的自动运行；并将列车的运行状态和设备状态信息，经车站服务器传送给控制中心。

（2）ATC系统功能

下面以控制中心、集中站信号设备室和车载三个部分，分析ATC系统所完成的主要功能。

控制中心是指挥整条线路列车运行的智囊，由ATS子系统来完成此项功能，也可以理解为控制中心只有 ATS 子系统。集中站的信号设备，具体执行控制中心的操纵指令，负责列车的安全运行，完成与列车的信息交换，所以连锁集中站具有 ATC 系统的 3 个子系统，也就是由 ATS、ATP、ATO 这 3 个子系统相配合，来完成这些功能。车载 ATP/ATO 子系统，接收并执行地面送来的各种指令，确保列车按所排列的进路，按运行时刻表安全、准点地运行。车载 ATC 设备中，ATS 子系统接收的是控制中心的调度指令，可以将其归纳在 ATS 子系统，而将与行车安全相关的速度控制和超速防护归纳在 ATP 子系统。车载 ATO 子系统是列车实现自动速度调整和确保列车在车站定位停车的重要设施。但对于设有站台屏蔽门，或者要实现"无人驾驶"的自动折返情况，则必须设置 ATO 子系统，具有完整的 ATC 系统。

①控制中心的主要功能

A. 列车运行控制和调整控制；

B. 时刻表的编辑、修改、存储及时刻表的调整控制；

C. 列车位置的实时监视和列车运行轨迹记录；

D. 运行图管理；

E. 列车运行进路的自动设置、车站连锁状态的监督；

F. 线路监控和报警控制、故障记录等。

②连锁集中站 ATC 设备的主要功能

A.ATS 子系统：

a. 列车的进路控制及其表示；

b. 遥控指令的解译及表示数据的编辑；

c. 折返站折返模式控制；

d. 车 - 地信息编译和交换；

e. 旅客导向信息、目的地信息的显示；

f. 运行速度等级、停站时分调整等。

B.ATP/ATO 子系统：

a. 轨道区段空闲的检测；

b. 列车运行进路和列车安全间隔控制；

c. 列车限速控制；

d. 车站程序定位停车控制；

e. 定位停车校核、列车车门和站台屏蔽门开、闭控制；

f. 停站时间控制及目的地选择等。

③车载 ATC 的主要功能

A.ATS 子系统：

a. 接收非安全控制信息；

b. 接收运行等级及其目的地调整等数据；

c. 发送列车状态的自诊断信息;

d. 车内旅客导向信息的提供等。

B.ATP/ATO 子系统:

a. 接收和解译限速指令;

b. 根据限速,对列车进行速度自动调整控制和超速防护;

c. 测速、测距;

d. 定位停车程序控制和定位停车点校核;

e. 控制车门开、闭,并发送站台屏蔽门开、闭信息;

f. 自动折返和出发控制等。

C.ATC 系统的控制模式

城市轨道交通通过 ATC 系统,在控制中心集中控制列车运行,当遥控发生故障或特殊运行需要的情况下,可以将权力"下放",由相应的连锁集中站进行控制。而列车的操纵,在设置 ATO 子系统的前提下,可以实现列车的自动运行、自动折返;也可以由驾驶员进行人工操纵,由 ATP 子系统进行超速防护。ATC 系统的控制模式在各个城市的不同线路有不同的称呼,但其控制方式的内容基本上大同小异。

3. 集中控制模式

(1)全自动模式:ATC 系统根据列车运行时刻表,由控制中心自动办理进路,调度全线列车的运行。

(2)自动调度模式:根据运行时刻表自动办理列车进路,但列车在车站的停站时分、运行等级等,由调度员进行自行调整。

(3)集中人工模式:列车的始发进路,由调度员人工办理,列车运行目的地也由调度员设定。一般车站都设为连续通过进路,由目的地触发的"自动进路",都处于"自动"状态,列车在各站的停站时间、出发时间、运行等级等都由调度员设定。

4. 车站控制模式

上述 3 种控制均为集中控制方式,在调度员授权下,可将控制权下放给连锁集中站,简称"站控"或"紧急站控";由连锁集中站的车站值班员对所管辖区段的列车运行进路进行控制,也可以设置"连续通过"信号和"自动"信号。

5. 列车操纵模式

列车的操纵模式因列车而异,一般有以下几种方式。

(1)ATO 模式

在 ATO 模式下,驾驶员根据操作规程,关闭列车门,完成出发检查后,按下出发按钮,列车自动启动运行;在区间,根据地面限速指令,自动调整列车运行速度;列车到达下一站,自动完成程序定位停车控制。

(2)手动 ATP 模式

在该模式下,驾驶员关闭车门和执行出发检查后,手动启动列车 ATP 子系统进行速度控制和超速防护，车站的停车控制由驾驶员负责操纵。

（3）慢速前行模式

列车在 ATP 控制模式下运行时，当收不到有效的 ATP 信号，或显示为零限速，这时驾驶员应注意，按低于 20km/h 的限速慢行，以使列车寻找 ATP 信号，当收到有效的 ATP 信号后，可以转为手动 ATP 模式，这种模式也称 CLOSE IN 模式。

（4）反向模式

这种情况一般适用于停站超过停车点，列车由驾驶员控制"倒车"运行。该模式下，限制列车以不超过 10km/h 的速度运行，当速度超过 12.5km/h 时，车载 ATP 子系统会施加常用制动，这不同于反向运行，因为 ATC 系统在一般情况下都可以实现 ATP 保护下的反向运行。

（5）ATC 关闭和旁路模式

该模式下，车载 ATC 系统可以有电，但其输入、输出均被隔离，不起作用，列车由驾驶员人工驾驶，负责运行安全。若 ATP 出现某种故障，禁止列车运行时，列车也只能以 ATC 旁路模式，在严格的操作规范下手动运行。

任何模式的转换，都必须在停车的情况下进行，而且应取得调度员的同意，如果在列车运行过程中，驾驶员随意改变运行模式，将导致紧急停车。

通过以上系统与其他系统的协调配合，实现城市轨道交通系统的智能化运营管理。

第六节　客货运管理系统

一、道路运政管理系统

（一）道路运政管理的信息化

道路运政管理，是指各级交通主管部门根据国家方针、政策和有关法规，对道路运输业进行政策指导、计划调节、法规保障、行政指令等各项工作，其主要内容就是运政机关的日常管理行为。道路运政管理的目的主要是维护和促进市场竞争，通过制定道路运输竞争规则，培育、发展、完善道路运输市场机制，促进市场机制的充分发挥，实现运输资源优化配置，从而建立统一、开放、竞争、有序的运输市场，其最终目的是要实现运输资源的优化配置，保持运输能力与运输需求相适应，最大限度地满足国民经济发展对道路运输的需求。道路运政管理系统的总体框架随着道路客货运输的快速发展、道路运政管理逐步实施信息化进程。

计算机信息技术在运政管理中从无到有，主要经历了以下阶段。

1. 静态管理阶段，将业务管理相关信息录入计算机，智能进行单一业务的处理，简单信息的统计。

2.动态管理阶段，将日常业务与计算机管理相结合，通过业务的办理，实现信息的自动登录。

3.联网信息共享阶段，自上而下各级管理机构、各个业务科室实现信息联网，同一台账各个部门实现共享，保证了信息的统一性和完整性。

4.流程化管理阶段，采用流程化管理办法，业务办理的各个环节实现文档的自动流传，科室之间、岗位之间实现有序的分工协作，有效的规范工作行为，杜绝管理漏洞，实现管理工作的公开、公正与透明。

（二）道路运政管理系统在交通政务网中的定位

以河南省运政管理信息系统为例，省道路运政管理系统的建设要按照流程化管理的思想，向一体化管理发展，建立省、市、县三级统一的信息管理平台。按照交通运输部的规定，就是要建立符合要求的统一的"三网一库"，相关信息要上报交通运输部；按照省交通厅的要求，运政管理系统要纳入河南省交通厅的政务管理系统。为更好地发挥现代信息技术手段的管理效能，运政管理系统在建立省、市、县三级统一的道路运政管理系统中，不仅向上与交通运输部联网、系统内要纳入交通厅的政务管理系统中，而且横向要与企业联网，如检测企业、维修企业、培训学校、货运配载企业及客货运输场站等。

（三）道路运政管理系统的架构

从数据信息集成应用的角度，采用一种基于服务和应用松散耦合的道路运政管理软件的逻辑架构。

自下而上各层具体描述如下。

1.支撑平台层：包括各类系统软硬件平台、系统安全防护软件。

2.数据集成服务层：该层由数据和数据服务两部分构成。数据管理实现对多源的运政数据资源的有效管理，数据服务组件则通过服务封装技术防止出现"信息孤岛"。

3.商业逻辑层：在该层中实现并维护道路运输从业人员、驾校行政管理、水运海运管理、规费征收管理、稽查管理、道路客运管理和道路货运管理等各类运政管理的业务逻辑。进一步将业务流程与底层服务关联，进行服务组合和流程编排，有利于针对业务需要与需求的变化快速更改业务流程和规则。

4.信息展现层：用于实现道路运政管理的交互信息表示，为各类用户提供统一的操作界面，系统通过权限管理和角色分工进行访问控制。

二、客货运运营管理系统

（一）道路客运运营管理系统

道路客运是整个客运体系的重要组成部分，在提高人民生活质量、增进人员交往、沟通区域间的联系与协作、促进地区经济发展等方面发挥着越来越重要的作用。目前，我国已经基本形成以大、中、小城市为中心辐射广大农村的道路客运网络。网络的整体性必然要求对道路客运运营实行统一管理，综合利用各种网络资源，开展高质量、高水平的网络化经营、集约化经营，以达到提高道路客运规模经济效应、生产效率和管理效率的目的。

道路客运是经济社会发展和人们出行的基础性产业。以大型现代化客运站的运营管理系统为例，一般大型现代化客运站的运营管理是由若干不同性质和功能的子系统组成的。运营管理的主要内容总体可分为综合枢纽作业协调管理和组织服务性管理两大部分。按照系统工程的思想，利用系统分析与集成的方法，对大型现代化客运站运营管理系统进行分解，得到由若干不同性质和功能的子系统组成的系统结构图。

（二）道路货运运营管理系统

道路货运运营管理是规范道路货物运输经营活动，维护道路货物运输市场秩序，保障道路货物运输安全，保护道路货物运营有关各方当事人的合法权益的重要保障。一个典型的道路运输企业运营管理系统功能结构，系统由基础数据管理模块、任务生成与执行控制模块、车辆运行控制模块、驾驶员控制模块和企业生产运营评价模块五个部分组成。

1. 驾驶员控制模块

驾驶员控制模块主要提供登记驾驶员基本档案、登记交通事故档案、登记奖惩档案、查询所有档案、统计交通事故档案、统计奖惩档案、统计年审记录、统计年龄与驾龄结构等功能，并为运行作业计划编制提供数据支持。该模块对驾驶员状态进行模拟控制，控制内容包括身体状况、是否有事假或病假、是否加班等。

2. 企业生产运营评价模块

企业生产运营评价模块管理企业运营生产评价指标，这些指标包括运输产量、运输质量、运输消耗、运输效率、运输效益等。基于上述指标，该模块对企业生产运营状况进行综合评价。评价结果可用于判断企业经营效果，也可作为任务生成与执行控制模块选择运输企业的依据。构建道路运输评价模型，道路运输企业可以进行自我评价，找出自身的不足并加以改善，从而进一步提高和促进自身的发展。根据评价指标的系统性、可测性、层次性、简易性及绝对指标与相对指标相结合的原则，采用加权移动平均法，依据经验对以往不同时期的资料给予不同的权重，近期权值可大一些，远期可小一些，然后计算其加权平均数。

在业务处理流程中，任务生成与控制模块依据历史资料预测出货运需求资料，编制出运输量计划、车辆计划、车辆运用计划并存档，待领导参阅后编制出具体运行作业规划，生成调度单；车辆运行控制模块根据调度单进行车辆调度安排，并随时根据车辆运行状况进行计划调整汇总，以及时调整运行计划；驾驶员控制模块安排驾驶员进行运货作业，并将驾驶员信息及时反馈到系统，以编制运行作业计划。

第七节 交通信息服务系统

先进的交通信息系统（Advanced Traveler Information System，ATIS）是智能运输系统的重要组成部分之一。交通信息系统可以通过各种通信装置实时向旅行者提供相关交通信息。交通信息系统使人们的交通行为更具有科学性、计划性和合理性，也是实现智能运输的重要标志。按照获取信息的时间，交通信息服务系统分为两类。

1. 出行前信息服务系统

出行前信息服务使出行者在出行前能通过多种媒体在任意出行的起点访问出行前信息服务系统，获取有关出行路径、出行方式、出行时间、当前道路交通系统及公共交通系统等相关信息，为规划最佳出行提供辅助决策信息服务。

2. 出行中信息服务系统

通过视频或音频向驾驶员提供关于出行选择及车辆运行状态的精确信息，以及道路情况信息和警告信息，并且向不熟悉地形的驾驶员提供路径向导的服务。

一、停车诱导系统

一般的停车诱导系统由 4 个子系统组成，分别为信息采集子系统、信息发布子系统、信息处理子系统及信息传输子系统。大城市的停车诱导系统的总体功能是发布停车信息，同时给城市智能交通系统提供基础数据。停车诱导系统的主要功能就是给交通管理人员及有停车需求的公民提供停车信息。

大城市停车诱导系统的总体结构采用集中 - 分布式系统体系结构。数据信息的采集、处理及数据库的布置是分布式的，数据的共享融合和一致性维护管理是集中式的。

（一）信息采集

1. 信息采集的目的

停车诱导系统的信息采集是停车诱导系统的一个重要组成部分，它同样是停车场设计、道路基础设施建设乃至交通规划的基础工作。通过对车位数量、位置及利用状况等信息进行采集，不仅可以为停车诱导系统的发布提供信息保障，而且能掌握停车现状和规律，明确停车问题的性质，由此提出针对性的问题解决方案。

2. 信息采集的分类

停车诱导系统的信息采集可以分为静态数据采集和动态数据采集。静态数据采集是停车诱导系统中一段时间内稳定不变的信息，主要完成各停车场或路侧停车位的位置、类型、费率的统计与输入，以及具有停车—换乘功能的相关站点的信息；动态数据采集是车位利用状况（或饱和状况）、停车场开闭等在时间上相对变化着的信息。

按数据来源，车位信息采集可分为直接采集和间接采集。直接采集是通过停车管理主机获得实时停车信息，间接采集是通过其他智能交通系统的各个采集数据节点整合交通行业的各种信息。

3. 数据采集原理

从上面的数据分类可以看出，与交通流采集技术相比，停车诱导系统信息采集的技术要求简单，可选方法也较多。

鉴于停车过程中人的参与性的特殊性，可以将停车采集分为 3 类。

（1）人工采集。人工采集属于一种比较传统的非自动采集方法，不需要复杂的设备，但信息的准确性和及时性不易控制。

（2）根据车辆特性采集。交通信息采集主要是检测车辆，将车辆的存在和运动状况转换成电信号输出。车辆是一个含有大量铁构件、有质量、有几何形状的实体，并具有一定的光、热、电的物流特性，根据这些特点，并结合目前成熟技术，信息采集有以下方法。

磁性检测：具有铁构件的车辆经过磁场时，对原有磁场产生感应而发生的信号。

超声检测：对射入超声波将产生与路面不同的反射波信号。

电磁波检测：车辆对射来的电磁波（光波、红外和微波）具有反射能力。

热检测：车辆具有与周围环境不同的热辐射能力，从而产生不同量级的热辐射信号。

质量检测：车辆的质量使压力和压电元件发出车辆通过和存在的信号。

视频图像检测：通过图像识别方法判别车辆运动状态。

根据上述原理相继开发出了环形线圈、超声波检测器、视频车辆检测器、车辆磁映像检测器等，其中停车诱导系统中用得比较多的是电磁感应线圈和视频检测器。

（3）借助外界物采集。随着交通的发展，停车诱导系统对信息采集有了更高的要求，不仅要求提供车辆的数量，还要求对不同的采集对象加以区别，继而采集不同方法，比较常见的是号牌识别和 IC 卡。

（二）信息处理

停车诱导系统信息处理不仅提供车位使用状况信息，还担负着存储停车场或路边车位信息、加工处理车位使用情况的变化模式等任务，这些功能将为未来提供停车需求状况预报、停车位预约等服务奠定基础。停车诱导系统的车位信息处理通过管理软件分两步来实现，即前端处理系统和管理中心系统。

1. 前端处理系统

前端处理系统一般指停车场管理系统，主要具备如下功能。

（1）采集车辆的进出口数据，如车辆性质（外部车辆或内部车辆）、车辆编号、进出时间等，必要时还有车辆牌号、停车场进出口编号。

（2）车位利用情况报表统计：日报表、月报表和年报表。

（3）停车管理需要的其他功能，如收费统计等。

在停车诱导系统运行中，区域诱导中心大部分情况是被动接收前端管理系统发送的数据，同时根据远程停车场监控模块提供的监控情况，判断数据的来源是否正确。为提高前端管理系统与区域诱导中心连接的规范化，要求前端管理系统按照规定的数据格式向中心发送实时业务数据，并提供通用接口。

2. 管理中心系统的功能

（1）行程时间内的车位变化

从目前的采集技术来说，车位采集器对于当前的车位采集比较准确，但它无法对未来的车位变化做出准确无误的预测。在诱导区域较大的情况下，由于停车场与信息发布牌相隔一定的距离，为了防止驾驶员在信息发布屏上看到停车场有"空位"而到达停车场时没有车位的情况发生，必须对行程时间内的车位变化做合理的预测。

影响车位变化应考虑的主要因素有停车场的利用率、发布屏到停车场的时间、停车需求变化趋势及停车场周边的道路交通状况等。停车场的利用率可以直接根据停车管理系统获得，下面主要就其他几个因素进行分析。

①信息发布屏到停车场的时间计算。信息发布屏到停车场的时间主要由发布屏到停车场的距离、车辆的行程速度决定。一般情况下，行程速度不仅与驾驶员有关，还受道路服务水平影响，但在车辆较多的市中心，在相同的行车路线条件下，不同驾驶员的行驶速度的略有差异。

②根据停车需求变化趋势模型预测车位。我国对停车需求的预测主要停留在停车设施需求总量和区域分布上，而对具体位置的停车需求变化的预测研究较少，随着停车诱导系统的蓬勃发展，如何预测车位数量的变化已成为车位误差处理的一个技术难题。

（2）系统优化

在区域停车诱导系统中，系统总是考虑如何准确及时地向驾驶员传递停车信息，虽然这种模型简单实用，但也存在一些缺陷，如所提供的信息有限，无法考虑不同驾驶者的不同要求，即无法实现系统与使用者之间的互动。随着城市智能交通信息平台、交通流诱导系统、GPS及多级化停车诱导系统的建立，对停车诱导系统的信息处理有了更高的要求。停车诱导系统的系统优化是从整个城市的停车管理和交通畅通出发，拟定合理的交通控制策略，即系统最优模型，然后根据不同的系统目标采用相应的对策。

实现系统优化的处理分3次完成。

①策略层：根据实时交通数据和车位占用数据，预测停车供需状况，从而拟定各分区的停车控制策略，选择合适的应用模型。

②模型层：预测更新周期内的停车需求，根据供需状况和车位占用状况（或排队状况），确定应用模型的参数，由此确定目标函数框架。

③应用层：根据车辆所在的位置、目的地、预停放时间及驾驶员选择停车场的特殊要求等，用模型层确定的目标函数框架获取诱导信息，并将其传递给驾驶员。

（三）信息发布

停车信息发布是停车场诱导系统的主要部分，按诱导信息是否可变可分为固定诱导信息和可变诱导信息。固定诱导信息主要以停车标志牌为主，由于这种信息发布方式成本低廉，可作为停车场诱导系统信息发布的有益补充；可变诱导信息发布牌能够提供变化的车位或车场信息，在可变信息发布牌上附带一些固定的诱导信息，可以节约成本或提高发布系统的稳定性。

1. 信息发布内容及设定标准

（1）信息发布内容：

①停车场（区域）位置或名字；

②去停车场（区域）的路线或方向、时间；

③停车场（区域）车位占用状况，可分为空满法（显示停车位饱和状态，如空和满；空闲、接近饱和及饱和）和车位剩余法（显示剩余空位数）；

④停车场的关闭等。

（2）信息表现形式。发布内容可采取多种表现形式，如符号、文字、地图等，文字说明停车场的名称、空满（剩余车位）状态、时间、距离等，图示既可以是简单的箭头也可以是复杂的地图。一个发布屏通常采用多种形式来表现诱导信息。

诱导信息的内容应根据层次远近而有所不同，因此诱导信息板的种类需按层次分为：预告性诱导信息板、指示停车场所在位置的诱导信息板和设置在停车场门前的单独停车场诱导信息板。

停车诱导信息板的设置还应具有适当的间隔（即各诱导标志设置点之间有合理的间距）和疏密度（即根据路段、停车需求，在不同区域设置不同的数量）。近年来，随着停车场问题的逐渐突出，在国外已发展了各类停车诱导信息系统。它们通过可变情报板对驾驶员进行停车诱导，以提高停车场（库）的使用效率，并减少因寻找停车场而在道路上"迷走"的车辆。目前，停车诱导系统在德国、日本等发达国家的多个城市使用效果良好，相信在中国大城市引人停车诱导信息系统也必然具有良好的前景。

2. 诱导信息分级要求

诱导系统应结合诱导区域特点设计成 3 级或 4 级诱导系统，一般采用 3 级诱导体系。

主干道信息发布牌（一级牌 A）在诱导区域的四周主干道上，对要进入区域停车的车辆进行诱导。

区域信息发布牌（一级牌 B）主要设置在道路复杂、停车众多、需要进行分区诱导区域的对外直接通道上，采用地图式，对已进入区域的车辆进行诱导，使驾驶员了解区域主要行驶路径及沿线各区域的剩余泊位总数；沿线停车场信息发布牌（二级牌 C）在停车场所沿线道路上，对于沿线各停车场空位信息进行发布，告诉驾驶员道路沿线各停车场的剩余泊位数量及进口方向。在有多个停车需要指示时，该类发布牌可采用组合形式。

停车场级信息发布牌（三级牌 D）在停车场入口附近设置，显示该停车场的名称、收费标准及剩余泊位信息。

区域诱导标志牌、区域入口诱导显示牌、主要路口显示牌、停车场库入口诱导显示牌分别如图 5-1 所示。

图 5-1 停车场库入口诱导显示牌

分区发布屏：设置在多个区域的外围或交界处，以空满法发布各区域内的车位利用情况，这种发布屏往往设置在城市的主要进出口或快速路立体交叉口。

区域发布屏：设置在进入区域的主要路口，形式类似集中发布屏和上海市的一级发布屏。

路口发布屏：设置在区域内部的主要路口，形式类似分支发布屏。

场外发布屏：在停车场附近没有显著发布屏的情况下，在停车场入口处设置，如上海市的三级发布屏。

3. 发布区域车位信息的分区

在多级停车诱导系统中，信息发布常涉及区域车位数据的统计和处理，鉴于信息发布的跨区域性，为提高诱导效果，在分管理中心，发布区域信息的分区处理与物理上各区域信息采集的划区应有所区别。

发布区域车位信息的分区主要遵循以下原则：每个分区的范围不宜过大，应当限制在 6~8 个街区以内，最好在边长为 500 m 左右的矩形区域内；各个分区最好在名称上能加以区分，容易识别；每个分区内的停车场容量和停车需求大致相等；应当避免行人流量大的道路跨越小区；通往停车场的诱导路线尽量避免出现左转；各分区最好能用干线道路分开。当分区无明显的分界线，且在分区发布屏处可以有不同的路径到达某一个停车场，并且道路阻抗差别很小时，应当采取交叉分区形式。例如，分区发布屏显示 A、B 两区的停车场信息，A区内容为停车场 P1、P2、P3、P4 和 P5 的合集信息，B区内容为停车场 P5、P6、P7、78 和 P9 的合集信息。

4. 发布屏的设计

（1）发布屏立柱形式。根据道路交通条件和环境的不同，发布屏立柱形式有悬臂式、龙门架式、立柱式 3 种，立柱式又可分为单立柱和双立柱两种。

（2）发布屏的设计。和其他交通标志标线不同，停车诱导系统的发布屏尚无统一的标准。发布屏的主要设计原则：

A. 发布屏应清晰直观，具备全天候显示信息的能力，要求在夜晚、雾天及阳光直射下仍能够清晰辨认；

B. 显示面板、控制系统及电源等技术先进，可靠性高，易于维护；

C. 箱体框架结构安全可靠，抗风、防雷、防腐蚀、防雨渗漏、防尘等性能较好，设有必要的安全防范措施，且结构造型与周围环境相适应，美观大方；

D. 安装方便，单个模块可拆卸，对于将来发布内容和形式的调整有较好的适应性。

5. 发布屏的选址原则

（1）根据道路交通流特征选择发布屏安装位置是发布屏定位的首要原则，一般来说，发布屏应设置于交通流重大集散点、经常发生拥堵的路段的上游，以及重要交通干道和重点路段的上游。

（2）在发布屏下游必须有分流的能力。

（3）发布屏前不得有遮挡物影响驾驶员快速识读发布内容，还要考虑相关道路的市政工程条件，如供电、通信、地下管线、安装基础场地等。

6. 其他信息发布形式

信息的告知分行程前信息和行程中信息，如果私车驾驶员在出车前能够提前知道目的地的车位情况，那他有可能放弃驾车而采取其他出行方式，如公交、出租车或地铁等，即使驾车出行，也可在适当的地点换乘其他车辆，这不仅减少了停车需求，也降低了道路负荷。因此，采取多种信息发布方式能极大地提高停车诱导系统的诱导效果，优化城市交通流。

根据信息作用的范围，诱导系统分为车内诱导和车外诱导两大类。在车内诱导系统中，实时交通信息传输于个别车辆和信息中心之间，车辆上安装有定位装置、信息接收装置、路径优化装置。由于诱导对象是个别车辆，所以也称为个别车辆诱导系统。这类系统的诱导机理比较明确，容易达到诱导目的，目前发达国家大部分研究的就是这种系统。但对车内设施和信息传输技术要求较高，造价相对昂贵。相比之下，车外诱导系统的交通信息是在车流检测器、信息中心和可变标牌之间传输，诱导对象是车流群，因而也称为群体车辆诱导系统。就停车诱导系统来说，未来信息发布的思路将以车外诱导为主，不失时机地开发车内诱导，主要重点在掌上电脑和手机查询、交通广播电台、车载 GIS、Internet 网上查询。

（四）信息传输

1. 通信在系统中的作用

停车诱导系统的工作流程可概述为：停车诱导系统首先利用检测和监视系统采集各种停车信息，然后经通信系统送至交通管理中心集中处理，再利用通信系统和信息发布系统将这些信息传输到停车诱导系统的各个用户（驾驶员、交通管理单位、停车场等部门），供他们根据自己的具体情况做出相应的选择。由此可见，各种信息的传输是停车诱导系统的运行基础，而以传输信息为目的的通信系统就像人体内的神经系统一样在停车诱导系统中起着至关重要的作用。

2. 通信的分类

交通通信技术包括无线电广播、电缆通信、微波通信、移动通信、光纤通信、数字基带通信、数字载波通信、红外线与超声波通信及卫星通信等，不同的通信技术有不同的适用范围，上述通信技术在 ITS 中并不都是独立存在的，很多技术相互渗透、相互交叉。根据数据发送和接收者的管理层次，可将停车诱导系统的信息传输分为：

（1）停车场或路边停车位——管理中心；

（2）管理中心——LED 发布屏；

（3）管理中心——其他信息发布方式。

3. 通信结构

根据不同的传输任务，停车诱导系统的通信可以采用不同的方式，目前比较常见的有线缆、光纤和无线三种方式。线缆包括实线、DPN 数据网等，无线包括 GPS、GPRS、CDMA 等。

二、实时道路交通信息发布系统

交通信息发布系统的主要功能是获取交通流实时动态信息和各种交通服务信息，并将规范处理后的信息通过不同方式进行发布，同时向用户提供信息查询和各种扩展功能，如路线安排、车辆诱导等。

（一）系统功能

1. 交通流分布状况可视化显示功能

实现道路交通流可视化分布状况显示，当交通状况发生变化，系统会进行实时更新，迅速准确地反映出交通流的变化，管理人员在任何时候都能及时了解到道路的实时动态信息，如平均速度、运行模式、交通事故等。

2. 交通事件信息显示与预警功能

对交通管理部门显示：通过现场监控设备（如电视监视摄像机、交通信号、全球定位系统及 122 等）发现交通事故，该事故立刻在控制中心 GIS 上被显示出来，同时开始分析可能由此引起的交通阻塞。

对公众发布显示：在几秒内，交通监控中心的控制人员或者系统自动控制将备选道路的转换信息显示于就近区域地点的 VMS 上，同时借助交通广播及路侧通信广播警告。另一方面，对于使用车载导航终端或使用网上路线计算功能的用户，系统自动对使用事故影响路段的用户发出针对性警告，并建议采取绕行方案。

3.VMS 发布信息功能

利用分布在主要路口、路段的交通诱导信息室外显示屏，向广大出行者和驾驶员提供定量或定性的实时的交通状况信息及交通管制情况、道路修建信息等。

4. 交通信息服务 Interet 发布和无线通信网络发布功能

为了更方便公众了解实时交通状况，需要开发基于 Internet 的网络信息发布系统。通过连接 Intemet，用户能获得所需要的交通信息及服务。另外，借助无线通信网络，通过 WAP 访问或短信业务，用户可以获得所在区域或路段的实时交通信息。

5. 嵌入式交通视频动态图像显示功能

通过单击 GIS 显示中的视频摄像设备，管理者及公众可以实时播放前端路面的交通动态图像。

6. 系统管理功能

由于城市交通信息发布系统对于全市的交通服务起着至关重要的作用，应对信息发布系统的各发布单元进行统一管理及维护；另一方面，需考虑整个系统对外接口的安全。对于由交通管理部门负责，社会共同享用的各种现场设备如信号机、射频摄像机、各种检测器、VMS 设备等，要求其故障率低，故障恢复速度快，因此，需要对交通管理者提供其运行状态信息，以提高管理效率。

（二）系统逻辑结构

逻辑结构确定为满足交通发布信息使用者的需求，交通信息发布系统所必须具备的功能模块，它定义了提供各项用户服务所必须拥有的模块，以及各功能模块之间交换的信息和数据流。主要完成两方面的工作：

1. 确定功能，即确定信息平台所应具有的功能，规定其功能处理的界面信息与信息流动；

2. 确定构成要素，即确定具有哪些功能模块。

根据上述方法，得到城市交通信息发布系统的逻辑结构，如图 5-44 所示。

3. 系统物理结构

将逻辑结构中的功能实体化、模型化，把功能结构相近的实体（物理模型）归结成直观的系统和子系统。主要完成三个方面的工作：

（1）实现划分，即为实现系统功能，确定需要哪些具体的物理单元，各个物理单元完成哪些任务；

（2）实现配置，即确定各个物理单元配置的具体位置，哪些物理单元可以组合在一起；

（3）实现组合方法，即各个物理单元怎样配置组合才能达到系统最优。

各种前端发布单元，如电视墙、浏览器、可变信息板、电话传真、手机、PDA等，作为发布载体将交通管理控制、路网的交通状况等信息显示发布出来，提供给交通管理人员和社会公众。

发布子系统是指用于各种不同用户的信息发布渠道和载体，如交通诱导信息室外显示系统、交通电视台/电台信息发布系统、Internet交通信息发布系统等。

信息发布中心主要负责协调和管理各个发布子系统，将它们整合为一个有机的整体。发布中心的业务组件部分是系统软件的核心，只有通过业务组件才能完成系统的真正应用。业务组件由信息分类编排、信息传输、信息统计查询和发布子系统"登录/退出"控制几大模块，完成相应的应用功能。

系统应用平台为各种业务组件提供有网络连接的物理平台和操作系统。

系统执行引擎用于为发布中心的下端各种不同的应用提供一个基础的技术支撑体系，使得在其之上运行的应用可以通过调用执行引擎来控制底端的系统资源，为今后系统的功能扩展提供强有力的支持。

系统管理组件会针对不同的应用提供不同的管理与维护机制，如系统管理、安全管理等。

4. 系统应用

为了给出行者提供便利，方便出行者提前制定行车路线，减少拥堵的发生，许多城市应用网络、手机等多种形式发布实时道路交通信息。以北京市交通委员会和北京市公安局公安交通管理局网站的实时路况查询系统为例，可以通过这些系统查询北京市主要道路的拥堵、缓行、畅通状况及是否有发生突发事故、施工、限行等实时路况信息。

三、实时公交信息发布系统

公共交通信息发布系统是交通信息服务系统的关键组成部分，是直接面向公交出行者的窗口服务系统。交通信息发布是智能公共交通信息服务系统为出行者提供的信息与出行者之间交互的媒介，出行者对系统的评价完全来源于信息发布。

（一）系统特点

公共交通信息发布系统的主要作用是信息处理中心将交通诱导信息发布给需求终端。公交信息发布的特点表现为以下两个方面。

（1）信息多样化。需要提供给公交出行者的信息不仅仅局限于公交运行信息、预测到站信息、载客量预测信息等与公交相关的信息，还应该包括道路、天气、铁路、民航及其他相关服务信息，为出行者提供全方位的出行服务。

（2）用户广泛。信息发布主要提供给出行者，出行者可以在室内、车站、车上、路边。

（二）公交信息发布系统中的公交信息交换平台

智能公共交通系统信息交换平台就是在明确信息服务系统各子系统之间衔接关系的基础上，制定接口和功能衔接要求，根据这些要求建立的满足多种交通信息需求的通信网络平台。智能公共交通系统信息交换平台是整个智能公交信息服务系统各子系统之间进行通信的总枢纽，也是子系统消息往来的集散地，在整个系统中担任着重要的角色，真正体现了交通运输信息交流和资源共享的信息化社会特征。

信息交换平台在信息发布系统中同样起着至关重要的作用。由于智能公交信息服务系统信息交换平台实现为企业级的应用网，不仅支持静态的路由指定，也支持动态的路由条目的生成和删除，可以进行灵活配置，以满足各种不同的客户需求。

信息交换平台不仅仅成为公交信息发布的平台，同时也是信息服务系统与其他业务系统进行信息交换的平台和枢纽。

其主要功能体现为以下几个方面。

1. 信息采集：通信服务器收集车载终端等设备采集的信息，根据设定发往不同的订阅者。

2. 信息订阅：各子系统可以向通信服务器订阅自己需要的消息，支持多种订阅方式。

3. 信息转发：进行带目标地址的转发和订阅信息的转发。

4. 系统维护：支持分级日志、错误编码、配置、数据统计等功能。

信息交换平台的数据库组织采用分布式数据库系统，这是符合信息交换平台的管理思想和管理方式，是由信息交换平台和智能公交信息服务系统的特点决定的。为了充分发挥信息交换平台的作用，满足公交出行者的需求，必须要求各个数据库之间既能灵活地交流，又能统一管理和使用。这样把信息交换平台的数据库用网络连接起来，建立一个既有各部门独立处理又适合全局范围应用的分布式数据库系统。

（三）系统发布方式

公交信息发布主要是将诱导信息提供给公交出行者，以促使出行者合理地安排出行，提高公交服务水平，缓解交通拥挤。目前应用的各种信息发布技术，包括支持数据广播、Web、E-mail、RSS、短信、声讯等多种发布方式，开发基于 Web 的出行者信息服务门户，实现出行需求获取、综合交通诱导和交通信息的即时发布。

1. 传统的发布方式

目前传统的已经获得实际应用的发布方式主要有以下几种。

（1）车载终端

车载终端发布系统包括车内移动数字电视、LED 信息显示屏、站牌等发布终端。当然，这些显示终端需要安装了 GPS 定位装置和通信装置的车载机的支持。目前海信研发的车载机具有自动/手动报站、站点位置自学习、无线数据传输、通话等多种功能。该车载机以摩托罗拉 MCF5272 单片机为控制核心，以当前非常流行的嵌入式操作系统 Vxworks 为软件开发平台，满足了车载机多任务和实时性的要求。车载机的开发涉及 GPS 定位技术、GPRS 无线通信技术、嵌入式软件开发等诸多领域。车载移动数字电视目前已经在北京、上海、青岛等许多城市安装实现，在完成报站提示的功能之外还可以播放电视节目，包括新闻、天气预报等。

（2）电子站牌

公交电子站牌主要是向站台，上的乘客提供该公交线路运营方向的运营车辆实时运行位置及下一班车预计到达时间等，为乘客合理选择乘车线路、安排候车时间提供方便，避免乘客盲目等车，提高公交服务水平。也可穿插性地发布天气信息、广告信息等。

研究电子站牌要结合公交车定位技术。车辆定位系统将当前车辆的位置、时间信息通过 GPRS 网络传递到公交信息处理中心，然后公交信息处理中心将处理后的车辆相关信息通过电子站牌展示给公交乘客。

（3）站场查询终端

站场查询终端一般在快速公交、地铁、轻轨的车站和智能公交站台上安装，查询终端主要是触摸屏的方式，出行者可以通过交互的方式查询出行所需的交通信息。然而该终端只能在车站使用，应用范围有所限制。

（4）交通广播

通过交通广播电台，公交信息服务部门可以把公交运营信息、路况、铁路、民航信息和其他服务信息提供给广播听众，使出行者尽早确定行驶路线，但用交通广播发布信息，实时性较差，而且针对的人群仅限于打开了收音机的出行者，具有一定的局限性。

2. 基于 Web 的出行者信息发布

基于 Web 的信息发布方式主要有短信平台和互联网发布。近年来，手机短信息服务（SMS）因其收费便宜、容易使用、快捷有效等特点，其收发量突飞猛进；互联网技术和无线数据技术的迅猛发展为无线移动通信和互联网应用的结合提供了技术基础。短信服务平台便成为交通信息发布的一种新型方式。

（1）短信服务平台

短信服务平台由出行者的移动通信终端、公交信息处理中心和后台数据库组成，短信平台的接发方式主要是通过 Web 方式和手机短信方式。出行者可以通过 Web 接入，登录相关网页定制自己的需求信息，网站在收到用户的定制需求后，通过数据库服务器验证身份后向 Web 接入服务器和信息变换平台提交请求获得数据。将数据信息、接收方手机信息、用户信息以数据包的形式发送到短信服务平台接入网关，再由接入网关通过移动网络发送到接收用户手机。出行者也可通过手机短信方式收发。2008 年北京市交通信息中心与中国移动北京分公司在奥运会前正式推出交通信息手机发布系统——"掌上交通指南"，通过短信、手机上网和拨打 12580 热线的形式向出行者提供公共交通和动态路径诱导服务。

短信服务平台可提供 24 h 不间断服务，应用非常便捷，和传统的信息发布手段相比，大幅度地降低了服务成本，提高了服务效率。而且短信服务平台可以根据不同的需求提供更高效、更个性化的服务信息。目前在山东济南已经实际应用以通过短信定制相关道路的即时路况信息，通过即时查询，可以获得公交车次、公交换乘、道路路况、长途客运等信息。

（2）基于 Web 的出行信息服务门户

随着 Internet 的迅速崛起，Web 技术成为高效的信息发布技术，利用 Internet 技术在 Web 上发布交通信息，就能从任意一台联网的计算机上浏览 Web 交通站点的交通信息。目前国内主要大城市也有用于发布公交信息服务的网站，甚至是综合性的交通服务网站，比如上海综合交通信息网、广州交通信息网。2008 年 6 月，北京交通网正式上线，面向奥运建设了中英文的奥运交通服务分站，详细介绍到达比赛场馆的各种公共交通信息。通过网站能够清晰地介绍具体的公共交通信息和实时的出行情况，尤其是临时改变的信息通过网站新闻的方式发布，能够及时详细地向出行者传递信息。

通过 Web 门户发布城市交通信息主要有以下特点。

①较低的管理运营成本。采用 Web 门户方式发布交通信息，出行者利用互联网获得交通服务信息，从而减轻交通管理部门为了提供信息服务花费大量的资金和精力购置其他发布设备。

②信息共享。通过 Web 门户发布方式可以采用通用的浏览器进行信息发布的特点，使得包括出行者在内的需求人员方便地获取交通信息，真正实现了大众共享。

③存在扩展空间。由于互联网技术是开放的，是国际标准化组织 ISO 为互联网专门制定的标准，这就为互联网的进一步扩展提供了空间，同时也使得互联网在数据处理过程中，易于与其他独立开发的信息服务系统进行无缝集成。

四、多模式交通换乘信息发布系统

目前，在我国的一些城市客运换乘枢纽中，枢纽站内部信息服务不完善的问题较为突出。多模式客运换乘枢纽站一般具有结构复杂、规模及换乘量大等特点，由于缺乏人性化、系统化的交通信息服务，换乘系统低效、无序、烦琐和缓慢，无形中增加了出行者的时间消耗，降低了交通出行的便捷性、安全性和舒适性。尤其是在一些枢纽站点，要充分利用显示屏、广播、查询平台、手机等终端建立多模式信息发布系统，提供完善的交通换乘信息服务，提升客运换乘枢纽站的换乘效率，缩短各种交通方式在枢纽站的接驳时间，减少人们出行中的时空消耗。

（一）换乘信息服务系统

多模式交通换乘信息发布系统向乘客提供各种运输方式的行车时刻、运行路线、换乘站点、客运站场、周边地理信息、票价及道路交通状况、气候条件等换乘相关信息。出行人员可根据这些信息选择最佳的出行方式、换乘方式及出发时刻或取消出行计划等。通过换乘信息服务系统保障换乘枢纽客流的高效转换，提高换乘枢纽的综合效率，改善对换乘用户的服务质量。根据信息提供方式的不同可将信息分为两种：静态信息和动态信息。

1. 静态信息

这类信息面向枢纽站换乘的乘客，提供导向、票务等相关信息。其中，按导向标志的性能不同，导向信息又可划分为方向性、警告性及服务性3类。方向性导向标志包括站点位置、进出站方向、购票方向、站内路径引导、列车运行方向标志等；警告性导向标志包括乘客停留标志、乘客禁止进入标志等；服务性导向标志包括各种运输方式的运行路线、沿线停靠站点及接驳交通、枢纽周边区域地图、交通气候状况、标志性建筑及接驳交通换乘站地点，以及其他公共服务设施导向标志等。静态信息是公路客运换乘枢纽站正常运营所应具备的条件，是确保换乘效率的基础。

2. 动态信息

这类信息分为面向使用者和面向管理者两种类型。面向使用者的动态信息主要包括各种交通工具到／离站空间位置信息、不同交通方式之间换乘时预计等待时间信息、不同交通工具承载的人数，以及换乘枢纽车站内设施利用情况的实时交通信息。面向管理者的动态信息实际是一种信息反馈，即针对实际客流需求变化而提供的交通工具运营实时信息，使管理者掌握换乘各种交通方式的乘客需求量及各种交通工具的运行状况，方便对交通工具进行适时调度，并为政府管理部门及企业的统计分析、生产预测、管理决策提供支持。

（二）换乘信息服务系统设计

在换乘信息服务系统的管理与建设中，各种运输方式通过 ITS 手段进行衔接和有效的集成，并对服务信息系统的建设提出指导原则，最后进行综合、集成与协调，从而达到一体化客运换乘枢纽站建设的总目标。换乘信息服务系统包括三部分：信息收集、信息处理、信息发布。

1. 信息收集

信息收集包括换乘站内站点选择的静态信息和所换乘交通工具沿途路线的动态信息。枢纽站内换乘设施所处的位置信息可以通过设置标示标符、信息查询、专用通道等手段和方法让换乘旅客获取使用。而对于沿途路线的动态信息，需要从 ITS 的相关系统中提取相关的信息为旅客所用。

2. 信息处理

信息处理功能主要是对已收集到的信息进行分类、形式转化，为交通信息的发布提供保障。

五、对外客运交通信息发布系统

对外客运交通信息发布系统是在统一的、先进的交通服务信息系统基础上，集成各种终端和媒体向公众出行人员提供城市间客运出行信息服务，使得出行者能"不同场合、多种手段"实时获得出行前、出行中的交通、旅游、气象等信息服务。

根据数据来源分类，对外客运交通信息发布系统能够提供如下信息服务。

（一）公路及行程相关信息查询服务

出行者需要选择行驶路线，了解所经城市名称、沿途服务区、城市乡村名称、行驶里程、公路等级、通行费用等与公路有关的信息，系统提供以下公路及行程相关信息查询：

1. 出行路线选择，了解所经城市、乡村位置，公路走向，公路等级；
2. 公路相关服务设施信息，如服务区、加油站、维修站、停车场、紧急电话、汽车站；
3. 公路附属设施，如出入口、收费站、隧道、桥梁、涵洞的位置和名称等；
4. 通行费用和里程信息。

（二）票务查询订购服务

出行者首先要选择出行方式，通过比较各种方式所需时间、所需费用等，然后购买相应的汽车、火车、飞机票，因此系统需要提供以下服务内容：

1. 汽车车次、发车时间、发车地点、票价、剩余车票等实时信息，同时能够得到车票预订服务；
2. 火车车次、发车时间、发车地点、票价查询服务；
3. 飞机班次、起飞时间、飞行里程等信息查询服务。

（三）天气预报服务

出行者希望及时得到出行时天气情况，特别是强风、强降雨、冰冻、大雾等恶劣天气，天气信息往往是出行者决定是否适宜出行的前提。系统需提供所经线路的天气情况，包括气温、天气状况，以及台风、暴雨、冰冻、大雾等恶劣天气预警。

（四）路径指导服务

出行者在前去陌生地点时需了解其适宜的行驶路线，最优路径往往也意味着最短时间和最少费用。系统根据此需求应能提供从出发地到目的地的最优路径查询服务。

（五）路况参考服务

出行者需要了解实时路况信息，如道路拥挤程度，道路是否封闭、维修、管制等。路况信息关系到出行者是否延时出行、是否绕道、是否能按时到达目的地，对出行者来说是极为重要的。系统据此提供路况通报服务，包括道路是否封闭、维修、管制，道路预测的拥挤程度等信息。

（六）旅游信息服务

大部分出行者需要住宿、饮食、游玩等，所以系统需要提供如下旅游相关信息服务：

（1）酒店名称、位置、价位查询服务，酒店交通方式和路线提示服务；
（2）景点景区介绍、票价查询、风景图片展示、交通信息查询等服务。

（七）电子地图服务

纸质交通地图一直是出行者常用的信息媒介，出行者需要从地图上了解目的地位置、行车路线、所经城市和乡村、地形特征等，特别是自驾车出行者从交通地图上获取的信息占其出行信息的 60% 左右。电子地图与纸质地图相比有无限放大、动态查找、路径分析等优点，可为出行者提供便捷的服务。电子地图服务提供地名查询、路名及等级查询、航道港口码头信息查询、最优路径查询等。

（八）交通监控服务

目前，各个公路、车站、航道、码头等部分重要交通要塞安装了视频监控设备，可实时传送其视频图像。出行者通过查看视频图像，可了解公路、航道是否通畅，车站码头是否正常运营，对出行有一定的指导作用。

（九）GPS 跟踪服务

单位用户往往拥有众多车辆或船只，他们希望对所属车船进行实时跟踪并进行通信和调度，GPS 的应用可大大提高单位用户的工作效率，产生一定的经济效益。

（十）出行信息论坛服务

出行信息论坛可以提供网上问路、出行经验交流服务，网上论坛交互性、开放性强，言论相对自由，只要加强管理，建立我为人人、人人为我的良好风尚，就会为出行者带来一定的参考价值。出行论坛提供的服务有网上问路、专家论坛等。

六、定位导航系统

定位导航系统是 ITS 设施中涉及的一个主要应用系统，高级的定位导航系统是一个复杂的大系统，配有计算机、GPS 接收机和各类传感器等设备，充分利用检测、通信、计算机、控制、GPS 和 GIS 等现代高新技术，动态地向驾驶员提供实时交通信息和最优路径引导指令。通过对道路上的车流进行诱导，从而平衡路网车流在时空上的合理分配，提高道路网络运输效率，缓解和防止交通阻塞，减少空气污染。现代车辆定位导航系统一般由部分模块或全部模块组成。成熟的定位导航系统需要不同的功能和函数组合。

（一）定位导航系统的功能

现代车辆定位导航系统有关各模块的功能简述如下。

1. 数字地图数据库。它包含以预定格式存储的道路及其属性信息，能被计算机处理，用以提供与地图有关的服务，如车辆定位、道路分类、交通限制和旅行信息等。

2. 定位模块。此模块综合各种不同传感器的输出或使用无线测量技术来精确计算车辆的位置和速度等信息，从而可推断其运行的路段和将要抵达的交叉口。典型的基于卫星信号的技术是使用 GPS 接收器。

3. 地图匹配单元。地图匹配单元用于将由定位模块获得的车辆位置数据定位于由地图数据库提供的地图上的某一位置或路径上。

4. 路径选择单元。传统的路径选择是基于数据库数据的，现代发展的实时选择技术则同时需要交通信息中心提供的实时交通状态数据。

5. 路径引导单元。它用于引导驾驶员沿着由路径选择单元选定的路径顺利行驶。它由各种路径引导指令组成，需要动态的、准确的车辆位置信息。

6. 人机接口界面。它用于使用户与系统进行交互，可以为文字界面、图形界面或者语音界面。

7. 无线通信单元。它提供各单元模块间的信息交流，特别是可使车载系统实时接收最新的路况信息，以使车辆更安全、有效地行驶。

（二）定位导航系统技术基础——全球导航卫星系统

全球导航卫星系统（Global Navigation Satellite Systems，GNSS）作为一个广义的概念，是所有在轨工作的卫星导航定位系统的总称，目前主要包括美国的 GPS 全球定位系统、我国的北斗导航系统（BeiDou 或者 Compass）、欧洲的同步卫星导航覆盖系统（EGNOS）和 Galileo 卫星导航系统、俄罗斯的 GLONASS 全球导航卫星系统、美国的广域增强系统（WAAS）、日本的准天顶卫星系统（QZSS）、印度区域卫星导航系统（IRNSS）等多种定位系统。

（三）全球定位系统

全球定位系统 GPS 是英文全称 Navigation Satellite Timing and Ranging/Global PositioningSystem 的首字母缩写，其中文含义为导航卫星测时与测距／全球定位系统。GPS 是基于卫星的无线导航系统，而提供的一种实用的、价廉的在全球范围内确定位置、速度和时间的工具。GPS 由美国国防部设计和收费，美国国防部与美国交通运输部达成协议，有限制地免费交付民用。CPS 与其他定位系统相比，主要特点如下。

1. 全球连续定位

该系统能为全球任何地点或近地用户提供连续的全球定位服务。

2. 定位精度高

GPS 能为各种用户提供七维定位信息，即三维定位装置信息、三维速度信息和精确的时间信息。试验表明，定位误差小于 10 m，计时误差小于 1μ。

3. 接近实时定位

该系统所需的定位时间极短，从开机冷启动到捕获到卫星，直至精密定位，最长时间为 30s，而每次定位的刷新时间只需 1s 或 0.5s。

4. 抗干扰能力强

GPS 系统采用扩频调制技术和相关接收技术，从而使用户接收机系统具有抗干扰能力强、保密性好等特点。

5. 被动性全天候导航

用户只要装备接收装置就可以接收系统的信号进行导航定位，不要求用户发射任何信号，因而体积小而灵活，这种被动式导航装置不仅隐蔽性好，而且可以容纳无限的用户。

（四）北斗卫星导航系统（BeiDou Navigation Satllite System）

20 世纪 70 年代以来，美国和苏联相继启动了各自的卫星导航定位计划，面对卫星导航技术的迅速发展及其在国民经济发展和现代战争中的重要作用，根据国情，我国在 1980 年决定建立一个独立的北斗卫星导航系统。

2003 年，我国顺利建成了北斗的验证系统，即北斗双星系统，其中卫星和备份星的发送时间分别是 2000 年 10 月 31 日、2000 年 12 月 21 日和 2003 年 5 月 25 日。我国北斗卫星导航系统的顺利建成，改变了我国长期缺少高精度、实时定位卫星的局面，打破了美国和俄罗斯在这一领域的垄断地位，填补了我国卫星导航定位系统领域的空白。

"北斗"是中国独立自主设计、建设的卫星导航系统，也是联合国有关机构认定的全球卫星导航定位 4 大核心供应商之一。北斗一代的建成使中国成为继 GPS、GLONASS 之后，能够独立提供服务的 3 大卫星导航系统之一。

北斗系统的建成分为两步，首先建立北斗卫星导航定位系统（北斗一代），然后在此基础上进行完善实现具有全球导航功能的北斗导航定位系统（北斗二代）。北斗一代卫星定位导航系统由通信导航卫星、地面应用系统和测控系统组成。

与其他卫星导航系统相比，该系统投资少，而且具有其他系统所不具备的功能。所以北斗一代卫星导航系统是一个具有较高性价比的、具有中国特色的卫星导航系统。

（五）Galileo 卫星导航定位系统

伽利略卫星定位系统计划是 1990 年末欧盟宣布开发的民用 GNSS 空间系统计划，于 2002 年 3 月 26 日由欧盟 15 国交通部长会议一致决定正式启动。该计划的实施标志着欧洲将拥有自己的卫星导航系统，并将结束欧洲对美国全球卫星定位系统严重依赖的局面，同时也开创了全新的卫星导航定位系统商业化运作模式。伽利略卫星定位系统将为用户提供误差不超过 1m、实时精确的定位服务。伽利略系统与 GPS 相比，有较大的不同和优越性。例如，伽利略系统的卫星数多、轨道位置高、轨道面少；伽利略系统更多用于民用，可为地面用户提供 3 种信号：免费使用的信号、加密且须交费使用的信号、加密且须满足更高要求的信号。其精度依次提高，最高精度比 GPS 高 10 倍，即使是免费使用的信号精度也达到 6m。如果说 GPS 只能找到街道，伽利略系统则可找到车库门。所以伽利略系统的用户不但可根据需要进行选择，而且获得的定位精度优于 GPS。

（六）俄罗斯格洛纳斯（GLONASS）系统

GLONASS 是俄罗斯卫星无线电导航系统，功能上类似于 GPS。GLONASS 也由三部分组成，即空间部分、地面监控部分和用户接收机部分。GLONASS 的空间部分由 24 颗周期约 12 h 的卫星组成，它们能够不断发送测距和导航信息。控制部分由一个系统控制中心及一系列在俄罗斯境内分布的跟踪站和注入站组成。与 GPS 相似，控制部分除对卫星工作状态进行监测并于必要时通过指令调整其工作状态外，还对各卫星进行测量以确定其轨道和卫星钟差，最后以导航电文的形式通过卫星存储、转发给用户。用户接收机也采用伪随机码测距技术取得伪距观测量，接收并解调导航电文，最后进行导航解算。和 GPS 不同的是，GLONASS 采用频分多址而不是码分多址，卫星的识别是靠卫星发播的载波频率存在的差异实现的。

三、定位导航系统的应用

（一）典型导航系统的应用框架

三维导航是 GPS 的首要功能，飞机、船舶、地面车辆及步行者都可利用 GPS 导航接收器进行导航。汽车导航系统是在 GPS 的基础上发展起来的一门新技术。它由 GPS 导航、自律导航、微处理器、车速传感器、陀螺传感器、CD-ROM 驱动器、LCD 显示器组成。

GPS 导航系统与电子地图、无线电通信网络及计算机车辆管理信息系统相结合，能够实现以下服务。

1. 车辆跟踪

利用 GPS 和电子地图可以实时显示出车辆的实际位置，并任意放大、缩小、还原、换图；可以随目标移动，使目标始终保持在屏幕上；还可实现多窗口、多车辆、多屏幕同时跟踪，利用该功能可对重要车辆和货物进行跟踪运输。

为了有效提高定位精度和定位连续性，国际上广泛采用集成的差分 GPS 定位和惯性导航定位方法。GPS 车辆定位、跟踪系统在智能交通系统的应用如图 5-51 所示，控制中心通过广域网与 GSM、GPRS 或 CDMA 网络相连，以实时显示出车辆的实际位置；还可实现多车辆、多屏幕同时跟踪，车辆上安装有 GPS 接收机与接收天线。另外，一旦车辆发生遇劫、被盗等警情时，控制中心也可将车辆位置信息及警情信息通过广域网传送至110 指挥中心，由公安部门处警。

2. 出行路线的规划和导航

规划出行路线是汽车导航系统的一项重要辅助功能，包括自动线路规划，即由驾驶员确定起点和终点，由计算机软件按照要求自动设计最佳行驶路线，包括最快的路线、最简单的路线、通过高速公路路段次数最少的路线等。

3. 人工线路设计

由驾驶员根据自己的目的地设计起点、终点和途经点等，自动建立线路库。线路规划完毕后，显示器能够在电子地图上显示设计线路，并同时显示汽车运行路径和运行方法。

4. 信息查询

为用户提供主要物标，如旅游景点、宾馆、医院等数据，用户能够在电子地图上根据需要进行查询。查询资料可以以文字、语言及图像的形式显示，并在电子地图上标示其位置。同时，监测中心可以利用监测控制台对区域内任意目标的所在位置进行查询，车辆信息将以数字形式在控制中心的电子地图上显示出来。

5. 话务指挥

指挥中心可以监测区域内车辆的运行状况，对被监控车辆进行合理调度。指挥中心也可随时与被跟踪目标通话，实行管理。

6. 紧急援助

通过 GPS 定位和监控管理系统可以对遇有险情或发生事故的车辆进行紧急援助。监控台的电子地图可显示求助信息和报警目标，规划出最优援助方案，并以报警声、光信号等提醒值班人员进行应急处理。

7. 交通运行监测

为了对交通态势进行多方面分析，利用 GPS 采集到的实时道路信息，综合其他交通数据，对道路交通状况进行分析，提供某路段的实时路况，也提供由多条路段形成的道路交通状态。

8. 交通设施信息的实时采集标注

交通设施信息是智能交通管理数据的重要组成部分之一。作为交通运输的详细信息，如交通中的红绿灯控制信息、步行街、单行道、禁止左转等信息，公路交通中的路况、车道数、限速等有关交通运输专用信息，在实际中经常发生变化，随时掌握交通设施的位置及变化，对交通管理、规划出行路线等至关重要。因而可采用 GPS 准确采集，及时补充。

9. 行车安全管理

通过对 GPS 位置信息的显示分析，能对道路上一些不安全的行为进行记录，以便事后及时处理与纠正，如超速行驶、在单行线上逆行、不按规定拐弯、不按交通限制行驶、有些路段某段时间限制某些车辆通行等情况。

10. 交通事故分析

运用系统中保存的 GPS 信息，可将发生的交通事故重现出来，管理人员可根据当时车辆的行驶路线、方向、速度等得出事故发生的原因，加快事故的确认和处理，使受阻的路段尽快恢复通行，提高道路交通运营能力。

（二）GPS 系统应用案例——泰山旅游车定位系统

泰山旅游车 GPS 定位系统是泰山旅游车定位调度系统中一部分，该系统实现了旅游车辆 GPS 定位和实时通信调度功能，保障景区旅游车安全管理和科学调度业务需求。泰山旅游车 GPS 定位系统由全球卫星定位、监控定位终端、机房服务器、监控中心用户终端及相应管理软件组成。

硬件终端包括 150 套 GPS 定位车载装置、中心机房管理服务器、各级监控中心（7 处）及单独内网用户显示调用终端（视频监控系统中建设）。软件系统包括管理控制软件、电子地图等。旅游车安装 GPS 卫星定位终端，通过运营商 GSM/CDMA 网络将数据实时传输到景区中心机房服务器，各级监控中心及单独内网用户通过内网终端实现旅游车位置定位、查询、调度、超速警示等功能。

该系统具有监控功能，可以实现以下目标。

1. 实时查询车辆的位置和行驶数据信息。对于所查询车辆的选择可以按单辆车、分组或全部车辆进行，选中车辆的实时位置信息和行驶数据信息。位置信息包含经纬度值，行驶状态信息包括时间、速度、方向、设备故障信息等，车辆位置、运行速度（精确到 0.1m/s）、运行方向及时间信息。

2. 定时、定距方式监控车辆位置。管理中心可按单辆车、部分（分组）或全部车辆选择，要求车载终端按照定时、定距的方式连续上报车辆的实时位置，实现对于在途车辆的连续实时监控功能。车载设备安装后，可以 24 h 开启，将车辆信息通过无线数据网络实时传送到管理中心并显示在电子地图上。

3. 历史轨迹上传及轨迹回放。车载终端上存储的历史轨迹记录可以由管理中心或终端用户按照时间段提取后存储；轨迹点可以在管理中心及终端用户电子地图上回放以重现车辆的行驶情况。

4. 报警功能。车载终端设备可配置紧急报警开关（手动），在有紧急情况如遇劫、求助等发生时，当驾驶人员按下按钮后，车载终端会马上执行向管理中心的报警动作；从检测到报警按钮按下到执行报警动作的时间不大于 2s。可实现区域报警，调度管理中心可根据情况预设车辆行驶区域，车辆离开行驶区域时，系统自动报警，并可以声、光提醒方式提示管理人员。可实现越界 / 超速报警，即由管理中心系统下发速度上限值到车载终端并由车载终端保存该设置，在行驶过程中按照 1 次 / 秒的频率采样 GPS 输出数据中的速度信息并与速度上限值比较，若连续 5 次判断超出速度上限值，则在 2s 内执行向管理中心上报超速报警信息的动作。中心系统亦可下发活动区域的属性数据到车载终端并由车载终端保存该设置，在行驶过程中按照 1 次 /5 秒的频率采样 GPS 输出数据中的位置信息与活动区域数据比较，若连续 6 次判断不在活动区域内，则在 2s 内执行向监控中心上报越界报警信息的动作。

5. 遥控断油电。车载终端配备断油电装置，管理中心在确认警情发生或其他特殊情况下，可以向车载终端发送断油电指令，车载终端在接收到指令后将执行断油电的动作，从接收到管理中心指令到执行断油电动作的时间不超过 2s。

6. 查询功能。管理中心有对车辆、车队、驾驶员等信息的录入、查询、编辑功能，可按单车或分类查询方式进行查询。

7. 车辆远程控制功能。管理中心可通过发送以下指令实现对车辆的远程控制。这些指令包括：系统复位指令；断电指令；断电恢复指令；禁止接听电话指令；禁止拨打电话指令；恢复电话功能指令；允许手柄设置指令；退出 GPRS 指令。

该系统支持车队、车辆、司机信息的录入、存储、查询与统计、打印报表管理。对日常操作（如系统登录、车辆查询、区域报警设定、消息发送等）日志进行查询、统计、打印和删除。系统基于 GIS 地图开发了监控平台，该平台可以任意缩放，能自动对各类地物、车辆等信息进行自动排列，提供与三维泰山 GIS 系统接口，GIS 系统可方便调取本系统的各类数据。整个系统部署过程中，需要向运营商申请光纤专线，提供车载终端与服务器的数据交互，同时支持 BS、CS 工作方式。

第八节　安全驾驶支持系统

安全驾驶支持系统（汽车行驶、警报、防止碰撞系统）的主要使用者是驾驶员。通过系统的实施，可实现以下的用户服务功能：行驶时的环境信息提供、危险警告、驾驶辅助、自动驾驶支持。它利用先进的传感器技术检测车辆周围信息，通过信息融合和处理，自动识别出危险状态，协助驾驶员进行安全辅助驾驶或者进行自动驾驶，以提高行车安全并增加道路通行能力。

一、安全驾驶支持系统的结构与功能

安全驾驶支持系统是由系列车载设备组成的检测、决策及控制系统，该系统与基础设施或其协调系统中的检测设备配合来检测周围环境对驾驶员和车辆产生影响的各种因素，并根据检测结果进行辅助控制或自动驾驶控制，以达到行车安全高效并增加道路通行能力的目的。其本质就是要将先进的检测技术、通信技术、控制技术和交通流理论加以集成，应用到车路系统中，为驾驶员提供一个良好的驾驶环境，在一定的条件下实现自动驾驶，其最高形式是智能车辆。安全驾驶支持系统通过辅助控制、自动控制等措施的实施可以达到以下目的。

1. 降低事故率，提高行车安全

安全驾驶支持系统能够通过显示或预警装置给驾驶员提供足够的交通信息，帮助驾驶员做出正确的判断和决策，在安全驾驶支持系统高度完善的情况下，可以将人工驾驶转为自动控制，防止因驾驶员的个人疏忽和机件故障造成的交通事故。当最终实现自动驾驶时，可完全排除人为因素导致的交通事故，从而实现高效安全的行车秩序。

2. 增加公路的通行能力，减少道路阻塞，缩短行车时间

安全驾驶支持系统能使运行的车辆之间保持合适的最小跟车间距，保持车流稳定地前进，缩短行车耗时，缓解交通拥挤，提高道路利用效率，增加公路的通行能力。

3. 降低行车成本，提高行车效率

在安全驾驶支持系统控制下，可以保持车流的顺畅，减少交通阻塞和由于车辆滞留在道路时间过长而引起的消耗，并能够减少因频繁的启动、加速和减速所造成的能源消耗，提高能源利用率。

4. 降低废气排放量，减轻环境污染

当车流顺畅、稳定地向前行驶时，排放的废气、噪声等环境污染较少，可达到减轻环境污染的效果。

安全驾驶支持系统的核心内容是智能汽车的研究与应用，目前还处于研究试验阶段，从当前的发展看，可以分为两个层次。

一是车辆辅助安全驾驶系统，主要包括以下几个部分：车载传感器（微波雷达、激光雷达、摄像机、其他形式的传感器等）、车载计算机和控制执行机构等，行驶中的车辆通过车载传感器测定出与前车、周围车辆及与道路设施的距离和其他情况，车载计算机进行实时处理，对驾驶员提出警告，在紧急情况下强制车辆制动。

二是自动驾驶系统，装备了这种系统的汽车也称为智能汽车，它在行驶中可以到自动导向、自动检测和回避障碍物，在智能公路上，能够在较高的速度下自动保持与前车的距离。必须指出的是，智能汽车在智能公路上使用才能发挥出全部功能，如果在普通公路上使用，它只不过是一辆装备了辅助安全驾驶系统的汽车。

（一）安全驾驶支持系统的结构

安全驾驶支持系统中的车辆在结构上与普通汽车的不同之处是装备了大量的车载 ITS 设备，这些设备涉及众多的高新技术，包括传感器、数据库、图像处理、模糊控制、神经网络、变系数的 PID 控制、车辆的预瞄跟随理论、车辆动力学、现代控制理论、计算机、通信和各种编程语言。

1. 从工作过程角度划分车载 ITS

从工作过程的角度可以把这些车载 ITS 设备划分为四个方面。

（1）数据采集系统，包括各种传感器和摄像机。

（2）数据处理系统，主要是处理器，分为专业使用和普通使用两种。专业使用的处理器是专门为智能车辆使用而开发的，比如意大利帕尔玛大学信息工程系开发的智能车辆 ARGO 使用的 PAPRICA-3 处理器；普通使用的处理器是指通用计算机处理器，比如 Intel 公司的奔腾处理器。

（3）输出系统，通常包括立体扬声器和平板显示器，主要用于把处理结果以声音或图像的形式输出。

（4）控制系统，也称为执行机构，主要用于执行处理器发出的各种命令，比如对转向盘或制动器的控制。

2. 按照功能划分分车载 ITS

而按照功能则大致可以把这些车载 ITS 设备分为三部分。

（1）车辆安全系统

该系统通过应用电子信息技术使车辆实现高度智能化，极大地改善车辆人机系统的安全性，避免发生事故和减小事故发生时的伤害程度。具体包括：安全预警系统、车辆自适应巡航控制系统、防撞警告和撞车通告系统、集成安全系统和被盗车辆寻回系统。

（2）网络、通信、导航系统

该系统通过无线网络和卫星通信技术实现各种信息的交流，为出行者提供大量的实时信息。具体包括：网络通信系统、电子导航系统和交通信息实时咨询系统。

（3）移动多媒体系统

该系统通过移动多媒体技术为驾驶员提供语音识别、平面显示等辅助功能，并能够为后排乘员提供多媒体娱乐。主要包括：平面显示系统和后排座娱乐系统。

3.从技术层面出发，系统涉及的相关技术从技术层面上，实施安全驾驶支持系统需要以下的相关技术。

（二）安全驾驶支持系统的功能

在装备了各种先进的 ITS 设备之后，安全驾驶支持系统具备的功能主要有：安全预警、自动防撞、视觉强化、车辆巡航、自动导航、救援呼叫、车队控制。

1.安全预警

通过采用各种车载设备，安全驾驶支持系统能够预测到各种潜在的危险，并以声音、灯光等各种形式向驾驶员发出警报，必要时还可以自动或半自动采取措施，从而有效防止事故的发生。通常会在车身各部分安装探测雷达、红外雷达或盲点探测器等设施，由计算机控制，在倒车、超车、变换车道、大雾、雨天等容易发生事故的情况下，不断地对周围环境进行检测，在即将发生危险时发出警报，提醒驾驶员注意，必要时对车辆进行自动控制，保障安全。

另外，车载设备内还可以存储大量有关驾驶员个人和车辆各部位的信息参数，对驾驶员的健康状况和车辆的技术状况随时进行检测并做出判断和控制。比如，当检测到驾驶员体温下降时，通常表明驾驶员开始打瞌睡，这时就会发出警报，提醒驾驶员注意；如果检测到车内驾驶座附近空气中酒精含量超标，则表明驾驶员很可能是酒后驾车，此时就会自动锁住发动机，使车辆不能启动。在行驶过程中，安全驾驶支持系统能够对驱动轴转速、轴温、燃油状况、轮胎气压、尾气排放等很多参数进行实时的监控分析，并在必要时向驾驶员发出警报，提醒驾驶员及时进行检修，预防事故的发生。由于使很多原来由驾驶员人工关注的工作改为由计算机完成，避免了人为失误的因素，大大提高了汽车运行的安全程度。

2.自动防撞

为了保障安全，安全驾驶支持系统全面应用雷达、激光、红外线、超声波和各种传感器，通过对前后车辆的距离、周围障碍物的距离及这些间距的减小速度进行检测、计算，可以发现潜在的碰撞隐患，并通过警示、自动或半自动控制防止车轮发生碰撞。通常能够实现纵向防撞、横向防撞和交叉口防撞。

（1）纵向防撞。纵向防撞是指避免车辆发生前后碰撞，主要是通过安装在车辆前、后的雷达探测器或激光传感器等仪器的探测作用实现的。利用探测器或传感器分别探测前、后车辆或障碍物距离本车的距离及接近速度，通过这些数据发现潜在的碰撞隐患或即将发生的碰撞事故，为驾驶员提供及时的回避或加、减速操作指令，并在驾驶员没有及时动作的情况下自动控制车辆的加、减速控制系统以保持适当的安全车距，防止车辆与车辆、车辆与其他障碍物之间的正面和追尾碰撞。

（2）侧向防撞。侧向防撞主要是利用车辆左、右两侧的传感器或探测器分别探测车辆两旁的情况，通常在车辆改变车道或驶离道路时提供保护，通过警报或自动控制措施让车辆与车辆或车辆与两侧障碍物之间保存适当的侧向安全距离，防止或减少两部及多部汽车发生侧向碰撞和刮擦，也能防止驶离道路的车辆与路边障碍物发生侧面碰撞。

（3）交叉口防撞。由于车辆的行驶方向在交叉口发生交叉，交叉口成为碰撞事故的多发地点。交叉口防撞主要是在车辆驶近或通过信号控制的交叉口时，利用车载通信设备及时获得交叉口的信号数据和车流数据，通过分析处理之后判断是否有发生事故的潜在危险，据此对车辆的行驶状态进行控制，加强车辆通过交叉口时的安全。

3. 视觉强化

安全驾驶支持系统的视觉强化功能主要体现在两个方面，一个是红外夜视，一个是平视显示，这两项功能是相辅相成的，即红外夜视系统探测到的路面情况需要经过处理后显示在平视显示系统上才能够提供给驾驶员。传统的汽车远光灯只能照到150m，在夜间能见度较差的情况下则照明距离更短，对行车安全造成较大的威胁。利用红外线，安全驾驶支持系统能够探测到750 m以内的任何发热物体，包括人员、动物和有余热的故障车辆，经过计算机成像处理后，显示在平视显示器上。

平视显示技术最初为战斗机飞行员开发，目的是使飞行员能够在观察外部环境的同时，不低头就能读取各种重要显示信息，如飞行高度、飞行速度和飞行姿态等。平视显示技术用在车辆上，是将文本或图像投射在车辆挡风玻璃的部分区域上，使车辆驾驶员能够在目视前方观察道路情况的同时读取车速、油压、水温、传感器故障等重要信息，避免因为频繁地低头、抬头而造成注意力分散和视觉疲劳。

4. 车辆巡航

车辆巡航是一种减轻驾车者疲劳的装置，对于在交通量较小的道路上长途驾驶特别有用。当汽车在长距离的高速公路行驶时，启动巡航控制就可以自动将汽车固定在特定的速度上，免除驾车者长时间脚踏油门踏板之苦。同时，它还能在巡航状态下对预定的车速进行加速和减速的调节。另外，巡航控制还有节省燃料和减少排放的好处，因为汽车都有对应的经济速度，当驾驶者将巡航速度控制在经济车速上就可以起到省油的作用。具体来说，巡航控制系统可以实现定速巡航、加速巡航和减速巡航等功能。要解除巡航，只需轻轻踩下制动即可还原为人工驾驶状态，解除巡航之后，也可以使用巡航按键再次回到上一次的巡航状态。

5. 自动导航

自动导航是通过全球定位系统（GPS）、路侧通信技术（GSM）、网络技术、电子地图和咨询引导系统组合完成的。驾驶员将目的地输入车内的计算机，提出要求之后，先通过全球定位系统确定车辆的实时位置，然后运用地图匹配技术，对车辆实际行驶路线与电子地图上的道路位置之间的误差进行修正，继而使用网络技术下载实时交通信息，最后由计算机对所有数据进行综合分析，根据道路情况、红绿灯数、速度限制等选出最佳路径，并显示在电子地图上，这条最佳路径不一定是最短的，但肯定是最节省时间、最快的，能够使车辆避开拥挤阻塞的路线，还可以帮助疏散车辆，减轻驾驶人员的心理负担，提供安全舒适的行车环境。安全驾驶支持系统的自动导航系统通常还能够利用电子地图让驾驶员实时查询有用的地理信息，如车辆当前的位置、路标、旅馆、餐厅、停车场等，并能通过电子地图显示出道路的形状、道路名称、交叉口等地理信息，为驾驶员行车提供尽可能多的帮助和便利。

6. 救援呼叫

救援呼叫由全球定位系统、路侧通信技术和电子地图等技术共同完成。当发生事故时，安全气囊被引爆，安全驾驶支持系统会自动发出一个由 GPS 确定的包含事故地点位置的无线电信号，这个信号会通过 GSM 传输给救援中心，救援中心的电子地图能够根据信号准确地显示出事故发生的地点，然后通知离事故地点最近的救援点出动进行救援，这样能最大限度地缩短事故响应时间，而这段时间在事故发生初期对受伤人员的抢救往往是至关重要的，特别是在人员比较稀少、及时报警有困难的郊区公路上。

7. 车队控制

安全驾驶支持系统的一个显著优点是能够实现车队控制，当车辆以较小的间距和均匀的速度在车道上行驶，在不发生拥挤的情况下，相同的车道面积上可以具有较高的车辆密度，从而大大提高了道路利用率和通行能力，将行车速度控制在经济车速还能够节约大量的燃油，降低排放，提高环保。

二、安全驾驶支持系统示例

日本早在 1996 年就提出了安全驾驶支持系统的理念，确定其功能为以下几个方面。

1. 道路和驾驶信息提供，为驾驶员提供驾驶信息和道路条件信息，特别是当夜间行驶或雾中行驶时，可以有效地降低事故的发生，提高驾驶安全性。信息通过埋置在道路上的传感器采集。

2. 危险警告，有效防止碰撞和突发交通事件的发生。当车辆所在位置的危险情况被探测到时警告自动发出。

3. 辅助驾驶，通过自动刹车系统和前面所提到的危险警告系统防止车辆因偏离而引起的碰撞或突发交通事件的发生。

4. 自动驾驶，自动驾驶系统可以有效地减少驾驶员的驾驶负荷并能防止交通事故的发生。

此后，日本一直致力于安全驾驶支持系统的研发，并从 2008 年 3 月开始，陆续在爱知、神奈川、广岛 3 县的高速公路和普通道路上进行"安全驾驶支持系统"大规模试验。此次开发的安全驾驶支持系统需要在车辆上搭载专用信号收发器。这样，通过无线电波两辆车或多辆车之间可以互相交换各自的位置、方向、速度等信息。当可能与其他车辆发生碰撞时，该系统通过声音和车载导航设备的图像向驾驶员发出警告，防止车辆在交叉路口突然相撞，以及在视野不佳的转弯处发生追尾事故。试验所使用的频率为5.8GHz，与目前日本普遍使用的高速公路电子缴费系统的频率接近。此次试验共有16台机动车参与，包括4辆卡车、8辆轿车和4台摩托车。通过本次公路试验，日本在2010年后，实现了"先进安全汽车"技术实用化的目标。

安全驾驶支持系统采用设置在危险部位上的探测设备，不断监测是否有停放的车辆等障碍物，或者路面是否容易打滑等情况，通过车路通信设施不断将信息通知过往车辆。

安全驾驶支持系统通过车道传感器不断监视车辆的行驶轨迹，发现偏离车道之后，一边发出警告，一边启用自动驾驶装置恢复正确轨迹。安全驾驶支持系统采用探测器连续监视交叉口的车辆情况，并通过车路通信系统对车辆发送警告信息。目前，日本已经有大约200万辆车可以通过车辆信息与通信系统获取关于交通拥堵、道路工程、事故、天气和车速限制方面的信息。东京和神奈川县的约20个主要路口都安装了摄像头和传感器，拥有车辆信息与通信系统接收机的车辆都可以得到潜在危险方面的提示，包括其他车辆试图并线，或者前方有十字路口等信息。除此之外，安全驾驶支持系统还可以在车辆的卫星导航显示仪上发布警示信息，比如前方有交通灯、停车指示牌、行人或者骑自行车的人。与此同时，一项被称为智能道路（Smartway）的计划也在日本主要高速公路上实施。当车辆在行驶过程中与前车距离太近，当旁边有车挤占并线，或者当前方出现拥堵，驾驶员都会收到警示。日产、丰田等汽车制造商的一些新车型已经装载了可以使用安全驾驶支持系统和智能道路系统的相关设备。老款车型的接收机和卫星导航显示仪升级后，也能够与这些系统连通。

此外，日本爱信精机有限公司于2012年推出了一个眼睑行为监视器，能够监控驾驶员的眼睑行为，判断驾驶员处于清醒或昏昏欲睡阶段。该系统会检测眼皮闭合的频率和速度，并计算每次眼皮开闭的平均幅度。测试人员沿着测试道路行驶并切身体会该系统对眼各种参数的计算而做出评估，事实证明该系统的可靠性较高。该公司还监控驾驶者其他的生理症状来表明驾驶时的失误。比如眼球运动的速度和移动的幅度，通过这些来计算出左眼与右眼目光的聚焦点在哪里，这些都是在驾驶模拟中车道偏离或者导致驾驶员反应变慢的征兆。除日本外，欧美等国也一直致力于安全驾驶系统的研发，尤其在无人自动驾驶智能汽车领域，欧、美、日等发达国家在无人驾驶智能汽车研究方面相继投入大量人力物力，并取得了许多有价值的研究成果。其中，美国斯坦福大学、卡内基·梅隆大学等的研究水平处于世界领先地位。近期，英国牛津大学研制出了全新自动驾驶汽车，不仅精确性明显提高，具备记忆能力且造价低廉，还可使用苹果公司的iPad进行控制。总之，安全驾驶支持系统是城市智能交通系统研究中非常活跃的一个领域，也是ITS技术中最复杂、最难实现的技术之一。

第六章 智能交通系统的综合评价

第一节 城市智能交通系统评价概述

城市智能交通系统是基于信息技术和新理念形成的先进的交通系统，其产生和发展的目的不仅是更合理地实现人和物的运输与传送，同时还将带动交通信息服务和相关信息产业的发展。ITS 为人类面临的许多交通难题提供了新的改善思路和解决方案，世界范围内（包括中国）ITS 的诸多领域已经从概念和试验阶段转向大规模的实施阶段，同时投资规模也在迅速增长。

与传统交通运输基础设施建设项目不同，绝大多数 ITS 项目属新兴事物，无更多经验可循，其对经济、社会和环境带来的影响难以预料，其实施所需费用及风险难以确定。目前还没有形成类似传统交通运输项目的 ITS 项目评价方法。而与此同时，世界范围内 ITS 的多个领域已经开始从概念和试验阶段转向实施阶段，投资规模也迅速增长。因此，对 ITS 项目实施的影响进行深入研究和分析是极为重要的。

城市智能交通系统评价是指对智能交通系统项目的经济合理性、技术可行性、社会效益、环境影响和项目风险进行评估，为项目的可行性研究、方案的比选和优化、目标决策提供科学依据。

第二节 城市智能交通系统评价的特性与要求

城市 ITS 项目不同于传统的交通运输基础设施建设，其特性主要表现在以下几个方面。

1. 新颖性

ITS 概念最初形成于 20 世纪 80 年代，是信息、通信、计算机、控制等相关科学技术综合的调查数据对交通流做出近似的解析描述，模型往往以离线、静态、辅助的形式应用于实际交通系统的分析。这种还原论方法多数情况下不适合于 ITS 系统的研究与评价。

2. 费用效益分析的不适用性

传统交通运输项目评价经常采用费用效益分析方法，然而将其应用于 ITS 项目评价时会产生一些问题。例如，经典的费用效益分析是建立在相对完整的历史数据上的，而 ITS 项目的费用和效益历史数据却是缺乏的。

3.影响边界确定的困难

ITS 的概念存在一定的宽泛性，因此其子系统存在多样性，新的系统也可能不断地增加。ITS 的广泛性又导致不同 ITS 项目之间的差异很大，因此，即使是同一时空范围内的不同 ITS 项目，其作用的边界也难以确定。除此之外，ITS 项目较其他项目而言，更应强调外部效果的评价，即外部效益和外部费用之和，然而目前对外部效果的界定和评价多数情况只能进行定性分析。

4.行为理论的应用

ITS 为出行者带来了各类出行信息，但不同出行者对信息的反应存在差异，因此，关于信息环境下出行者行为变化的解析则是评价 ITS 效益的理论基础。同时，出行者对信息的反应又取决于 ITS 项目所提供信息的质量，分析中有必要应用合适的理论描述其信息的作用。

5.网络交通流的表述问题

用模型对信息效果进行评价时，要求模型必须是能重现瞬时交通流变化的动态模型。因此交通流数据的输入必须按 OD、驾驶员类型、发生时间等进行分类，计算量会很大，限制了一些方法的实际应用。

第三节　评价指标体系的建立

一、评价指标体系建立的原则

ITS 属于典型的复杂系统，正如 ITS 体系结构的研究，ITS 项目评价的研究也应采用系统科学思想和系统工程方法。1969 年美国系统工程专家霍尔（A.D.Hal）提出了霍尔三维结构（Hall Three Dimensions Structure），为解决大型复杂系统的规划、组织、管理问题提供了一种统一的应用方法，在世界各国得到了广泛应用。此处借用该三维结构模型，提出 ITS 项目评价的三维框架。三维框架规定了 ITS 项目评价的步骤、方法及评价类型。从逻辑方面把 ITS 项目评价分为 7 个步骤，同时为了保证评价结果的完整性和客观性，将类型维 ITS 评价分为 7 种类型，并在方法维给出了可采用的主要评价方法。这样，就形成了由逻辑维、类型维和方法维所组成的三维空间结构。

由于 ITS 项目评价包含多种类型和多个阶段，不同类型的评价及评价的不同阶段可能会使用不同的评价方法，同时，某一评价方法也可能在多个评价阶段或类型中应用，方法维中列举了 3 种主要的评价方法。三维框架形象地描述了 ITS 项目评价的总体，对其中任意一个阶段、步骤或方法的讨论又可以进一步展开为树状结构。可以看出，这些内容几乎覆盖了 ITS 项目评价的各个方面。需要说明的是，框架中的三维是依照 ITS 项目评价的主要需求给出的。另外还有其他一些分类方法，例如从时间上可以将评价分为几个阶段；从评价手段上也可以分为试验和仿真等。

系统性原则。各指标之间要有一定的逻辑关系，它们不但要从不同的侧面反映出生态、经济、社会子系统的主要特征和状态，而且还要反映生态 - 经济 - 社会系统之间的内在联系。

典型性原则。务必确保评价指标具有一定的典型代表性，尽可能准确反映出特定区域——高西沟的环境、经济、社会变化的综合特征，即使在减少指标数量的情况下，也要便于数据计算和提高结果的可靠性。

动态性原则。生态 - 经济 - 社会效益的互动发展需要通过一定时间尺度的指标才能反映出来。

简明科学性原则。各指标体系的设计及评价指标的选择必须以科学性为原则，能客观真实地反映高西沟环境、经济、社会发展的特点和状况，能客观全面反映出各指标之间的真实关系。

可比、可操作、可量化原则。指标选择上，特别注意在总体范围内的一致性，指标体系的构建是为区域政策制定和科学管理服务的，指标选取的计算量度和计算方法必须一致统一，各指标尽量简单明了、微观性强、便于收集。

综合性原则。"生态 - 经济 - 社会的互动双赢"是生态经济建设的最终目标，也是综合评价的重点。

绩效评价是指运用一定的评价方法、量化指标及评价标准，对职能部门为实现其职能所确定的绩效目标的实现程度，及为实现这一目标所安排预算的执行结果所进行的综合性评价。绩效指标体系的设计需要考虑两个方面的问题：绩效指标的选择和各个指标之间的整合。因此，要建立一个良好的绩效指标体系，需要遵循以下五项原则。

1. 定量指标为主、定性指标为辅的原则：由于定量化的绩效评价指标便于确定清晰的级别标度，提高评价的客观性，因此在实践中被广泛使用。财务指标之所以一直以来被国内外的企业用做关键绩效指标之一，其赐予量化的特点也不可忽视。不过，这个原则并不能适用于所有的职位，它只是提醒我们要注意尽可能地将能够量化的指标进行量化。同时，对于一些定性的评价指标，也可以借助相关的数学工具对其进行量化，从而使评价的结果更精确。

2. 少而精的原则：绩效指标要通过一些关键绩效指标反映评价的目的，而不需要做到面俱到。设计支持组织绩效目标实现的关键绩效指标，不但可以帮助企业把有限的资源集中在关键业务领域，同时可以有效缩短绩效信息的处理过程，乃至整个评价过程。另外，少而精的评价指标也易于被一般员工理解和接受，同时也可以促使评价者迅速了解绩效评价系统、掌握相应的评价方法与技术。所以，在构建绩效评价指标体系的时候，要选取最有助于企业战略目标实现的指标，以引导企业和员工集中实现企业的绩效目标。

3.可测性原则：评价指标本身的特征和该指标在评价过程中的现实可行性，决定了评价指标的可测性。绩效评价指标设置指标的级别标志和级别标度，就是为了使绩效指标可以测量。同时，评价指标代表的对象也是在不断变化的。在选择绩效指标时，要考虑获取相关绩效信息难易程度，很难搜集绩效信息的指标一般不应当作为绩效评价指标。

4.独立性与差异性原则：独立性原则强调，评价指标之间的界限应该清楚明晰，避免发生含义上的重复。差异性原则指的是，评价指标需要在内涵上有明显的差异，使人们能够分清它们之间的不同之处。要做到这一点，首先在确定绩效评价指标的名称时，就要讲究措辞，明确每一个指标的内容界限。必要时，还需要通过具体明确的定义，避免指标之间的重复。

例如，"沟通协调能力"与"组织协调能力"中都有"协调"一词。但实际上应用的人员类型是不同的，这两种协调能力的含义也是不同的。"沟通协调能力"往往可以运用于评价普通员工，而对于拥有一定数量下属的中层管理人员，则需要通过评价他们的"组织协调能力"来评价他们在部门协调与员工协调中的工作情况。如果在同样人员身上同时评价这两种"协调能力"就容易引起混淆，并降低评价的可靠性和准确性。

5.目标一致性原则：这一点是选择绩效指标时应遵循的最重要的原则之一，它强调各个评价指标所支持的绩效目标应该具有一致性。针对企业的战略目标建立的评价指标体系，要保证各个绩效指标的确能够支持战略目标在各个层面上的子目标，从而支持企业战略目标的实现。除此之外，绩效评价指标之间的目标一致性，同时还强调绩效指标的完整性。评价指标应该能够完整地反映评价对象系统运行总目标的各个方面，这样才能够保证总目标的顺利实现。

（1）绩效评价的目的：绩效评价的目的是选择绩效评价指标的一个非常重要的依据。能够用于评价某一岗位绩效情况的绩效评价指标往往很多，但是绩效评价不可能面面俱到，否则就失去了操作性，从而进一步丧失评价的意义。因此，根据绩效评价的目的，对可能的绩效评价指标进行选择是非常重要的。

（2）被评价人员所承担的工作内容和绩效标准：每一名被评价人员的工作内容和绩效标准，都是通过将企业的总目标分解成分目标落实到各个部门，再进行进一步的分工而确定的。每个员工都应有明确的工作内容和绩效标准，以确保工作的顺利进行和工作目标的实现。绩效指标就应体现这些工作内容和标准，从时间、数量、质量上赋予评价指标一定的内涵，使绩效评价指标的名称和定义与工作内容相符，指标的标度与绩效标准相符。这样的绩效评价指标才能够准确地引导员工的行为，使员工的行为与组织的目标相一致。

（3）取得评价所需信息的便利程度：为了使绩效评价工作能够顺利工作，我们应该能够方便地获取与评价指标相关的统计资料或者其他信息。因此，所需信息的来源必须稳定、可靠，获取信息的方式应简单、可行。只有这样，我们的绩效评价指标体系才是切实可行的。同时，在进行绩效评价时才能有据可依，避免主观随意性，使绩效评价的结果易于被评价对象所接受。

二、指标体系建立的方法

以中国交通的实际为前提，结合国家 ITS 体系框架及相关的研究成果，给出 ITS 项目评价的步骤如图 6-1 所示。这里所说的评价步骤并不一定完全适应于所有的评价内容，针对不同的评价内容，对评价步骤可以有所增删。

（一）项目辨识

项目辨识的目的在于明确和把握问题，它不仅为项目评价本身服务，而且对于有效的项目计划、项目管理和项目组织也具有十分重要的意义。所以，ITS 项目辨识是项目评价的前提。

（二）用户需求分析

用户需求分析是 ITS 项目评价的一个重要前提。用户需求分析主要包括两个方面：在对现有交通现状加以充分的调研的基础之上进行的需求分析；基于需求分析的预测分析，以确保 ITS 用户目前对 ITS 项目确有需求，甚至在将来有更大的需求。

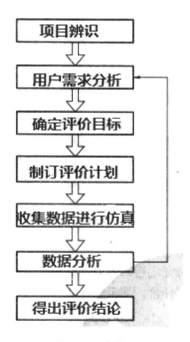

图 6-1　步骤

（三）确定评价目标

ITS 项目的评价目标是确定 ITS 项目评价框架的基本前提，因为评价指标的选择是以系统目的和目标为前提的。

（四）制订评价计划

在确定目标子集和优先程度排序后，应给出细化的评价计划。这主要是指给出项目的预期成果。所采用的方法基本上是依靠相关专业人员洞察力和积累的经验提出一些假设，对相应目标给出一些定性或定量的预期评价结果，以此确定仿真或试验的规模和次数，从而为下一步的仿真或试验奠定基础。

（五）收集数据进行仿真或试验

ITS 项目评价的手段主要分为两类，一类是试验，另一类是仿真。

这里所说的试验是广义的，主要包括现场试验、现场观测及调查。现场试验一般是指在很小受控范围的真实世界里考察 ITS 的影响。但在真实世界中考察 ITS 的影响几乎是不可能实现的，受控只能是相对的。影响现场试验的另一个因素是成本，成本条件约束不能成为应用广泛的评价手段。因此，目前大部分 ITS 项目没有条件进行现场试验。现场观测是传统交通工程常用的数据采集方式之一，也可以用于 ITS 项目。ITS 项目的现场观测不仅指传统的手工作业方式，因为 ITS 项目有时可以运用现代的信息采集手段。调查也是ITS 项目评价的重要的试验手段之一。尤其是一些主观性指标（如用户可接受性）的度量，调查是目前唯一有效的手段。

相对于试验手段，仿真在 ITS 项目评价中越来越受到重视。无论是在经济性还是灵活性上，仿真手段均优于试验。支持 ITS 项目评价的仿真软件开发也越来越受到重视，另外它的一个突出优点是比试验成本低廉，这使得仿真成为 ITS 项目评价的重要手段之一。

虽然仿真较试验手段有许多优点，使用范围越来越广，但目前来讲，仿真并不可以完全替代试验。试验和仿真在 ITS 项目评价中均是不可或缺的手段。试验或仿真数量和规模的确定来源于评价计划步骤所提出的假设，仿真或试验的目的是验证假设是否正确。无论是试验还是仿真，都需要制订详细的计划。

（六）数据分析

对上一步骤所采集到的数据进行分析。需要说明的是数据分析部分完成后，如果得到的结果不能满足需要，则需返回到项目分析阶段，重新进行评价或进行补充评价，甚至修订项目计划。

（七）得出评价结论

评价的最后一步是得出评价结论，并将评价战略、计划、结果、结论及建议编写成最终报告。

综合评价方法的选取：

随着计算机技术飞速发展和广泛应用，用于定量评价多指标问题的多指标综合评价法被广泛应用到经济、生活的各个方面，特别是 SAS、SPSS 等统计软件的使用更加提高综合评价法的实用性。目前用于分析多指标体系的综合评价方法主要有模糊综合评价法、灰色综合评价法、数据包络分析法（DEA 法）层次分析法、主成分分析法以及因子分析法以等多种方法，不同方法的评价结果都是依据指数或分值对参评对象的综合状况进行排序评价。在综合评价过程中，指标权重的确定十分重要。对指标赋值主要有主观赋值和客观赋值，也有将主观、客观赋值法结合起来的。对于指标数量比较大时，采用传统的主观赋值法确定指标的权重则难以全面把握众多指标，依赖主观判断会增大或降低一些指标的重要程度，导致实证的结果难以反映客观实际情况。客观赋值法如主成分分析法、变异系数法、熵值法等，权重的确定是根据各项指标的变异程度或者各指标之间的相互关系。具体采用哪一种方法需要根据所构建指标体系的特点以及实证的目的来确定。

综合评价方法的选取要依据研究对象的特点而定，采用客观赋权法的主成分分析能避免主观因素的影响，且提取主成分也能减少工作量。以下对常用的层次分析和主成分分析两种综合评价方法做简单介绍。

1. 层次分析法

层次分析法（The Analytic Hierarchy Process）简记 AHP，是美国运筹学家 TL.Satty 等人提出的一种定量和定性分析相结合的多准则决策方法，广泛应用于分析复杂的社会、经济以及科学管理领域的问题。其基本原理是通过构造层次分析结构，排列组合得出优劣次序来为决策者提供依据。具体步骤如下：首先构建包括目标层、准则层和指标层三个层次的层次分析结构模型，反映系统各因素之间的关系。其次是构造判断矩阵，将各层因素进行两两比较，对于各因素之间重要性的比较可以通过专家咨询法。然后对构造的判断矩阵进行层次单排序及一次性检验。层次单排序主要是为了确定下层的各因素对上层某个因素的影响程度，专家确定重要性具有一定的主观性，要对构建的判别矩阵进行一致性检验，若检验通过，则按照总排序权量表示的结果进行权重赋值。

2. 主成分分析法

主成分分析法（Principal components）能够通过"降维"作用把 X_p、X_2……等众多指标综合成比较重要的几个指标，消除指标间的相关性。评价的基本思想就是将多个指标信息综合成一个综合指标值进行评价，但并不是指标的简单组合，而是将目标对象的不同侧面，层次以及不同量纲的统计指标转换为相对评价值。当指标体系涉及大量指标时，若只选用研究对象的个别指标，尽管方便但损失了其他信息；若对研究对象的每一个指标都做出评价，这些评价结果也只是独立的，且各指标间做出的评价有一定的信息重叠。选用主成分分析法可以解决这一问题。

三、不同层面的评价指标体系

（一）技术评价

ITS 项目的技术评价是实施 ITS 项目评价的前提。通过对目前交通现状的分析和调查，掌握目前交通存在的主要问题，从而确认实施某些 ITS 项目的必要性，以避免实施 ITS 项目的盲目性。同时在确定实施 ITS 项目后，要对所实施的 ITS 项目进行需求分析和预测分析，以确定该地区对此 ITS 项目确有需求，保证 ITS 项目的实施对未来交通的发展更加有利。

对 ITS 项目实施的必要性分析是对 ITS 项目进行技术评价的前提。ITS 项目的技术评价首先需要确定 ITS 项目实施的技术方案，然后从技术的系统性能和运行性能两个方面出发，建立 ITS 项目的技术性能评价指标，对可以量化的评价指标进行量化，对不可进行量化的指标进行定性的分析，最后运用多准则的评价方法进行分析评价，以确定 ITS 项目的各项评价指标是否达到实施的要求，并确定各个评价指标对 ITS 项目技术实施的影响程度。

技术性能评价是 ITS 项目技术评价的核心。ITS 项目技术性能评价就是以技术先进性、技术适用性和技术可靠性为前提，从仅取决于系统结构的系统性能和基于系统设计的运行性能两个方面对技术的可行性进行评价。对系统性能进行评价主要是了解系统的科学性、合理性、兼容性、可扩展性，能否包容现有的系统和设施并与其协调。对系统运行性能评价的主要目的是了解系统功能的实现程度。

1.ITS 项目技术性能评价指标的建立

以评价指标建立的科学性、可测性、协调性、可比性、全面和综合性为前提，为技术的系统性能和运行性能建立技术评价指标。

2.系统性能指标体系描述

（1）对 ITS 用户服务的支持：该指标是为了评价 ITS 体系结构的系统功能是否满足不同用户的需求。

（2）系统的灵活性和可扩展性：该指标主要指体系结构在技术上是否具有灵活性和可扩展性。

（3）系统功能的多样性：该指标体系结构能否实现对每一市场包内和市场包外之间不同功能的支持。

（4）实施的递进性：该指标是指随着 ITS 相关技术的进步，ITS 体系结构的可发展性。

3.运行性能指标体系描述

（1）交通预测模型的精确性：ITS 的目标之一是更好地理解交通模式，以便更好地预测交通流量和拥挤情况。

（2）交通监控系统的效果：该指标主要包括两个子指标，即数据的收集和实时传输的能力、数据实时处理能力。

（3）交通管理中心的效果：该指标指交通管理中心和其他相关管理中心的协调和协作水平。

（4）定位精度：该指标主要指各种技术对车辆定位的准确性。

（5）信息传输方式的有效性：这里主要是指无线通信，对无线通信的评价主要是总流量、线路平均流量、线路延误统计。

（6）信息系统容量相对于需求的充分性：此指标主要用于预测需求评价。

（7）通信和信息系统的安全监测：主要包含通信安全和数据库、信息安全。

（8）地图更新：该指标体系结构中，用户通过一些方式定期进行地图更新的便利性和快捷性。

（9）系统的可靠性和可维护性：该指标主要指在体系结构中是否会出现一些风险，导致服务和系统性能的不稳定。

（10）降级模式下的系统性能：该指标主要是指 ITS 体系结构中，在系统实施的过程中降级服务的能力。

在 ITS 项目技术评价的过程中，并非对每一个技术性能指标都进行详细的评价。针对不同的 ITS 项目，按照指标体系确定的原则和方法对其进行具体评价指标的确定。

（二）经济评价

ITS 项目经济评价就是从经济学的角度分析计算 ITS 项目所投入的费用和所获得的效益，以及 ITS 系统的发展对国民经济将产生的影响。对 ITS 项目的经济评价可以从多个层次上进行。作为一个投资主体应考虑的问题是：ITS 项目的投资是否能同收，回收期多长，收益率有多少等。评价的内容包括国民经济评价和财务评价。国民经济评价和财务评价的主要区别在于评价的视角不同。具体来说，国民经济评价是从宏观的角度出发，综合考虑各个方面的因素，确定 ITS 项目的实施对整个地区或者国家带来的影响，以判断 ITS 项目的合理性；财务评价是从微观的角度出发，确定企业或者个人对 ITS 项目实施后可以获取的利益，分析测算 ITS 项目的财务盈利能力和清偿能力。

1. 国民经济评价的内容

国民经济评价是按照资源合理配置的原则，从整体的角度考虑项目的效益和费用，由货物影子价格、影子工资、影子汇率和社会折现率等经济参数分析、计算项目对国民经济的净贡献，从而评价项目的经济合理性。国民经济评价的服务对象是国家或地区的宏观决策，为制定政策的人和做出决定的人分析 ITS 对国民经济带来的影响。对于国民经济来说，具体的收益指标的评价意义并不大，更重要的是评价 ITS 项目的投资将对国民经济产生多大的影响。因而，ITS 项目的国民经济评价应包括以下几个方面的内容。

（1）波及效果分析

所谓波及效果分析，是指分析 ITS 系统的投资将对相关产业产生多大的带动作用。在投资 ITS 之前，了解其对国民经济各部门产生的影响，即由此而引起的各产业部门的增产需要达到什么程度，这无疑是非常必要的。

（2）投资乘数分析

投资乘数分析主要是分析项目投资的增长将对国民收入、税收、工资等指标产生的倍增作用。对 ITS 项目进行投资乘数分析是要确定 ITS 项目的投资对国比收入等的提高有多大影响。

（3）综合就业分析

分析、计算随着 ITS 项目产业投资的增长而最终需要投入的就业人数，其中包括直接需要和间接需要。

2.财务评价的内容

财务评价是根据国家现行财税制度和价格体系，分析、计算投资者或项目直接发生的财务效益和费用，编制财务报表，计算评价指标，考察项目的盈利能力、清偿能力及外汇平衡等财务状况，据以判别项目的财务与商业上的可行性。

对于企业投资者和个人投资者来说，投资的目的主要是获得利润。因而，ITS 项目财务评价的服务对象主要是具体的 ITS 项目的企业投资者。而对于国家或地区投资来说，更注重整体效益。

（1）经济效益分析

①静态指标：投资回收期、投资利润率、投资利税率、资本金利润率等。

②动态指标：财务内部收益率、财务净现值等。

（2）清偿能力分析

清偿能力分析包括借款偿还期、资产负债率、流动比率、速冻比率等指标。

（三）产业化评价

ITS 产业是基于 ITS 技术的产生及其推广应用，并融合了其他相关应用技术的现代化交通管理与服务系统，在改善交通的同时形成的产业。ITS 系统的产生、发展及其产业化有其深远的影响。ITS 项目的实施必然带动其他相关产业的发展。以下将介绍 ITS 产业的分类、ITS 项目所产生的关联产业效益及相关产业的关联分析。

1.ITS 产业分类

ITS 产业分为工业、货运邮电业、非物质生产部门三大类。其中，工业包含交通运输设备制造业、电气机械及器材制造业、电子及通信设备制造业、仪器仪表及文化用机械设备制造业、机械设备修理业、货物运输及仓储业；货运邮电业包括邮电业、旅客运输业；非物质生产部门包括社会服务业、综合技术服务业。通过上分类可以看出，ITS 相关产业涵盖范围相当广泛。

2.关联产业效益分类

ITS 相关产业的产业效益是指其对国内生产总值（GDP）的贡献，包括直接效益和间接效益。间接效益包括后向乘数效益、前向乘数效益及消费乘数效益。

（1）直接效益

直接效益是指 ITS 相关产业对 GDP 的净贡献。

（2）后向乘数效益

ITS 相关产业的发展离不开基础设施建设。目前，ITS 甚至有可能作为交通运输系统基础设施建设的一部分，因此需要将原材料和能源等产业作为其中间需求。这种中间需求的增长会带动各自产业中间需求的增长。称这种由提供 ITS 相关产业中间产品而产生的间接效益为后向乘数效益。

（3）前向乘数效益

ITS 相关产业的发展将使得交通运输系统的效率得以提高，从而为需要使用交通运输系统的产业部门（事实上几乎包括了所有的产业部门）带来效益。ITS 相关产业的发展为以其作为中间投入的部门的进一步发展创造了条件；这些产业部门的发展依赖于相关中间投入产业按比例增长；相关中间投入产业的增长又导致各自产业中间需求的增长。这种需求将波及整个经济体系。称这种由 ITS 相关产业作为其他部门中间投入而产生的间接效益为前向乘数效益。

（4）消费乘数效益

上述 4 项效益使得各部门的生产得以增长，效益增加，从业人员收入相应增加。收入增加带动消费增长，进而使得最终需求增加。最终需求的增加进一步刺激各产业部门的发展。称这一系列由消费产生的效益为消费乘数效益。

3. 关联产业的研究方法

产业化评价主要采用产业关联分析方法。产业关联是指国民经济各部门在社会再生产过程中所形成的直接和间接的相互依存、相互制约的经济关系。采用影响力系数和感应度系数来分析产业间的关联。影响力系数（又称为后向关联系数）是指当国民经济某个部门增加一个单位时，对国民经济各部门所产生的生产需求波及程度。影响力程度和影响力系数越大，说明该部门对其他部门的拉动作用越大。感应度系数（又称为前向关联系数）是指当国民经济各部门都增加单位的最终需求时，某部门由此而受到的需求感应程度，也就是需要该部门为其他部门的生产而提供的供应量。其中基本原料工业系数往往较大。感应度系数越大，表示该部门受到其他部门需求的影响越大。

（四）用户效益评价

ITS 项目的用户效益分析是 ITS 项目的交通效益及社会、环境效益分析。由于 ITS 项目的实施属于基础性项目的实施，它的实施虽然不具有较高投资收益水平的特点，但是它的实施是直接为社会大众提供各项服务，成为人类自身发展的重要条件。因而对 ITS 项目的用户效益进行分析尤为重要。ITS 项目的用户效益分析主要从 ITS 项目实施的交通安全、交通效益、社会效益及能源和环境效益几个方面进行阐述，并建立部分用户效益评价模型。

在 ITS 项目用户效益分析中，将用户效益分解为延误成本、延误时段的燃料消耗成本及有害物质的排放 3 个模块。通过对微观经济学的研究，在明白了用户效益的来源，分析了交通信息效益产生的机理之后，给出针对 3 个模块的组合模型的用户效益评价方法。

1. 延误成本模块

这里的延误成本特指由于阻塞引起的客运车量和货运车量的用户的年度延误成本，不包括由延误引起的燃料消耗和环境污染成本。

2. 燃料成本模块

燃料成本模块的建立包括 4 个步骤：A. 需要给出速度和燃料效率之间的关系；B. 要确

定所研究区域燃料的平均成本；C. 要确定在 ITS 项目实施前后由交通流状态的变化所产生的燃料成本；D. 确定由 ITS 项目所产生的燃料成本节省。

3. 排放模块

排放模块将计算化学物质排放减少量。这里考虑 3 种化学物质：一氧化碳（CO）、碳氢化合物（HC）和氮氧化合物（NOX）。

（五）风险分析

ITS 项目的风险分析就是运用定性分析的方法，对系统、管理、建设、使用过程中潜在问题进行分析，进而评估风险大小，寻求降低 ITS 项目风险的措施。换而言之，确定阻碍 ITS 项目应用的重大风险，并提出建议以消除或降低项目的风险。

1. 实施 ITS 项目的风险特征

ITS 项目风险有其特征，要根据这些特征来识别风险因素，并进一步进行风险分析。

（1）具有不确定性和可能造成损失是风险的基本特征，要从这个基本特征人手去识别风险因素。

（2）项目不同阶段存在的主要风险有所不同，因此风险识别应考虑其阶段性。

（3）项目风险依项日不同具有特殊性，因此风险因素的识别要注意针对性，强调具体项目具体分析。

（4）风险因素具有层次性，应层层剖析，尽可能深入到最基本的风险单元，以明确风险的根本来源。

2.ITS 项目风险分析的目的

（1）辨识具有潜在问题的领域。

（2）分析与这些潜在问题有关的风险。

（3）评估这些风险影响的大小。

（4）寻找降低风险的措施。

3.ITS 项目风险分析的步骤

（1）辨识潜在风险项目，即判断所研究开发的 ITS 项目中，哪些方面存在风险。

（2）定量地估计风险，将风险项目分类（一般分为低风险、中风险和高风险 3 种），以确定其中的关键风险项目。

（3）确定降低各种风险的措施和途径，判定何时开始和结束此类活动。

（六）综合评价

ITS 项目的综合评价是在综合考虑各个方面的因素对 ITS 项目实施的影响基础之上进行的评价。ITS 项目的综合评价是从整体的角度出发，确定各种指标的建立方法、影响因素及指标的处理方法，进而提出 ITS 项目综合评价的评价模型。

综合评价是建立在对 ITS 项目技术评价、经济评价、用户效益分析、产业化评价、风险分析的基础之上的。综合评价应首先建立评价指标体系，然后对指标数据进行分析，运用综合评价模型得出评价结果，综合评价步骤如下：

1. 建立评价指标体系；

2. 获取评价指标观测值；

3. 评价指标预处理；

4. 确定权重系数；

5. 建立综合评价模型；

6. 计算综合评价值；

7. 得出综合评价结论。

其根据单位和数量级不同存在着不可共度性，为综合评价带来了不便。为了尽可能地反映实际，排除由于各项指标的单位和数量级不同所带来的影响，需要对指标进行无量纲处理。即通过数学方法消除原始指标单位的影响。在对指标数据做了预处理后，综合评价时权重系数才能充分反映相应指标的重要程度，而不会受指标值大小的影响。

（1）权重系数的确定

在确定了评价指标体系后，需要赋予各指标相应的权重，指标权重直接影响综合评价的结果，进而影响评价结论的科学性。权重系数确定的基本思想是从相关人员（多数情况下是专家）处获取信息并进行处理，不同的方法采用不同的信息获取方式和处理手段。主要包括集值迭代法、经验法和层次分析法。

（2）综合评价模型

综合评价，是指运用数学模型将多个评价指标值合成为一个整体性的综合指标值，即通过构造评价函数寻求最优解的方法。主要方法包括多层次模糊综合评价法、线性加权法、非线性加权法、理想点法。

四、评价案例

（一）方案设计

本案例中选取对某市模拟实施公共车辆自动定位系统，即 AVL（Automated VehicleLocation）。AVL 是先进的公共运输系统（Advanced Public Transportation Systems, APTS）众多技术中的一种，它采用现代电子技术自动探测车辆的位置。在 APTS 中，AVL 技术用来帮助运输管理控制中心管理车队。

中心商业区（Centered BusinessDistrict，CBD）处在路网的中央，城中区、城郊区、乡村区由里向外分布，这个城市结构跟目前国内的大多数城市的结构是一样的，工作区、购物区在城市中心，而生活区在城市外侧。这种城市结构的缺点是城市中心交通非常拥挤，越是靠近中心区，拥挤情况就越严重，特别是在上下班的高峰期。该市面临的交通问题是城市中心，车多路少，交通拥挤；公共汽车收费虽低（1.7 美元 / 人），但服务水平相对较低，上下班时车内拥挤，公交车经常晚点，顾客等车时间长等。由于这些原因，更多的人愿意选择私人汽车作为交通工具。

解决这种结构城市交通问题的有效途径是大力发展公共交通，通过增加单个车辆的容量，来减少市区内，特别是 CBD 区的绝对车辆数，从而达到缓解交通拥挤的目的。但前提是公共交通的服务水平高，对顾客具有吸引力，如顾客等车时间少、乘车舒适、换乘方便、公共车辆能够准点到站等。提高公共交通的服务水平就成了解决该市交通问题的关键环节。而提高公共交通服务水平，目前较为提倡的方法是实施 ITS 技术中先进的公共运输系统。

在本例中，设计了 3 种 AVL 的实施方案。

方案一：把自动车辆定位的范围设在 CBD 区。该区内的人口大约为 15 万，占总人口的 22%，根据人口数量，可以确定公交车数量的范围在 100~300 辆。

方案二：把自动车辆定位的范围扩大，覆盖 CBD 区和 3 个城中区。该区的人口大约为 35 万，根据人口数量，可以确定公交车数量的范围在 600~800 辆。

方案三：对整个路网模拟实施自动车辆定位系统。整个城市的人口为 66 万，根据人口数量与公交车数量的关系，可以确定该市的公交车数量的范围在 1200~1400 辆。

在上面 3 种方案中，每一辆配备 AVL 装置的公交车辆的成本为 225000 美元，使用期限是 12 年，3 种方案针对不同区域规模的公交线路的车辆实施 AVL 技术。

（二）评价指标选取及参数的敏感性分析

在本案例研究中，主要进行 AVL 实施的成本 / 效益分析，通过比较模拟实施不同范围的 AVL 技术，针对各种实施方案下的成本、效益指标进行方案比选，从而确定的评价指标有年总效益、年总成本、净收益、效益 / 成本。

由于每个方案中公交车数量的变化会引起评价结果的变化，所以首先对公交车数量做敏感性分析，在公交车数量的取值范围内，以 50 辆为增量（在其他参数假定不变的情况下），改变公交车的数量，并计算出相应的各个效益指标及成本指标的变化值，并将它们转换成统一货币值。下面分别对 3 个方案的公交车数量做敏感性分析。

1. 在方案一中，根据人口数量和公交车数量的对应关系（假设 1 万人对应 10~20 辆），可以确定公交车数量的取值范围为 100~300 辆，以 50 为增量可以分为 5 个子方案，分别是公交车数量取 100 辆、150 辆、200 辆、250 辆、300 辆。

2. 在方案二中，根据人口数量和公交车数量的对应关系，可以确定公交车数量的取值范围为 600~800 辆，以 50 为增量可以分为 5 个子方案，分别是公交车数量取 600 辆、650 辆、700 辆、750 辆、800 辆。

3. 在方案三中，根据人口数量和公交车数量的对应关系，可以确定公交车数量的取值范围为 1200~1300 辆，以 50 为增量可以分为 5 个子方案，分别是公交车数量取 1200 辆、1250 辆、1300 辆、1350 辆、1400 辆。

（三）方案比选

比选的标准还是效益最大化，即净收益值最大，表6-1列出3种方案最优取值下的成本、效益的货币值、效益成本比及净收益值。

表 6-1　种方案的效益成本货币值列表

方案	方案一	方案二	方案三
公交车数量 / 辆	300	800	1 400
年总效益 /$	1368976	5 497 730	11875224
年总成本 /$	830546	1730578	2810616
净收益 /$	538430	3767152	9064608
效益 / 成本（B/C）	1.65	3.18	4.23

从表 6-1 中可以看出，因实施 AVL 区域不同，实施该技术所产生的效益成本也不一样。通过比较 3 种方案的成本、效益及净收益，可以看出，方案一的净收益最小；而方案三的净收益最大，达到了 $9064608。根据效益最大化的原则，可以判断方案三便是最优方案，这一方案是公共车辆自动定位系统覆盖了整个路网。

（四）评价结果及分析

本 ITS 评价示例设计了 3 个 AVL 实施案例，利用 IDAS 软件对其实施效果进行了效益成本评价。在上面的案例分析中，着重进行了方案的比较和敏感性分析，即针对公交车数量这一参数进行了敏感性分析，确定了每种方案下的最佳公交车配置数量。通过以上分析可以看出，用基于 IDAS 的评价方法，可以在城市的路网上模拟实施各种 ITS 技术，在本例中，选择对被研究城市实施了 AVL 技术。在此基础上，通过对比计算实施前后各效益指标和成本指标的变化量，估算实施此种 ITS 技术的效益值和成本值。需要指出的是，基于 IDAS 软件的 ITS 评价方法将效益 / 成本的评价结果都转化成了较直观，且利于方案比较的货币值。在上面的例子中，估算出了各个方案的效益成本的货币值后，接下来的方案比较就容易进行了。根据净收益值，确定了方案三，即在整个研究路网中实施 AVL 技术，是最优方案。通过上面的案例分析可以看出，基于 IDAS 的 ITS 评价方法具有较强的实用性和可操作性，该评价方法的一个明显优点是可以在路网上模拟实施各种 ITS 技术及技术的联合，并能计算出实施该技术的效益、成本等值，还能将效益成本转换成货币值，方便了用户对各种方案的比选，以及对某个影响因素的敏感性分析。由此，可以认识到 IDAS 软件在 ITS 评价中所具有的重要作用。

但是，该方法也存在不足之处。很明显的一点是，它对实施各种 ITS 技术所产生的影响的估计是建立在对以往同类实际案例的影响分析的基础之上的，而目前在国内，在评价方面最缺乏的就是实施 ITS 所产生的影响的经验数据。除此之外，在评价过程中所需要的参数如各种效益指标的货币转换因子等，地域性很强，所以必须通过实际的测量，才能在最大程度上确保评价结果的有效性。

城市 ITS 项目的评价方法还有很多，本书仅对以上案例进行介绍，由于不同的 ITS 项目有其各自的特点，应该具体问题具体分析，选择合适的评价方法对城市 ITS 进行评价。

结 语

随着科技的不断发展，互联网技术的不断创新，人们已经进入了大数据时代，在经济形势发展的今天，城市交通问题已经引起了政府和广大人民群众的关注，因此在城市交通的管理问题上，大数据技术已经是必不可少的解决途径，它能更好地提高工作人员的工作效率，提高人们的出行效率，方便人们的出行，为社会带来了巨大贡献。城市车辆数量的增长，体现出了当代人的快捷出行需求，交通运行工作也因此面临着更大的挑战。结合近些年发生的交通事故可知，提升道路运输的安全性是降低事故发生率的主要途径。以此，在交通系统营造中，考虑到多方面因素的影响，我们应当充分发挥大数据的优势，对城市路况进行及时性的预测，主动预测交通事故，同时预测事故发生的可能性。通过对城市智能交通系统的阐述，具体分析了大数据应用的优势，清晰体现出了其在城市智能交通系统中所发挥的作用，同时明确了该系统的发展方向。在今后的发展过程中，我们要综合利用先进技术，降低交通事故发生率，保证城市交通的安全、稳定运行，推动城市健康发展。

智能交通系统的建设与运行给交通领域的发展带来了便捷，提升了交通管理水平。而将大数据应用在智能交通系统中则更加凸显了其技术优势，妥善地解决了信息量不足与信息孤岛的问题。大数据与智能交通系统的结合创造了低成本、智能化、便捷安全的智能交通系统，对民众出行、交通管理有着重大的意义。在高带宽、低延时、大容量的 5G 网络时代，人们生活的许多方面都将发生新的变化，5G 技术的应用为涉及人工智能、大数据、物联网、云计算等诸多系统的"智慧城市"建设提供了物质基础。在城市交通领域，5G 技术可以在地面交通系统、轨道交通系统、交通辅助系统等方面发挥重要作用，通过与 5G 网络相结合，自动驾驶、路况监测、智能出行等这些与我们生活息息相关的内容将形成许多新的方案与新的构想，"5G+ 智慧城市"的模式将呈现积极的发展前景。科技改变生活，永远在路上。总而言之，交通系统整体上是一个人 - 车 - 路耦合的系统，交通工程的规划设计也需要考虑系统各元素之间的关系和相互作用。目前我国道路智能交通系统也在从以建设为主，走向存量优化的过渡阶段。车路协同将是未来交通发展的必然趋势。

参考文献

[1] 孙国良 .FRID 技术资产管理系统在发电企业的创新实践 [J]. 商讯，2021（02）：119-120.

[2] 黄晴 . 胃肠镜治疗消化内科疾病 80 例临床疗效研究 [J]. 中国社区医师，2021，37（02）：36-37.

[3] 刘锐晶，朱兆芳，邢锦，张欣红 . 大数据时代天津智慧城市智能交通建设与道路交通发展展望 [J]. 城市道桥与防洪，2021（01）：1-7+244.

[4] 罗情平，房斌，唐连波 . 城市轨道交通自动扶梯智能安全监控系统应用研究 [J]. 中国设备工程，2021（01）：178-179.

[5] 李向全 . 火力发电企业推进质量管理体系工作研究 [J]. 上海节能，2020（12）：1469-1476.

[6] 刘锐晶 . 大数据时代背景下天津市智慧交通建设展望 [J]. 天津建设科技，2020，30（06）：72-74.

[7] 季如顺 . 初中语文"典对点"读写整合一体化设计教学模式实践 [J]. 文科爱好者（教育教学），2020（06）：44+46.

[8] 韩士刚 . 重症胰腺炎消化内科的临床治疗效果探究 [J]. 当代医学，2020，26（36）：131-133.

[9] 朱丽娟 . 消化内科胃食管反流病的治疗方法分析 [J]. 中国卫生标准管理，2020，11（24）：113-115.

[10] 李娜 . 陆上风力发电企业的成本管理与控制探讨 [J]. 中国市场，2020（36）：109-110.

[11] 王宁 . 轨道交通综合监控系统智能化研究 [J]. 微型电脑应用，2020，36（12）：130-133.

[12] 廖丽花 . 发电企业财产保险管理工作的几点思考 [J]. 财经界，2020（36）：66-67.

[13] 王文彬 . 探索对标管理在火力发电企业经营活动中的应用价值 [J]. 营销界，2020（51）：148-149.

[14] 刘伟 . 网络安全等级保护在城市智能公共交通系统中的应用 [J]. 网络安全技术与应用，2020（12）：129-131.

[15] 袁少荣，黄文，吴涛，朱光权 . 项目化管理在火电企业设备管理中的运用探索 [J].

能源研究与管理，2020（04）：12-15.

[16] 郭晶晶，吴宏亮，黄达，黄国辉 . 发电企业"三制两化"管理创新与实践 [J]. 能源研究与管理，2020（04）：22-28.

[17] 谭方勇，王明宇，臧燕翔 . 基于 NB-IoT 的智能停车管理系统的设计 [J]. 苏州市职业大学学报，2020，31（04）：5-9.

[18] 李旭阳 . 浅析火电企业精益财务管理系统的构建 [J]. 财经界，2020（35）：118-119.

[19] 王宏梅，孔祥熙 . 新时期企业财务成本管理革新路径分析——以火力发电企业财务成本管理为例 [J]. 财经界，2020（35）：154-155.

[20] 段亚美，施聪，黄晓荣 . 基于故障预测与健康管理技术的城市轨道交通信号系统健康管理体系 [J]. 城市轨道交通研究，2020，23（12）：177-181.

[21] 畅瑞晶 . 全面预算与风力发电企业财务管理的探讨 [J]. 中国产经，2020（23）：135-136.

[22] 于世鲲 . 发电企业集团实施全面预算管理存在的问题及思考 [J]. 中小企业管理与科技（上旬刊），2020（12）：11-12.

[23] 陈思地 . "新电改"背景下水力发电企业成本控制分析 [J]. 商讯，2020（34）：107-108.

[24] 王丽丽 . 试论国有发电企业成本管理存在的问题及对策 [J]. 财会学习，2020（34）：117-118.

[25] 王芝平 . 规范化围术期护理管理在消化内科内镜下微创治疗中的应用 [J]. 中国冶金工业医学杂志，2020，37（06）：710.

[26] 杨凯 . 多能互补发电企业风险管理研究 [J]. 大众投资指南，2020（23）：66-67.

[27] 魏广巨 . 视频监控行业迎来深度智能时代——暨 2020 年视频监控市场发展年终回顾及未来展望 [J]. 中国安防，2020（12）：59-62.

[28] 段秀娟 . 智慧交通在城市道路设计中的渗透 [J]. 科学技术创新，2020（34）：165-166.

[29] 刘继昌 . 发电企业供应链战略合作伙伴的选择与管理 [J]. 中国市场，2020（33）：154-155.

[30] 马燕 . 火力发电企业成本管理与控制分析 [J]. 中国市场，2020（33）：41-42.

[31] 丁军 . 大数据与云计算环境下的地铁车辆智能运维模式 [J]. 中国新通信，2020，22（22）：19-20.

[32] 周崇波，马汝坡，温盛元，闵聿华 . 发电企业"两外"安全管理的十五个关口建设探索 [J]. 安全与健康，2020（11）：44-46+49.

[33] 梁诗莹 . 火力发电企业燃煤成本管理问题研究 [J]. 财富生活，2020（22）：121-122.

[34] 李蓥 . 海上风力发电企业全面预算管理的问题及对策研究 [J]. 中国乡镇企业会计，2020（11）：34-35.

[35] 宋元.刍议电力市场化对发电企业的影响 [J]. 冶金管理，2020（21）：131-132.

[36] 崔凯泉.浅析智能照明系统在轨道交通中的设计应用和质量管理 [J]. 机电信息，2020（32）：44-45.

[37] 王芸.精细化的培训管理与服务在超大型火力发电企业检修人才培养中的创新与实践 [J]. 内蒙古科技与经济，2020（21）：37-38+40.

[38] 张婷曼，丁凰.依赖不确定性关联规则的城市交通流大数据挖掘 [J]. 国外电子测量技术，2020，39（11）：39-45.

[39] 何志瞧，许五洲，胡凯波.基于人工智能的发电企业设备健康管理研究 [J]. 自动化博览，2020（11）：80-85.

[40] 陈乙利.基于大数据驱动的城市交通控制决策研究 [J]. 电子技术与软件工程，2020（22）：114-116.